JN322823

神秘物語

岩間山人と三尺坊

浅野和三郎 編

心靈と人生主筆 淺野和三郎編

神秘物語 岩間山人と三尺坊

東京 嵩山房藏版

序説

近頃出版界の風潮はいはゆる怪譚ものに向ひつゝあるやうで、讀物本位の大雜誌や婦人雜誌には引つきりなしにその種のものが掲載されます。しかし多くはただ「怪」と「奇」とを興味の中心として讀者を引きずることにのみ全力をあげ、殆んど何等研究心の痕跡もない。田舎人が都へ行つて戻つての土産話のやうな鹽梅に、誇張、上滑り、當推量、ゴマカシ、知つたかぶり、出鱈目等の連續で殆んど少しも内部の生命に觸れてゐない。これではあたまの緻密な現代人士は恐らく滿足し切れますまい。「怪譚物もつまらないナ……」。――早晩こんな嘆聲をもらす事になるでせう。

この種の讀物が世間に流布する事は心靈研究者に取りては寧ろ迷惑でないでもありません。心靈研究は純然たる精神科學の一部で、先づ第一に事實をつきとめつゞいて其の内面の意義を解決する事に全力を擧げます。心靈家にとりては奇の分子も怪の要素もなくなるところまで突き込んで研究を進めるのが眼目であります。幽靈が出たら其の幽靈をつかまへて直接談判をこゝろみ、神仙に逢つたらその神仙の身元調査を終るまでは決して手離さないやり方です。

古來日本國にも幸ひ熱心な心靈事實の捜索者探窮者がありまして、なかなか有益なる參考の材料を供給してくれて居ます。私共は大方の讀書子が正確であつてしかも興味の饒多なる此等の記錄を讀まれてだんだん心靈問題に對する眞の興味を湧かすやうにしてくださる事を切望して止みませぬ。一番畏ろしいのは見當違ひの邪路に踏み込まれる事です。讀み物の選擇は讀書子のしばしも忘れてはならぬ事と存じます。

本書に收錄せるは江戸の平田篤胤翁が渾身の努力をさゝげて調査蒐聚せる仙境

異聞寅吉物語と名古屋の柳田泰治氏が全然事實に就きて綿密に筆錄せる仙界眞語との現代語譯であります。此の二篇は德川末期にあらはれたる心靈事實の双璧と稱して不可なく、日本國も今日斯んな立派な記錄を所有する事により初めて世界の心靈學界に面目が保てるのであります。從來荒唐無稽視されたる天狗界、神仙界等の存在は優れたる歐米の心靈學者ですらすでに立派に肯定する所でありますこれに關する何等の智識もなしに、誰にも能きる程度の小理窟をならべるやうな事は時代遲れも甚だしいものであります。

私どもはつゝしんで本書を本邦の讀書界に推薦するものであります。

大正十四年仲夏　　鶴見にて

淺野和三郎誌

目次

三尺坊と才一郎

岩間山人と寅吉

一　はしがき

平田《ひらた》篤胤《あつたね》全集《ぜんしふ》の中《なか》にも收《おさ》められて居《を》りますから、既《すで》にこの不思議《ふしぎ》な物語《ものがたり》を御《お》讀《よ》みの方《かた》が千人《にん》に一人《ひとり》や、萬人《まんにん》に一人《ひとり》はお在《あ》りでせうが、今日《こんにち》『心靈參考書《しんれいさんかうしよ》』を刊行《かんかう》するにつきましては、日本種《にほんだね》では先《ま》づ指《ゆび》を此物語《このものがたり》に屈《くつ》するより外《ほか》に致《いた》し方《かた》がありますまい。純科學的《じゆんくわがくてき》に材料《ざいれう》を取扱《とりあつか》つたとは申《まを》されぬかも知《し》れませぬが、徳川時代《とくがはじだい》の國學者又神道家《こくがくしやまたしんだうか》の中《なが》で、平田翁《ひらたおう》ほど眞劍味《しんけんみ》を以《もつ》て活《い》きた材料《ざいれう》、活《い》きた事實《じじつ》に喰《く》つて掛《か》つた人《ひと》はありませぬ。良《よ》くても惡《わる》くても、日本《にほん》では心靈問題《しんれいもんだい》の研究者《けんきうしや》に對《たい》して、この『一篇《ぺん》の物語《ものがたり》』を參考資料《さんかうしれう》として第《だい》一番《ばん》に提供《ていきよう》するのが蓋《けだ》し正當《せいたう》でありませう。

平田篤胤翁《ひらたあつたねおう》の事蹟《じせき》は爰《こゝ》に紹介《せうかい》するには餘《あま》りに知《し》れ過《す》ぎて居《を》ります。翁《おう》が幕末《はくまつ》期《き》の江戸《えど》を飾《かざ》つた國學《こくがく》並《ならび》に神道《しんだう》の大家《たいか》であつた事《こと》、極《きは》めて負《ま》けぬ氣《き》の人《ひと》で鉅萬《きよまん》の資産《しさん》を其著述《そのちよじゆつ》の出版《しゆつはん》に蕩盡《たうじん》した事《こと》、一時《じ》は本居宣長《もとをりのりなが》に師事《しじ》した事《こと》、又本邦《またほんはう》の神祇《じんぎ》に精《くは》しかりしは固《もと》より、一般《はん》に鬼神《きじん》、靈魂《れいこん》、妖魅《ようみ》等《とう》に關《くわん》する該博《がいはく》なる知識《ちしき》を有《いう》して居《ゐ》た事等《ことなど》は、今更物珍《いまさらものめづ》らしげに書《か》き立《た》てる必要《ひつえう》はありますまい。又翁《またおう》の孫《まご》に當《あた》る平田盛胤氏《ひらたもりたねし》が現在神田明神《げんざいかんだみやうじん》の社司《しやし》を勤《つと》められて居《を》る事《こと》も、恐《おそ》らく御《ご》存《ぞん》じの方《かた》が多《おほ》いでせう。今回本會《こんくわいほんくわい》が日本《にほん》の心靈事實《しんれいじじつ》を蒐聚出版《あつめしゆつぱん》しますのに就《つ》きましても、先《ま》づ盛胤氏《もりたねし》に御相談《ごさうだん》して、其快諾《そのくわいだく》を得《え》て居《ゐ》る次第《しだい》であります。

著者《ちよしや》の平田先生《ひらにせんせい》よりは、寧《むし》ろ當物語《たうものがたり》の主人公《しゆじんこう》たる寅吉君《とらきちくん》に就《つ》きて一言述《げんの》べて置《お》く事《こと》が、初《はじ》めて本書《ほんしよ》を繙《ひもと》かるゝ人々《ひとぐ》に便利《べんり》であるかと考《かんが》へられます。寅吉《とらきち》といふのは決《けつ》して架空《かくう》の人物《じんぶつ》ではありませぬ。江戸下谷區七軒町《えどしたやくけんちやう》の莨商越中屋《たはこしやうえつちうや》與總次郎《よそじらう》といふ人《ひと》の次男《じなん》でありましたが、七歳《さい》の時《とき》、一個《こ》の怪人物《くわいじんぶつ》に誘《いざな》はれて常陸國《ひたちのくに》西茨城郡《にしいはらぎぐん》岩間《いはま》村《むら》の愛宕山《あたごやま》といふ深山《みやま》に行《い》つたのであります。誘《いざな》はれたと申《まを》して、近頃《ちかごろ》流行《りうかう》の拐誘《かどわかし》などゝは大分《だいぶ》譯《わけ》が違《ちが》ひます。拐誘《かどわか》した上《うへ》に高《たか》い値《ね》で賣《う》り飛《と》ばすなどゝいふやうな、そンな娑婆《しやは》臭《くさ》い話《はなし》でなく、寅吉《とらきち》は愛宕山《あたごやま》で仙人《せんにん》の弟子《でし》となり、九年間《ねんかん》仙人修行《せんにんしゆぎやう》をしたのであります。『何《な》に！　仙人修行《せんにんしゆぎやう》！　仙人《せんにん》が居《ゐ》たなどゝいふのは人智《じんち》未《いま》だ開《ひら》けざる野蠻《やはん》時代《だい》の囈語《たはごと》、二十世紀《せいき》の世界《せかい》に誰《たれ》がそンな莫迦《はか》な話《はなし》を……』などゝ、憤慨《ふんがい》さるゝ方《かた》があるかも知《し》れませぬが、その憤慨《ふんがい》はしばらくお預《あづか》りを願《ねが》ひます。仙人《せんにん》だの、天狗《てんぐ》だのといふものゝ存在《そんざい》を突《つ》きとめた方《かた》も無《な》いでせうが、此等《これら》のものゝ絶無《ぜつむ》である事實《じじつ》を證明《しようめい》し得《え》た人《ひと》も亦《また》きゝませぬ。結局《けつきよく》これは未解決《みかいけつ》の問題《もんだい》なのですから、肯定《かうてい》もせぬ代《かは》りに又否《またひ》定《てい》もせず、寅吉《とらきち》の仙境異聞《せんきやういぶん》を一應聽《おうき》いて御覽《ごらん》になるのが可《よ》いかと考《かんが》へられます。案外《あんぐわい》眞面目《まじめ》なる心靈研究者《しんれいけんきうしや》の好參考資料《かうさんかうしれう》たる價値《かち》が充分《じうぶん》あるのであります。

兎《と》に角《かく》寅吉《とらきち》は愛宕山《あたごやま》の異人《いじん》の許《もと》に到《いた》り、仙人修行《せんにんしゆぎやう》をする事《こと》前後《せんご》九年《ねん》、文政《ぶんせい》二年《ねん》の秋《あき》、暫時《しはし》の休暇《きうか》をお師匠様《ししやうさん》から貰《もら》つて江戸《えど》の親《おや》の家《うち》へ歸《かへ》つたのであります。そして其間《そのかん》修得《しうとく》せるいろ〳〵の事柄《ことがら》、並《ならび》に愛宕山《あたごやま》の異人仲間《いじんなかま》のことなどを喋《しやべ》り散《ち》らしたのですから、江戸市中《えどしちう》の評判《ひやうはん》となつたことは申《まを》すまでもありませぬ。とう〳〵篤胤翁《あつたねおう》の耳《みゝ》にも入《はい》り、斯《か》ンな事柄《ことがら》にかけては目《め》のない人《ひと》ですから、早速《さつそく》寅吉《とらきち》を自分《じぶん》の家《いへ》に引《ひ》ッ張《は》り込《こ》み、同志《どうし》の人々《ひとぐ》と共《とも》に、日夜質問連發《にちやしつもんれんはつ》、一々之《これ》を筆錄《ひつろく》しました。『寅吉物語《とらきちものがたり》』は即《すなは》ち其産物《そのさんぶつ》であります。

昔《むかし》も今《いま》も同《おな》じこと、かゝる奇怪《きくわい》な事柄《ことがら》をそのまゝ信用《しんよう》する人《ひと》ばかりはありません。寅吉《とらきち》といふ奴《やつ》は狡猾《かうくわつ》な一惡童《あくどう》で、よい加減《かげん》な駄法螺《だばら》を吹《ふ》いて、馬鹿正直《ばかしやうぢき》な篤胤翁《あつたねおう》を騙《だま》すのであるといふ者《もの》も相當《さうたう》に澤山《たくさん》ありました。しかし乍《なが》ら篤胤翁《あつたねおう》及《およ》び其高弟達《そのかうていだち》が神祇並《じんぎならび》に祭式《さいしき》に關《くわん》する諸般《しよはん》の典禮《てんれい》などを寅吉《とらきち》に尋《たづ》ねて見《み》るに、其返答《そのへんたふ》はいかにも精細綿密《せいさいめんみつ》、且《か》つ條理《でうり》井然《せいぜん》として居《を》り、學者達《がくしやだち》の夢想《むさう》だもせざりし神祇上《じんぎじやう》の種々《しゆぐ》の秘《ひ》傳事《でんじ》等《とう》をも續々《ぞくぐ》と物語《ものがた》るものですから、一概《がい》に之《これ》を貶《けな》して了《しま》ふ譯《わけ》にも參《まゐ》らぬ點《てん》が確《たし》かにあるのでした。で、寅吉《とらきち》は矢張《やは》り、山中《さんちう》の靈域《れいゐき》に於《おい》て異人《いじん》の薫陶《くんたう》を受《う》けたものではあるまいかといふ說《せつ》が、一方《はう》に於《おい》て中々《なか〳〵》有《いう》力《りよく》であつたのも、決《けつ》して無理《むり》のない事柄《ことがら》でありました。

又右《またみぎ》の岩間村《いはまむら》の愛宕山《あたごやま》といふのが、古來《こらい》から天狗《てんぐ》の棲《す》む所《ところ》だと見做《みな》されて居《ゐ》るのでした。嚴密《げんみつ》にいへば、その者《もの》は天狗《てんぐ》よりは一段上位《だんじやうゐ》にある山人《さんじん》といふもので、仙人《せんにん》とも別種《べつしゆ》だといふことですが、仙人同樣神通力《せんにんどうやうじんつうりき》があり、大抵《たいてい》の場合《ばあひ》には俗人《ぞくじん》の眼《め》にはかゝらず、日夕神道《につせきしんどう》の修行《しゆぎやう》をなし、ホンの時稀《ときにま》姿《すがた》を人《ひと》に見《み》せる丈《だけ》であるといふことです。其山人《そのさんじん》の頭領《とうりやう》の名《な》は杉山組正《すぎやまそしやう》、弟子《でし》には高山左司《たかやまさし》馬《ま》、古呂明《ころめい》其他《そのた》澤山《たくさん》あり、數《すう》百歳《さい》の齡《よはひ》を重《かさ》ねて飛行自在《ひかうじざい》を極《きは》めたいといひますが、無論《むろん》その素性《すじやう》も本名《ほんみやう》も判《わか》りはしませぬ。何《いづ》れにしても不可思議《ふかしぎ》きはまる連《れん》中《ちう》で、事實《じじつ》とするには手懸《てが》りが薄《うす》きに過《す》ぎ、さればと言《い》つて、架空譚《かくうぜん》とするには内容《ないよう》が豐富《ほうふ》に過《す》ぎ、又正確《またせいかく》に過《す》ぎます。虚實《きよじつ》の境《さかひ》、眞僞《しんぎ》の衢《ちまた》——讀者諸君《どくしやしよくん》は間《かん》断《だん》なく批《ひ》判《はん》の眼《め》を光《ひか》らして、此物語《このものがたり》をお讀《よ》みになるやうお願《ねが》ひ致《いた》して置《お》きます。

二　不思議《ふしぎ》な童子《どうじ》

文政《ぶんせい》三年《ねん》十月《ぐわつ》一日《じつ》の初夜《しよや》のことでした。平田篤胤方《ひらたあつたねかた》へ屋代弘賢《やしろこうけん》といふ人《ひと》が訪《たづ》ねてまゐりまして、『近頃山崎美成方《ちかごろやまざきびせいかた》に不思議《ふしぎ》な童子《どうじ》が來《き》て居《ゐ》るから、念《ねん》の爲《た》めに一度見《どみ》て置《お》かうぢやム《ござ》らぬか』と誘《さそ》ひました。

『ナニ不思議《ふしぎ》な童子《どうじ》‥‥。一《ひと》ツ目《め》小《こ》僧《ぞう》でもム《ござ》るかナ？』

『御冗談《ごじやうだん》を‥‥。觀《み》せ物《もの》ではム《ござ》らぬ。天狗《てんぐ》の許《もと》で九年間修行《ねんかんしゆぎやう》したと申《まを》す神童《しんぼう》でム《ござ》る。博識多聞《はくしきたもん》、山崎《やまざき》も舌《した》を捲《ま》いて居《ゐ》るといふことでム《ござ》る。』

『それは近頃思白《ちかごろおもしろ》い。早速出向《さつそくでむ》いて見《み》る事《こと》にしませう。』

平田屋代《ひらたやしろ》の兩人《りやうにん》は連《つ》れ立《だ》ちて下谷長者町《したやちやうじやまち》なる美成《びせい》の宅《たく》を訪問《おとづれ》ました。

二人《ふたり》が座敷《ざしき》へ通《とほ》ると、美成《びせい》はやがて問題《もんだい》の寅吉《とらきち》を呼《よ》び寄《よ》せて二人《ふたり》に引《ひ》き合《あ》はぜました。齢《とし》は十五だといひますが、打見《うちみ》る所《ところ》漸《や》つと十三位《ぐらゐ》、小柄《こがら》ではあるがしかし普通《ふつう》の兒童《じどう》とは異《こと》なりて眼光炯々《がんくわうけい〱》、人《ひと》を人《ひと》とも思《おも》はず、美成《びせい》から言《い》はれて澁々《しぶ〱》お叩頭《じぎ》をした位《くらゐ》でした。

しかし段々《だん〱》訊《き》いて見《み》ると成程其經歷《なるほどそのけいれき》は奇妙不可思議《きめうふかしぎ》、確《たし》かに破天荒《はてんくわう》のものでした。主客膝《しゆかくひざ》を交《まじ》へて話《はなし》はそれからそれへと留《と》め度《ど》なく續《つゞ》きました。寅吉《とらきち》の經《けい》歴《れき》はざッと次《つぎ》の如《ごと》きものでした。——

寅吉《とらきち》は幼少《えうせう》の時《とき》は病弱《びやうじやく》であつたが、五六歳《さい》の時分《じぶん》から一種不思議《しゆふしぎ》の能力《のうりよく》を具《そな》へて居《を》つたさうで、ある日屋上《ひをくじやう》に居《ゐ》て突然下谷《とつぜんしたや》の廣小路《ひろこうぢ》が火事《くわじ》だと叫《さけ》びました。人々《ひと〲》は駭《おどろ》いて屋根《やね》に驅《か》け上《のぼ》つて見《み》ますと別《べつ》に火事《くわじ》らしい模様《もやう》は見《み》えません。『小供《こども》の癖《くせ》にウソを言《い》ふものでない』と叱《しか》りますと、寅吉《とらきち》はイッカな肯《き》かず、

『あれほど火《ひ》が燃《も》えて居《ゐ》るのに、あれが見《み》えないのか。早《はや》く逃《に》げよう！』

人々《ひと〲》は、『こりア少々狂氣《せう〱きやうき》の氣味《きみ》ではないか』と心配《しんぱい》したさうですが、其翌日《そのよくじつ》

の夜《よ》に至《いた》りまして、果《はた》して寅吉《とらきち》の言《い》つた通《とほ》り、廣小路《ひろこうぢ》に火災《くわさい》が起《おこ》つたのでした。

或《あ》る時《とき》寅吉《とらきち》は父親《ちゝおや》に向《むか》ひ、『お父《とう》さん、明日《あす》は怪我《けが》をしさうだから用心《ようじん》なさい』と言《い》ひました。『何《な》にを莫迦《はか》なッ！』父親《ちゝおや》は一笑《せう》に附《ふ》して了《しま》ひましたが、果《はた》して翌日《よくじつ》に至《いた》り、父親《ちゝおや》は大《おほ》きな怪我《けが》をしました。

又《また》或《あ》る日《ひ》寅吉《とらきち》が、『今夜《こんや》は盗人《ぬすびと》が入《はい》るから恐《こは》い』と申《まを》しました。『タワケを言《い》ふナ』と不相變《あひかはらず》父親《ちゝおや》が叱《しか》りましたが、今度《こんど》も寅吉《とらきち》の言《い》つた通《とう》り、其夜《そのよ》果《はた》して賊《ぞく》が入《はい》りましたので、人々《ひと〴〵》も不思議《ふしぎ》に思《おも》ひ、什麼《どう》してそンな事《こと》が判《わか》るかと尋《たづ》ねますと、寅吉《とらきち》は澄《す》ましたもので『何《なん》となく耳元《みゝもと》で、さう言《い》つて聞《き》かす聲《こゑ》があるから、その通《とほ》りを言《い》ふのだ』と答《こた》へました。

就中《なかんづく》寅吉《とらきち》が尋常人《じんじやうじん》と相違《さうゐ》して居《ゐ》るのは、其記憶力《そのきおくりよく》の強《つよ》いことでした。彼《かれ》は五六歳《さい》の頃《ころ》に、自分《じぶん》が生《うま》れて滿《まん》一ヶ年《ねん》にならぬ時分《じぶん》の事《こと》をよく覺《おぼ》えて居《ゐ》て、折《を》り〳〵人《ひと》にそれを物語《ものがた》りました。

三　不思議《ふしぎ》な壺《つぼ》

下谷池《したやいけ》の端茅町稲荷社《はたかやちやういなりしや》の前《まへ》に貞意《ていい》といふ一人《ひとり》の賣卜者《ばいぼくしや》が居《ゐ》て、よく物《もの》を言《い》ひ當《あ》てるので中々《なか〱》の人氣《にんき》でした。當時《たうじ》七歳《さい》の寅吉《とらきち》はそれが羨《うらやま》しくて耐《たま》らず、ある日《ひ》自分《じぶん》にも易占《うらなひ》を敎《をし》へて呉《く》れと眞面目腐《まじめくさ》つて貞意《ていい》に依《たの》みました。貞意《ていい》は冗談《じやうだん》半分《はんぶん》に『貴樣《きさま》が若《も》し七日《か》の間《あひだ》掌《てのひら》に油《あぶら》を湛《たゝ》へて火《ひ》を點《とも》すことを勤《つと》めて來《き》たら、敎《をし》へてやつてもよい』と言《い》ひました。

寅吉《とらきち》はこの言葉《ことば》を眞實《まこと》に受《う》け、早速自分《さつそくじぶん》の家《いへ》の二階《かい》に上《あが》り、親《おや》や兄《あに》にも隱《かく》してひそかに手燈《てび》の行《ぎやう》を始《はじ》めました。掌《てのひら》はジリ〱と耐《たま》らなく熱《あつ》いが、とう〱瘦我慢《やせがまん》で七日《か》の行《ぎやう》を勤《つと》め了《おう》せ、それから卜者《ぼくしや》の許《もと》に行《い》つて、『この通《とほ》り掌《てのひら》が燒《や》け爛《たゞ》れて了《しま》つた。約束通《やくそくどほ》り敎《をし》へて呉《く》れ』と迫《せま》りました。卜者《ぼくしや》は其根氣《そのこんき》には驚《おどろ》き呆《あき》れましたが、もと〱本氣《ほんき》で言《い》つたことではありませんから、たゞ笑《わら》つたのみで、別《べつ》に教《をし》へやうともしませんでした。寅吉《とらきち》はそれが口惜《くや》しくて〳〵、長《なが》い間易占《あひだうらなひ》の事《こと》ばかり考《かんが》へて居《ゐ》たさうです。

寅吉《とらきち》の身《み》にいよ〳〵大變動《だいへんどう》が起《おこ》つたのは丁度其年《ちやうどそのとし》の四月頃《ぐさつごろ》のことでした。彼《かれ》はある日《ひ》ブラリと東叡山上野《とうえいざんうへの》の下《した》、黒門前《くろもんぜん》なる五條天神《でうてんじん》の邊《あたり》へ遊《あそ》びに出《で》ました。すると、年輩《ねんぱい》は五十歳位《さいぐらゐ》、總髪《そうはつ》をクル〳〵と櫛卷《くしま》きの如《や》うに結《ゆ》つた、髯《ひげ》の長《なが》い、旅装束《たびしやうぞく》の老人《らうじん》が、路上《ろしやう》に敷物《しきもの》を敷《し》いて坐《ざ》し、口徑四寸位《こうけいすんぐらゐ》の小壺《こつぼ》に丸藥《ぐわんやく》を入《い》れて賣《う》つて居《ゐ》ました。

『變《へん》な爺《ぢゞい》が居《ゐ》るナ。』

寅吉《とらきち》は深《ふか》くは氣《き》にも止《と》めず、其附近《そのふきん》に遊《あそ》んで居《ゐ》りましたが、やがて日《ひ》の暮方《くれがた》になると、件《くだん》の老人《らうじん》は小葛籠《こつゞら》や敷物《しきもの》を、かの小壺《こつぼ》の中《なか》へ押込《おしこ》み、

『ドリア俺《おれ》も壺《つぼ》の中《なか》へ這入《はい》つて見《み》せやうか。』

と申《まを》しました。

「人間《にんげん》がどうして斯《こ》んな小《ち》ッぽけな壺《つぼ》に這入《はい》れるかしら！」

寅吉《とらきち》が半信半疑《はんしんはんぎ》で見物《けんぶつ》して居《ゐ》るスグ眼《め》の前《まへ》で、件《くだん》の怪人物《くわいじんぶつ》は先《ま》づ片足《かたあし》を壺《つぼ》に突込《つゝこ》み、次《つ》ぎに他《た》の片足《かたあし》をも入《い》れ、やがて全身《ぜんしん》を壺《つぼ》の中《なか》に納《をさ》めたと見《み》ると、壺《つぼ》は獨《ひと》りでに空中遙《くうちうはる》かに飛《と》び上《あが》り、東北《とうほく》の空《そら》へと消《き》え失《う》せました。

寅吉《とらきち》は子供心《こどもごゝろ》にも、それが不思議《ふしぎ》で〳〵耐《たま》りません。彼《かれ》は其翌日《そのよくじつ》も、其翌《そのよく》々日《じつ》も、照《て》つても降《ふ》つても五條天神《ごでうてんじん》へ日參《にっさん》しました。賣藥《ばいやく》の老人《らうじん》は何時《いつ》行《い》つても必《かな》らず其所《そこ》に來《き》て居《ゐ》ました。そして何時《いつ》も日《ひ》の暮《く》れ方《がた》には前同樣《まへどうやう》な奇術《きじゆつ》を繰《く》り返《かへ》すのでした。

或《あ》る日《ひ》寅吉《とらきち》は例《れい》によつて彼《か》の賣藥翁《ばいやくをう》の前《まへ》に行《い》つて居《を》りますと、先方《せんぱう》から馴《なれ》々しく言葉《ことば》をかけました。

『ドーぢや小僧《こぞう》、汝《きさま》もこの壺《つぼ》に這入《はい》らぬか。面白《おもしろ》い物《もの》を見《み》せてやるよ。』

さすがの寅吉《とらきち》もこれには二の足《あし》を踏《ふ》み、尻込《しりご》みしながら厭《いや》だと申《まを》しますと、老人《らうじん》は近所《きんじよ》の店《みせ》で菓子《くわし》を買《か》つて來《き》て寅吉《とらきち》に與《く》れました。

『これ〳〵汝《きさま》は卜筮《うらなひ》の事《こと》が知《し》りたいだらう』老人《らうじん》は一層《そう》言葉《ことば》を和《やはら》げて申《まを》しました『卜筮《うらなひ》が知《し》りたいなら、此壺《このつぼ》に入《はい》れば、俺《おれ》が良《い》い所《ところ》へ連《つ》れて行《い》つて、幾《いく》らでも教《をし》へてやるよ。』

卜筮《うらなひ》の一語《ご》に寅吉《とらきち》はツイ釣込《つりこ》まれました。

『そンなら行《い》かうか。』

言《い》ひも了《をは》らず彼《かれ》は忽《たちま》ち壺《つぼ》の中《なか》へ連《つ》れ込《こ》まれて了《しま》ひました。

四　ワイ〳〵天王《てんのう》

やがて壺《つぼ》から出《だ》されて見《み》ると、寅吉《とらきち》は見《み》も知《し》らぬ深山《みやま》の頂《いたゞき》に居《ゐ》ることに氣《き》がつきました。

後《のち》に至《いた》りて其山《そのやま》が俗《ぞく》に天狗《てんぐ》の行場《ぎやうば》と言《い》はれて居《ゐ》る常陸《ひたち》の南臺丈山《なんたいぢやうさん》である事《こと》が

判《わか》りましたが、當時《たうじ》の寅吉《とらきち》はたゞ〱無我夢中《むがむちう》でした。晝《ひる》の間《あひだ》は、それでも幾《いく》分紛《ぶんまぎ》らされて居《ゐ》ましたが、夜《よる》になると流石《さすが》に自家《うら》の事《こと》が思《おも》はれて、とう〱シク〱と泣《な》き出《だ》して了《しま》ひました。老人《らうじん》もこれには持《も》て剩《あま》したものと見《み》えまして

『さう泣《な》くなら、仕方《しかた》がない俺《おれ》が家《うち》まで送《おく》つてやるよ。但《たゞ》し家《うち》へ戻《もど》つても此事《このこと》は決《けつ》して人《ひと》に語《かた》るではないぞ。毎日《まいにち》五條天神前《でうてんじんまへ》へ來《き》さへすれば、俺《おれ》が送《おく》り迎《むか》えをして、其間《そのあひだ》に卜筮《うらなひ》の事《こと》を敎《をし》へてやるよ。』

と言《い》ひ含《ふく》めました。そして

『さア眼《め》を閉《と》ぢて、しッかり俺《おれ》の脊中《せなか》につかまれ！』

といふのです。

言《い》はるゝまゝに寅吉《とらきち》は老人《らうじん》の脊中《せなか》に掴《つか》まつたと思《おも》ふ間《ま》もなく、忽《たちま》ち虚空《こくう》に舞《ま》ひ昇《のぼ》り、風《かぜ》がビユー〱！　と耳《みゝ》を掠《かす》めて鳴《な》り響《ひゞ》きます。

が、それもホンの少時《しばし》で、いつしか降《お》り立《た》つたのは下谷《したや》七軒町《けんちやう》なる我家《わがや》の前《まへ》

でした。老人《らうじん》は爰《こゝ》でも亦《また》繰《く》り返《かへ》し〳〵此事《このこと》を人《ひと》に語《かた》るな、語《かた》ると身《み》の爲《た》めに良《よ》くないなぞと言《い》ひ含《ふく》め、そのまゝプイと姿《すがた》を消《け》しました。

子供心《こどもごゝろ》にも寅吉《とらきち》は固《かた》く老人《らうじん》の誨《をしへ》を守《まも》り、親《おや》や兄弟《きやうだい》にも此事《このこと》を語《かた》らず、翌《あ》くる日《ひ》の午過《ひるす》ぎに又單身《またたんしん》五條天神《でうてんじん》の前《まへ》に行《い》つて見《み》ますと、其所《そこ》には老人《らうじん》が待《ま》つて居《ゐ》まして、早速《さつそく》寅吉《とらきち》を背負《せお》つて例《れい》の通《とほ》りの空中飛行《くうちうひかう》!

斯《こ》んな日課《につくわ》が毎日《まいにち》々々《くく》繰《く》り返《かへ》されました。寅吉《とらきち》は山《やま》に連《つ》れ行《ゆ》かれ、山《やま》から山《やま》へと山《やま》の中《なか》ばかり引廻《ひきまは》され、其間《そのあひだ》花《はな》を折《を》つたり、鳥《とり》を捕《と》つたり、又谷川《またたにかは》の魚《うを》を漁《と》つたり、そして暮方《くれがた》になると江戸《えど》の我家《わがや》へ連《つ》れ戻《もど》されました。しかし肝腎《かんじん》の卜筮《うらなひ》の事《こと》などはさつぱり敎《をし》へて呉《く》れませんでした。

斯《か》うして毎日山遊《まいにちやまあそ》びをして居《ゐ》る中《うち》に、段々山《だんくやま》に慣《な》れて來て、我家戀《わがやこひ》しさの念《ねん》は次第《しだい》に薄《うす》らひでまゐりました。

寅吉《とらきち》の家《いへ》は其日《そのひ》暮《ぐ》らしの貧乏世帶《びんはふじよたい》で、子供《こども》の世話《せわ》が出來兼《できか》ねる所《ところ》から、寅吉《とらきち》が毎日《まいにち》家を出《で》て暮方《くれがた》に戻《もど》るのを結句《けつく》僥倖《さいはひ》と思《おも》ひ、別《べつ》に何所《どこ》へ行《い》つたと詰問《きつもん》するやうな事《こと》もありませんでした。

或《あ》る日《ひ》寅吉《とらきち》が七軒町《けんちやう》の街頭《わうらい》に遊《あそ》んで居《ゐ》ますと、その頃流行《ころりうかう》の『ワイ〳〵天王《てんのう》』といふのが通《とほ》りかゝりました。これは一人《ひとり》の男《をとこ》が赤《あか》い鼻高面《はなたかめん》をかぶり、短《みぢ》かい袴《はかま》を穿《は》き、太刀《たち》を佩《さ》し、『天王《てんのう》』といふ二字《じ》を書《か》いた赤色《あかいろ》の小札《こふだ》を蒔散《まきち》らして小兒《こども》を集《あつ》める仕事《しごと》なのです。其囃《そのはや》しの文句《もんく》は斯《か》うです。

『天王様《てんのうさま》は囃《はや》すがお好《す》き、囃《はや》せや子供《こども》ワイ〳〵！　と囃《はや》せ！　天王様《てんのうさま》は喧嘩《けんくわ》が嫌《きら》ひ、喧嘩《わんくわ》をするな！　仲《なか》よく遊《あそ》べ！』

寅吉《とらきち》は面白《おもしろ》くて耐《たま》りません。自分《じぶん》も他《た》の多数《おほぜい》の子供連《こどもれん》に交《まじ》つて、共々《ともぐ》に囃《はや》し乍《なが》ら、とう〳〵本郷《ほんがう》の妙義坂《めうぎざかふ》附近《きん》まで行《い》つて了《しま》ひました。

日《ひ》が暮《く》れたので、跟《つ》いて行《い》つた子供連《こどもれん》も、一人《ひとり》去《さ》り、二人《ふたり》減《へ》り、寅吉《とらきち》も歸途《きと》に就《つ》きました。すると彼《か》の『天王《てんのん》』が路傍《ろはう》に寄《よ》つて天狗《てんぐ》の假面《めん》を脫《と》るのを見《み》ると、意外《いぐわい》にもそれは日《ひ》頃《ごろ》懇意《こんい》の老人《らうじん》でした。

『これから汝《きさま》を家《うち》まで連《つ》れて行《い》つてやるよ。』

で、二人《ふたり》連《つ》れ立《だ》つて茅町《かやちやう》の榊原侯《さかきばらこう》の表門《おもてもん》の前《まへ》へ來掛《きか》りますと、ひよつこり寅《とら》吉《きち》の父親《ちゝおや》に出遇《であ》ひました。

『これは良《よ》い所《ところ》でお目《め》に掛《か》りました。それでは確《たし》かにお兒《こ》さんをお引渡《ひきわた》し致《いた》します。』

『御親切《ごしんせつ》にどうも‥‥。難有《ありがた》う厶《ござ》りました。』

父《ちゝ》は悦《よろこ》んで厚《あつ》く禮《れい》を述《の》べ、先方《せんぱう》の名前《なまへ》を訊《たづ》ねますと、老人《らうじん》はヌカラヌ顔《かほ》で、

『俺《わし》は神田《かんだ》紺屋町《こんやちやう》の彦《ひこ》三郎《らう》といふもので‥‥。』

と出《で》鱈目《にらめ》を言《い》つて別《わか》れました。

五　置《お》き去《ざ》り

寅吉《とらきち》は斯《か》うして毎日《まいにち》老人《らうじん》に連《つ》れられて山《やま》に行《ゆ》きましたが、その中南臺丈山《うちなんたいぢやうさん》から岩間山《いはまやま》に移《うつ》りました。そして岩間山《いはまやま》の異人《いじん》の弟子入《でしい》りをしたのです。行《ぎやう》の手《て》ほどきは百日《にち》の斷食《だんじき》でした。首尾克《しゆびよく》それを勤《つと》め終《をは》つた時《とき》に、寅吉《とらきち》は豫《かね》てよりの念願《ねんぐわん》なれば、卜筮《うらなひ》の事《こと》を致《をし》へてくれと依《たの》みますと、師匠《しゝやう》は、それはいと易《やす》いことであるが、卜筮《うらなひ》は良《よ》からぬ譯《わけ》があるから、先《ま》づ他《ほか》の事《こと》を學《まな》ぶがよいと言《い》つて、武術《ぶじゆつ》、書法《しよはふ》をはじめ、神道《しんたう》に關《くわん》する事《こと》、祈禱呪禁《きたうまじなひ》の仕樣《しやう》、幣《ぬさ》の切《き》り方《かた》、醫藥《いやく》の製法《せいはふ》、武器《ぶき》の作《つく》り方《かた》、普通《ふつう》の易卜《うらなひ》とも違《ちが》ふ一種《しゆ》の卜法《ぼくはふ》、佛道諸宗《ぶつだうしよしう》の秘事經文《ひじきやうもん》、その他《た》さま〴〵の事《こと》を致《をし》へられましたが、途中《とちう》の送迎《おくりむかへ》は、毎時《いつも》例《れい》の老人《らうじん》の任務《にんむ》となつて居《ゐ》ました。

玆《こゝ》に不思議《ふしぎ》な點《てん》は、寅吉《とらきち》が十日《か》、廿日《か》、五十日《にち》、或《あるひ》は百日《にち》と引續《ひきつゞ》いて山《やま》に行《ゆ》き、家《いへ》に送《おく》り歸《かへ》されることになつて居《ゐ》ながら、兩親《りやうしん》は固《もと》より、寅吉自身《とらきちじしん》も左《さ》ばかり久《ひさ》しく山《やま》に居《ゐ》たと感《かん》じないことでありました。とう〳〵彼《かれ》は七歳《さい》の時《とき》から十一歳《さい》の十月《ぐわつ》まで足掛《あしかけ》五年山通《ねんやまがよ》ひをして諸事《しよじ》を教《をし》へられ、其間《そのあひだ》師匠《しゝやう》又《また》は兄弟子《あにでし》達《たち》に伴《ともな》はれて諸國《しよこく》を見廻《みまは》つたことも屢々《しばしば》ありました。しかし、寅吉《とらきち》が十二歳《さい》十三歳《さい》の時《とき》は山《やま》へは行《ゆ》かなくなり、師匠《しゝやう》の方《はう》から折《を》り〳〵寅吉《とらきち》の許《もと》へ訪《たづ》ねて來《き》て教《をし》へて呉《く》れて居《ゐ》ました。

かゝる中《なか》にも寅吉《とらきち》の身《み》の上《うへ》には多少《たせう》の波瀾曲折《はらんきよくせつ》が起《おこ》りました。十一歳《さい》の八月《ぐわつ》には父親《ちゝおや》が病氣《びやうき》に罹《かゝ》りました。すると師匠《しゝやう》が山《やま》からわざ〳〵行《や》つて來《き》て、寅吉《とらきち》に禪宗日蓮宗《ぜんしうにちれんしう》などの宗體《しうたい》を見覺《みおぼ》えて置《お》けと命《めい》じました。で、寅吉《とらきち》はそれとなく父母《ふぼ》に請《こ》ひて池《いけ》の端《はた》の正慶寺《しやうけいじ》といふ禪宗《ぜんしう》の寺《てら》へ預《あづ》けて貰《もら》ふことになり、同年《どうねん》の十二月《ぐわつ》まで同寺《どうじ》の小僧《こぞう》を勤《つと》めました。

翌《あ》くる年《とし》の二月《ぐわつ》には彼《かれ》は同所《どうしよ》の日蓮宗《にちれんしう》の覺姓寺《かくせいじ》といふのに引移《ひきうつ》りましたが、彼《かれ》の父親《ちゝおや》の死《し》んだのは其月《そのつき》のことでした。彼《かれ》の靈覺《れいかく》は、この寺《てら》に居《ゐ》る時《とき》にそろ〳〵其鋒鋩《そのほうぐ》を現《あら》はしました。

或《あ》る日《ひ》覺姓寺《かくせいじ》へ來《き》た人《ひと》が、大切《たいせつ》な品物《しなもの》を失《うしな》つたと言《い》つて居《を》りますと、傍《そば》できいて居《ゐ》る寅吉《とらきち》の耳元《みゝもと》で、誰《たれ》ともなく、

『その品物《しなもの》は人《ひと》が盜《ぬす》んで廣德寺前《くわうとくじまへ》の石《いし》の井戸《ゐど》の傍《そば》に隱《かく》してある。』

と敎《をし》へるのです。で、その通《とほ》りを右《みぎ》の來訪者《らいはうしや》に言《い》つてきかせますと、その人《ひと》は早速飛《きつそくと》び出《だ》して行《い》つて井戸《ゐど》の傍《そば》を搜《さが》して見《み》ると、果《は》して品物《しなもの》は其所《そこ》に隱《かく》してありました。

それから以來寅吉《いらいとらきち》の評判《ひやうばん》は一部《ぶ》の人々《ひと〴〵》の間《あひだ》に高《たか》くなり、呪禁《まじなひ》又加持《またかぢ》などを依《たの》むものが、續々《ぞく〳〵》現《あら》はれました。所《ところ》が、それが悉《こと〴〵》く靈驗《れいけん》がありますので、後《のち》には當時流行《たうじりうかう》せる富籤《とみくじ》の當《あた》り札《ふだ》まで尋《たづ》ねらるゝ事《こと》になりました。然《しか》るにその豫言《よけん》も亦常《またつね》に百發《はつ》百中《ちう》といふのですから、慾《よく》の深《ふか》い連中《れんぢう》がわれも俺《わし》もとお寺《てら》の門前《もんぜん》へ押《お》しかけて來《き》たといふのも全《まつた》く無理《むり》はありません。

あまりの事《こと》にお寺《てら》の和尚《おしやう》さんは心配《しんぱい》して『かくては寅吉《とらきち》の身《み》の爲《た》めになるま

い』と言《い》つて、家《うち》へ戻《もど》して了《しま》ひました。すると其年《そのとし》の四月に又《また》も山《やま》の師匠《ししやう》が訪《たづ》ねて來《き》て、其命令《そのめいれい》で宗源寺《そうげんじ》といふ日蓮宗《にちれんしう》のお寺《てら》へ弟子《でし》入《い》りをする事《こと》になり、今度《こんど》は思《おも》ひ切《き》つて剃髪《ていはつ》して可愛《かあい》らしい青道心《あをだうしん》になりました。

が、寅吉《とらきち》の小僧生活《こぞうせいくわつ》もホンの束《つか》の間《ま》のことでありました。文政《ぶんせい》二年《ねん》の五月二十五日に、山《やま》の師匠《ししやう》が來《き》て、一所《しよ》に連《つ》れて行《ゆ》くと申《まを》しますので、彼《かれ》は人《ひと》に誘《さそ》はれて伊勢參宮《いせさんぐう》をするのだと母《はゝ》には告《つ》げて、師匠《ししやう》のお伴《とも》をして一旦《たん》常陸《ひたち》の岩間山《いはまやま》に行《ゆ》き、それから師匠《ししやう》と便利至極《べんりしごく》な空中飛行《くうちうひかう》で、順々《じゆん〳〵》に東海道《とうかいだう》の名山舊蹟《めいざんきうせき》を經《へ》巡《めぐ》り、轉《てん》じて伊勢《いせ》の山田《やまだ》に赴《おもむ》いて兩宮《りやうぐう》を參拜《さんぱい》し、更《さら》に羽《はね》をのばして西國《さいごく》の山々《やま〳〵》を見廻《みまは》り、八月二十五日に一旦《たん》江戸《えど》へ歸《かへ》りましたが、九月には再《ふたゝ》び師《し》に伴《ともな》はれて北越諸國《ほくえつしよこく》を翔《かけ》り歩《ある》き、十一月の初《はじ》めに、妙義山《めうぎさん》の山奥《やまおく》なる小西山中《こにしさんちう》へさしかゝつたまでは至極無事《しごくぶじ》でしたが、其所《そこ》で寅吉《とらきち》は師匠《ししやう》から置いてきぼりをされ、たゞ一人《ひとり》偏僻極《へんぺききは》まる山里《やまざと》に止《とゞ》まることになりました。

六　久《ひさ》し振《ぶ》りの歸宅《きたく》

置去《おきざ》りを喰《く》つた寅吉《とらきち》は、羽衣《はごろも》を奪《うば》はれた天人同樣《てんにんどうやう》、自分《じぶん》ではドーする事《こと》も出《で》來《き》ません。止《や》むなく其村《そのむら》の首分《かしらぶん》の家《いへ》に置《お》いて貰《もら》つて二三日《にち》模樣《もやう》を見《み》て居《ゐ》ましたが、何《い》時《ま》まで待《ま》つても師匠《ししやう》が戻《もど》つてまゐりませんのには、一方《かた》ならず當惑《たうわく》しました。

すると恰《あだ》かも其家《そのいへ》へ泊《とま》り合《あ》はせたのが五十歳許《さいはかり》の老僧《らうそう》でありました。二人《ふたり》の間《あひだ》には自然話《しぜんはなし》が始《はじ》まりました。

『コレ〳〵其方《そなた》は年齒《としは》も行《ゆ》かぬ小供《こども》ぢやが、什麼《どう》して斯《こ》んな土地《とち》へ來《き》て居《ゐ》るのぢや？』

『私《わたし》は江戸《えど》の者《もの》ですが』と寅吉《とらきち》は答《こた》へました『神道修行《しんだうしゆぎやう》の爲《た》め諸國《しよこく》を廻《めぐ》つて居《ゐ》る中《うち》に、道《みち》に踏《ふ》み迷《まよ》ひ、とう〳〵斯《こ》ンな山《やま》の中《なか》へ來《き》てしまつたのです。』

『それは嘸困《さぞこま》るであらう。』と人《ひと》の良《よ》い老僧《らうそう》は慰《なぐさ》めました。『しかし案《あん》ずる事《こと》はない。俺《わし》の知《し》つて居《ゐ》るものに神道《しんだう》に委《くは》しい人《ひと》があるから、其所《そこ》へ連《つ》れて行《い》つて進《しん》ぜる。』

かくて間《ま》もなく天狗《てんぐ》の若弟子《わかでし》と年寄《としより》の坊《ばう》さんとは連《つ》れ立《だ》つて小西山中《こにしさんちう》を立出《たちい》で、常陸《ひたち》の筑波山《つくばさん》の社家《しやけ》なる白石丈之進《しらいしぢやうのしん》といふ人《ひと》の許《もと》へ辿《たど》りつきました。そして老僧《らうそう》は、寅吉《とらきち》の事《こと》を呉々《くれぐ》も右《みぎ》の丈之進《ぢやうのしん》に依《たの》んで置《お》いて暇《いとま》を告《つ》げて立《た》ち去《さ》りました。

不思議《ふしぎ》な縁《えん》で寅吉《とらきち》は白石方《しらいしかた》に弟子入《でしい》りしまして、名《な》も平馬《へいま》と改《あらた》め、一心不亂《しんふらん》に神道《しんだう》の修行《しゆぎやう》をして居《を》りますと、翌年《よくねん》の三月上旬《じやうじゆん》に、岩間山《いはまやま》の兄弟子《あにでし》古呂明《ころめい》がひよつくり訪《たづ》ねて來《き》まして、『これから直《す》ぐに師匠《ししやう》の所《ところ》へ來《こ》い』と言《い》ひます。寅吉《とらきち》はうれし歡《よろこ》び、丈之進《ぢやうのしん》に暇乞《いとまご》ひをして、岩間山《いはまやま》へ伴《ともな》はれて行《ゆ》き、久《ひさ》し振《ぶ》りで師匠《ししやう》に見《まみ》えました。

寅吉《とらきち》はそれから岩間《いはま》山《やま》で種々《いろ〳〵》の事《こと》を修業《しゆぎやう》して居《ゐ》ましたが、何《な》にしろ七ケ月も母親《はゝおや》に別《わか》れて居《ゐ》ましたので、一度《ど》母《はゝ》に逢《あ》ひたく、毎日欝《まいにちふさ》ぎ込《こ》んで居《を》りますと、忽《たちま》ち師匠《ししやう》が見《み》とがめまして、

『お前《まへ》はしきりに母《はゝ》の事《こと》を案《あん》じて居《ゐ》る態《てい》であるが、母《はゝ》は無事《ぶじ》なれば案《あん》じるには及《およ》ばぬ。今《いま》その實況《じつきやう》を見《み》せてつかはす。』

言《い》ひも終《おは》らず、忽《たちま》ち夢《ゆめ》とも現《うつゝ》ともなく、母《はゝ》と兄《あに》とが眼前咫尺《がんぜんしせき》の所《ところ》に鮮明《せんめい》に現《あら》はれ出《いで》まして、至極平和《しごくへいわ》な顔《かほ》をして居《を》ります。餘《あま》りの懐《なつ》かしさに寅吉《とらきち》は言葉《ことば》を掛《か》けようとして居《ゐ》る途端《とたん》、師匠《ししやう》の聲《こゑ》が聞《きこ》えて、再《ふたゝ》び元《もと》の我身《わがみ》に返《かへ》りました。

茫乎《ぼんやり》して居《ゐ》る寅吉《とらきち》に向《むか》つて師匠《ししやう》は諄々《じゆん〳〵》と誨《をし》へさとしました。

『これより汝《そち》には暫時《しばし》の暇《いとま》を與《あた》へて歸宅《きたく》せしめるであらうが、歸《かへ》つた後《のち》も山《やま》に居《ゐ》る時《とき》と同様《どうやう》、誓《ちか》つて邪道《じやだう》に踏《ふ》み迷《まよ》はず、神道《しんだう》の修行《しゆぎやう》を勉強《べんきやう》するのぢやぞ。又《また》佛道《ぶつだう》その他《た》己《おれ》れの好《この》まぬ道《みち》にても必《かな》らず他人《たにん》と爭《あらそ》ふことは相成《あひな》らぬ。汝《そち》の前身《ぜんしん》

は、元來《ぐわんらい》神道《しんだう》に深《ふか》き因縁《いんねん》のありしものなれば、縱令《たとひ》千里《り》を隔《へだ》つとて吾々《われ〳〵》は常《つね》に影身《かげみ》に添《そ》ふて汝《そち》が身體《しんたい》を守護《しゆご》するものと承知《しようち》せよ。世《よ》の爲《た》め、人《ひと》の爲《た》め、苟《いやし》くも善事《ぜんじ》とあらば必《かな》らず行《おこな》へ。それが何《なに》よりの師《し》への勤《つと》めぢや。世人《せじん》若《も》しも余《よ》が名《な》を問《と》ふものあらば、決《けつ》して實名《じつめい》を明《あか》してはならぬ。世俗《せぞく》のいふまゝ天狗《てんぐ》なりと答《こた》へ、名《な》は杉山組正《すぎやまそしやう》なりと申《まを》して置《お》け。又《また》汝《そち》自身《じしん》も、我《わ》が授《さづ》けたる嘉津間《かつま》といふ名《な》を名《な》告《の》らず、白石平馬《しらいしへいま》と稱《とな》へて置《お》け。』

かくて師《し》の杉山組正《すぎやまそしやう》はその弟子《でし》の古呂《ころ》明《めい》並《ならび》に高山左司馬《たかやまさじま》と三人《にん》連《づ》れで寅吉《とらきち》を見送《みおく》つて呉《く》れ、途《と》中《ちう》大寶村《たいほうむら》の八幡宮《まんぐう》に參詣《さんけい》しましたが、その時《とき》師匠《ししやう》は同社《どうしや》の奉《ほう》納《なふ》の刀劍《たうけん》の中《なか》から一振《ふり》の脇差《わきざし》を申《まを》し受《う》け、平生《へいせい》の佩料《はきれう》にせよとて寅吉《とらきち》に與《あた》へました。やがて暫時《しはし》例《れい》の空中飛行《くうちうひかう》を續《つゞ》けたと思《おも》ふ間《ま》に、早《はや》くも一個《こ》の大《おほ》きな仁王《にわう》門《もん》の聳《そび》えたる、人足《ひとあし》の極《きは》めて繁《しげ》き、大伽籃《だいがらん》の前《まへ》に着《つ》きました。

『一體《たい》此所《ここ》は何所《どこ》でありますか?』

寅吉《とらきち》が驚《おどろ》いた顔《かほ》をして尋《たづ》ねますと、古呂明《ころめい》は打《う》ち笑《わら》ひまして、

『これが判《わか》らぬか。玆《こゝ》は淺草觀音《あさくさくわんおん》の前《まへ》ぢや』

三人《にん》は寅吉《とらきち》に別《わか》れを告《つ》げ、さつさと元來《もとき》し方《かた》へ立去《たちさ》りましたので、寅吉《とらきち》はポツネンとして單身我家《たんしんわがや》へ戻《もど》りましたが、それは三月二十八日の事《こと》でした。

七　掘《ほ》り出《だ》し物《もの》

山《やま》に居《ゐ》た時《とき》は母《はゝ》や兄《あに》に逢《あ》ひ度《た》くも思《おも》ひましたが、さて歸宅《きたく》して見《み》ると思白《おもしろ》い事《こと》ばかりはありませんでした。就中什麽《なかんづくどう》しても調和《てうわ》し難《にく》いのは信仰《しんかう》の相違《きうゐ》で、寅吉《とらきち》の家《いへ》は一向宗《かうしう》の凝《こ》り固《かた》りなものですから、母《はゝ》も兄《あに》の庄吉《しやうきち》も寅吉《とらきち》が毎日太神《まいにちだいじん》宮《ぐう》の御玉串《おんたまくし》を棚《たな》に直《なほ》して拜《おが》むのを大變《たいへん》に嫌《きら》ひ、穢《けがら》はしいとて鹽《しほ》を撒《ま》き散《ち》らしたり何《なに》にか致《いた》します。寅吉《とらきち》は又寅吉《またとらきち》で、佛壇《ぶつだん》が汚《きたな》らしいと言《い》つて唾《つば》を吐《は》きかける始末《しまつ》、双方入《きうはうい》り亂《みだ》れて喧嘩口論《けんくわこうろん》に日《ひ》を暮《く》らすやうになりました。

寅吉《とらきち》は山《やま》から歸《かへ》る時《とき》に、天氣《てんき》を驗《けん》する書《しよ》だの、藥方《やくはう》の書《しよ》だの、其他《そのた》いろ〳〵の記録物《きろくもの》を持《も》つて來《き》ましたが、そんなものは母《はゝ》と兄《あに》とに皆燒棄《みなやきす》てられて了《しま》ひ、かの師匠《ししやう》から賜《たま》はつた大事《だいじ》の佩刀《はいたう》さへ古鐵買《ふるがねかひ》に賣《う》り飛《と》ばされるといふ散々《さんぐ》な目《め》に會《ち》ひました。

母《はゝ》も兄《あに》も人並外《ひとなみはづ》れた頑固屋《ぐわんこや》であつたには相違《さうゐ》ありませんが、寅吉《とらきち》も娑婆《しやば》で暮《く》らすには餘《あま》りに山《やま》の中《なか》の生活《せいくわつ》に慣《な》れ過《す》ぎ、餘《あま》りに人間《にんけん》ばなれのした教育《けういく》を受《う》け過《す》ぎて居《ゐ》ました。第《だい》一寅吉《とらきち》の頭《あたま》が毬栗《いがぐり》で、當時《たうじ》の習慣《しふくわん》から言《い》へば隨分異樣《ずゐぶんいやう》に見《み》えたに相違《さうゐ》ありません。お負《ま》けにそれが日數《につすう》を經《へ》るに連《つ》れて延《の》び放題《はうだい》に延《の》び、一見出來損《けんできそこ》ねの熊坂長範《くまさかちやうはん》見《み》たやうに成《な》りました。

斯《こ》ンな我儘者《わがまゝもの》を何時《いつ》までも家《うち》にばかり遊《あそ》ばして置《お》くものでもあるまいといふので、寅吉《とらきち》は七月に入《はい》りて野郎頭《やらうあたま》で、ある商家《しやうか》へ奉公《ほうこう》にやられましたが、勿論《もちろん》普通《ふつう》の町家《ちやうか》で歡迎《くわんげい》する筈《はず》はありません。例《れい》の世間離《せけんはな》れのした言動《げんどう》が間斷《かんだん》なき嘲《てう》弄《ろう》の種《たね》となり、二《ふ》タ言目《ことめ》には馬鹿《ばか》々々《く》と罵《のゝじ》られ、とう〳〵日《ひ》ならずしてお拂箱《はらひばこ》にされました。

が、さすがは廣《ひろ》い江戸《えど》の市中《しちう》、これほどの變物《かはりもの》を永久《えいきう》に埋木《うもれぎ》にしては置《お》きませんでした。上野《うへの》の下田《しもだ》といふ家《いへ》へ奉公《ほうこう》に行《い》つて居《ゐ》る時《とき》に其頃《そのころ》の博識《ものしり》として有《いう》名《めい》な、前記《ぜんき》の山崎美成《やまざきよしなり》に見出《みいだ》さるゝ事《こと》になりました。

『こいつァ近頃《ちかごろ》の掘出《ほりだ》し物《もの》だ。斯《こ》ンな所《ところ》で丁稚《でつち》小《こ》僧《ぞう》にコキ使《つか》ふのは勿體《もつたい》ない。俺《わし》の所《ところ》へ食客《しよくかく》として引取《ひきと》ることにしよう。』

寅吉《とらきち》が山崎美成《やまざきよしなり》の許《もと》に寄寓《きぐう》する事《こと》になつたのは斯《こ》ンな縁故《えんこ》からでありました。

寅吉《とらきち》の評判《ひやうばん》はそれから次第《しだい》に高《たか》くなりました。彼《かれ》は當時《たうじ》の學者《がくしや》、好事者《かうじしや》等《とう》から引《ひ》きも切《き》らず質問《しつもん》の矢《や》を向《む》けられ、當人《たうにん》の寅吉《とらきち》よりは保護者《ほごしや》の義成《よしなり》が却《かへ》つて自慢《じまん》の鼻《はな》を高《たか》くしました。とう〳〵その風評《うはさ》が當時《たうじ》の神道學者《しんだうがくしや》として飛《と》ぶ鳥《とり》を落《おと》す平田篤胤翁《ひらたあつたねおう》の耳《みゝ》にまで入《はい》ることになりし次第《しだい》は、既《すで》に述《の》べた通《とほ》りであります。

平田翁《ひらたおう》はすつかり寅吉《とらきち》の一夕話《せきはなし》に惚《ほ》れ込《こ》んで了《しま》ひ、固《かた》く再會《さいくわい》を約《やく》して辭《じ》し去《さ》つたのでした。

八　空氣銃《くうきじう》と大文字《だいもんじ》

十月《ぐわつ》の十一日《にち》には、かねて約束《やくそく》の通《とほ》り山崎美成《やまざきよしなり》が寅吉《とらきち》を連《つ》れて篤胤《あつたね》の許《もと》へ來《き》ました。同日《どうじつ》は主人《しゆじん》の外《ほか》に佐藤信淵《さとうしんえん》だの、國友能當《くにともよしまさ》だのといふ、當時知名《たうじちめい》の學《がく》者達《しやたち》が集《あつ》まつて、評判《ひやうばん》の『天狗《てんぐ》のお弟子《でし》』の來着《らいちやく》を待《ま》つて居《ゐ》ました。

今日《こんにち》なら『靈能實驗會《れいのうじつけんくわい》』とでもいふ所《ところ》でせう。寅吉《とらきち》は立會人達《たちあひにんだち》の請求《せいきう》に應《おう》じて、得意《とくい》になつて種々《いろ〳〵》の説明《せつめい》やら、靈術《れいじゆつ》やらを行《おこな》ひました。何《な》にしろ主客《しゆかく》ともに見當《けんたう》の取《と》れぬ無經驗《むけいけん》の仕事《しごと》でありますから、中《なか》には隨分下《ずゐぶんくだ》らぬものも混《まじ》つて居《を》りますが、さりとて又傾聽《またけいちやう》すべき點《てん》も尠《すくな》くないのであります。われ〳〵は平《ひら》田《た》翁《おう》の記錄《きろく》を讀《よ》むにつけても、『若《も》し當時《たりじ》心靈科學研究會《しんれいくわがくけんきうくわい》が成立《せいりつ》して居《ゐ》たらば……』の憾《うらみ》がないでもありませぬ、ドーも時々追窮《ときぐついきう》すべき肝腎《かんじん》な點《てん》を追窮《ついきう》せずに置《お》いたり、あらずもがなの說明《せつめい》に感服《かんぷく》し過《す》ぎたりする趣《おもむき》が見《み》えるのであります。が、今更《いまさら》それを愚痴《ぐち》つたとて取返《とりかへ》しのつく事《こと》ではありませぬ。徒《いたづ》らに空論《くうろん》空理《くうり》の跋扈《ばつこ》した德川時代《とくがはじだい》としては、よくもこれ丈纏《だけまと》めたものだと寧《むし》ろ感謝《かんしや》すべきでありませう。

篤胤《あつたね》が最初《さいしよ》に持《も》ち出《だ》したのは日頃愛用《ひごろあいよう》の一個《こ》の石笛《せきてき》でした。石笛《せきてき》は神笛又《しんてきまた》は天然笛《てんねんぶえ》などゝも稱《しよう》せられ、天然石《てんねんせき》に自然《しぜん》に孔《あな》の開《あ》いた物《もの》で、鎭魂《ちんこん》の時《とき》に吹《ふ》き鳴《な》らし極《きは》めて原始的《げんしてき》な樂器《がくき》でありますが、寅吉《とらきち》は大變《たいへん》それが氣《き》に入《い》りました。彼《かれ》は暫時《しばし》それを唇《くちびる》に當《あ》てゝ有頂天《うちやうてん》になつて吹《ふ》き鳴《な》らしました。

それから彼《かれ》は各人《かくじん》の問《と》ひに應《おう》じて、種々《いろ〳〵》の說明《せつめい》を試《こゝろ》み、口《くち》を衝《つ》いて出《で》る其該《そのがい》博《はく》なる智識《ちしき》は満座《まざ》の人々《ひとぐ》をアッと感心《かんしん》させました。就中寅吉《なかんづくとらきち》が空氣銃《くうきじう》の構造《かうざう》を説明《せつめい》したのには誰《たれ》も駭《おどろ》いたさうです。彼《かれ》の言《い》ふ所《ところ》によれば各種《かくしゆ》の發明《はつめい》は先《ま》づ幽界《いうかい》で行《おこな》はれ、それが餘程遅《よほどおく》れて人間界《にんげんかい》に傳《つた》はるのださうで、右《みぎ》の空氣銃《くうきじう》…寅吉《とらきち》の口吻《こうふん》を借《か》りて言《い》へば『空氣《くうき》で打《う》つ風砲《ふうはう》』なども、或《あるひ》は其式《そのしき》で後年人間界《こうねんにんげんかい》に傳《つた》はつたのかも知《し》れません。何《なに》にしろ徳川末期《とくがはまつき》に空氣銃《くうきじう》の説明《せつめい》は振《ふる》つて居《を》ります。

それから其晩人々《そのばんひとぐ》を感歎《かんたん》せしめたのは、寅吉《とらきち》が非凡《ひぼん》な運筆《うんぴつ》で、美事《みごと》な大字《だいじ》を書《か》いたことでした。彼《かれ》は碌々手習《ろくくてならひ》などをしたことのない子供《こども》で、以前極《いぜんきよ》めてヘタクソな小文字《こもじ》を書《か》いたことがあるのみでした。段々《だんぐ》きいて見《み》ると寅吉《とらきち》は山《やま》で手習《てならひ》をしたのださうで、其方法《そのはうはふ》なるものな又頗《またすこぶ》る面白《おもしろ》いものでした。

『山《やま》の手習《てなら》ひは砂《すな》でやるのです。砂《すな》を撮《つま》んで習《なら》ひ始《はじ》めるので字型《じがた》が大《おほ》きい。私《わし》は細字《きいじ》はまだ習《おら》はない……。』

その翌日《よくじつ》も又招《またまね》がれて篤胤《あつたね》の家《いへ》に行《ゆ》きました。そして人々《ひとびと》の問《と》ふがまゝに、石劍《せきけん》の事《こと》、矢《や》の根石《ねいし》の事《こと》、石《いし》を膠接《つぐ》こと、月《つき》に大《おほ》きな穴《あな》があること、人魂《ひとだま》や鳥《てう》獸《じう》の行方《ゆくへ》の事《こと》などを說《と》いて不相變博識《あひかはらずはくしき》振《ぶ》りを發揮《はつき》しました。が、何《なん》と言《い》つても寅吉《とらきち》の眞價《しんか》は山《やま》の師匠直傳《ししやうぢきでん》の靈術《れいじゆつ》と靈覺《れいかく》とに在《あ》つたことは申《まを》すまでもありません。所《ところ》が談話中偶然《だんわちうぐうぜん》にも寅吉《とらきち》は其手腕《そのてなみ》を見《み》せることになりました。

九　二度《ど》ある事《こと》は三度《ど》

篤胤《あつたね》の隣家《りんか》の庭《には》の隅《すみ》には一本《ほん》の柿樹《かきのき》がありまして、其梢《そのこずゑ》に、何《いづ》れ茶目《ちやめ》公《こう》の仕《し》業《わざ》でせう、鳥《とり》を捕《と》るための黐擌《ほご》が仕懸《しかけ》てありましたが、たま〳〵一羽《は》の鵯《ひよどり》が飛《と》んで來《き》てそれに罹《かゝ》りました。

『オヤ〳〵可哀相《かあいさう》に・・・・。隣《とな》りの人達《ひとだち》は殺生《せつしやう》が好《す》きで困《こま》つて了《しま》ふ。』

『彼様《あん》なに黐《もち》がへばりついて了《しま》つては、とてもモー逃《に》げられまい‥‥。』

平田家《ひらたけ》の人々《ひとぐ》が罵《のゝじ》り騒《さわ》ぐのをきいて寅吉《とらきち》はヅカ〳〵と椽先《えんさ》きへ飛《と》び出《だ》して來《き》ました。

『何《な》ンだ鶫《つぐみ》が。――私《わたし》が一つ彼《あ》の鳥《とり》を逃《に》がして見《み》ようか。』

『でも木登《きのぼ》りは危《あぶな》いからお廢《よ》しなさい。』

と誰《たれ》かゞ申《まを》しますと寅吉《とらきち》は一笑《せふ》して、

『私《わたし》は木登《きのぼ》りなンかしません。茶碗《ちやわん》を一つ貸《か》してください。』

何《なに》を行《や》るかと見《み》て居《を》りますと、彼《かれ》は右《みぎ》の茶碗《ちやわん》に水《みづ》を注《つ》ぎ、書齋《しよさい》の椽端《えんはた》に立《た》ちて、何《なに》やら呪文様《じゆもんやう》の事《こと》を唱《とな》へつゝ、茶碗《ちやわん》の水《みづ》を指先《ゆびさき》にて彈《はじ》きて鳥《とり》を吹飛《ふきと》ばす狀《さま》を數囘繰《すうくわいく》り返《かへ》しました。すると不思議《ふしぎ》々々々！　今《いま》まで動《うご》けなかつた鳥《とり》が黐《もち》から離《はな》れて下《した》の枝《えだ》に落《お》ち、其所《そこ》でしばらく羽繕《はづくろ》ひをして、忽《たちま》ちツィと飛《と》び去《き》つて了《しま》ひました。

『ドーもこりア神業《かみわざ》ぢや！　とても人間《にんげん》に能《でけ》る藝《げい》ぢやム《ござ》らぬ。』

『拙者《せつしや》當年《たうねん》取《と》つて六十何歳《なんさい》になるが、かゝる不思議《ふしぎ》は今日《こんにち》初《はじ》めて實見《じつけん》致《いた》してム《ござ》る。』

感歎《かんたん》の聲《こゑ》がしばしば鳴《な》りも止《や》みませんでした。

寅吉《とらきち》はこの成功《せいこう》に一層《そう》乘氣《のりき》になつたものと見《み》えまして、今度《こんど》は東風《こち》を吹《ふ》かせて見《み》せると言《い》つて、秘《ひ》傳物《でんもの》の一つなる風神《ふうしん》の幣《ぬさ》を切《き》り、それに神移《かみうつ》しを行《おこな》ひました。

當日《たうじつ》はまるきり風《かぜ》の無《な》い、極度《きよくど》に靜穩《せいおん》な日和《ひより》でした。

『いかに天狗《てんぐ》樣《さん》のお弟子《でし》だとて、斯《こ》ンな日《ひ》に風《かぜ》が起《おこ》るかしら……』

何人《なんぴと》の胸《むね》にも此不安《このふあん》が囁《さゝや》いて居《を》りましたが、待《ま》つ間程《まほど》なく、晩秋《ばんしう》の木々《きゞ》の梢《こずゑ》に忽《たちま》ちザワ〳〵といふ音《おと》がして、東風《こちかぜ》が猛烈《まうれつ》に吹《ふ》き起《おこ》つたのには、坐客《ざかく》一同《どう》二度《ど》吃驚《びつくり》！

『イヤ恐《おそ》れ入《い》つた！』

『ドーも驚《おどろ》きました！』

さま〴〵の感歎詞《かんたんし》が人々《ひとぐ》の口《くち》から漏《も》れました。

二度《ど》あることは三度《ど》とやら、寅吉《とらきち》はモー一つ天氣豫報《てんきよほう》で人々《ひとぐ》を驚《おどろ》かせました。

『今日《けふ》は夕暮《ゆふぐれ》から雨《あめ》になる。』

此豫言《このよげん》も見事的中《みごとてきちう》、夕暮《ゆふぐれ》から果《はた》してビショ〳〵雨《あめ》が降《ふ》り出《だ》しました。

十　天狗《てんぐ》さんに手紙《てがみ》

最初《さいしよ》は誰《たれ》しも寅吉《とらきち》を胡麻化《ごまくわ》し者《もの》であらうと疑《うたが》ひの眼《め》を向《む》けましたが、次《つ》ぎから次《つ》ぎへと其靈能《そのれいのう》を發揮《はつき》し、その博識《はくしき》を吐露《とろ》して行《ゆ》くので終《しまひ》には大抵兜《たいていかぶと》を脫《ぬ》くのでした。ある日《ひ》篤胤《あつたね》の所《ところ》で、二十人許《にんばかり》の有志者《いうししや》の前《まへ》で山《やま》の神樂《かぐら》を七八番《はん》自身《じしん》舞つて見せたお手際《てぎわ》なども、なか〱侮《あなど》るべからざるものでありました。

『岩間山《いはまやま》の山人《さんじん》は』と寅吉《とらきち》は歌舞《かぶ》に就《つ》きて講釋《かうしやく》するのでした。『神祇《しんぎ》を慰《たぐさ》むる爲《た》めに、山中《さんちう》又《また》は海面《かいめん》にて時々《ときぐ》七韻舞《せうまひ》といふ歌舞《かぶ》を演《や》りまず。舞人《まひて》は五十名《めい》、奏《そう》樂者《がくしや》は二十四名《めい》、合計《がふけい》七十四名《めい》であります。その歌詞《かし》はこれ〱、その所作事《しよさごと》はしか〲であります。』

彼《かれ》は非常《ひじやう》に所作事《しよさごと》の多《おほ》い其舞踊《そのぶよう》の態《さま》を一節毎《ふしごと》に說明《せつめい》し、又舞人《またまひて》の列班毎《れつはんごと》につきて各々《おのく》精密《せいみつ》なる講釋《かうしやく》を試《こゝろ》み、倘《な》ほリンと名《なつ》くる琴《こと》、五人掛《にんが》りで吹《ふ》く四十八孔《こう》の長笛《ちやうてき》、さては石笛《いしぶえ》、短笛《たんてき》、羽扇《はあふぎ》、浮鉦《ふしやう》などの形狀《けいじやう》を一々精細《せいさい》に圖說《づせつ》した上《うへ》に雌《め》竹《だけ》を求《もと》めて自身《じしん》で長《なが》さ一丈《ぢやう》と九尺《しやく》との二管《くわん》の長笛《ちやうてき》を巧《たく》みに製作《せいさく》しました。

さうした上《うへ》で自《みづ》から立《た》ち上《あが》りて實地《じつち》に舞《ま》つて見《み》せたのですから人々《ひとぐ》の驚歎《きやうたん》したのも無理《むり》はありません。坐客《ざきやく》の中《なか》には亂舞《らんぶ》の音曲《おんぎよく》を熟知《じゆくち》せる神道家《しんだうか》が四五人《にん》も居《を》りましたが、それ等《ら》の人《ひと》は取《と》り分《わ》けびつくりしました。そして

『こりァ全《まつた》く妙《めう》ぢや。かゝる古雅《こが》な神樂《かぐら》の舞《まひ》はとても凡人《ぼんじん》の出來《でき》ぬ業《わざ》である。』と讃《ほ》めそやしました。

斯《こ》ンな具合《ぐあひ》で、寅吉《とらきち》に對《たい》する學者達《がくしやたち》の好奇熱《かうきねつ》、研究熱《けんきうねつ》は日《ひ》を追《お》ひて旺盛《わうせい》に成《な》りつゝありましたが、十月の下旬《げじゆん》に寅吉《とらきち》は一旦《たんえ》江戸《ど》を引上《ひきあ》げて岩間山《いはまやま》へ行《ゆ》かねばならぬ事《こと》になつて居《ゐ》ました。

現在《げんざい》の寅吉《とらきち》は美成宅《よしなりたく》の食客《しよくきやく》として別《べつ》に不自由《ふじいう》な目《め》には逢《あ》ひませぬが、たゞお前《まへ》は佛法《ぶつはふ》の事《こと》に恐《くわ》しいから、僧《そう》に成《な》れと美成《よしなり》が勸《すゝ》めるのには閉口《へいこう》しました。彼《かれ》は時々《ときぐ》屋上《をくじやう》の火見櫓《ひのみやぐら》に登《のぼ》り、岩間山《いはまやま》の方《はう》を望《のぞ》んで、深《ふか》い感慨《かんがい》に沈《しづ》み、自分《じぶん》は到《たう》底世《ていよ》の中《なか》に不向《ふむ》きの人間《にげん》であると歎息《たんそく》するのでした。

すると或夜《あるよ》、外面《おもて》から、

『平馬《へいま》々々！』

と、自分《じぶん》の名前《なまへ》を呼《よ》ぶものがあるので、外《そと》へ出《で》て見《み》ると、それは岩間山《いはまやま》の兄弟《あにで》子《し》の左司馬《さしま》でした。

『今日《けふ》は師匠《ししやう》からの使者《つかひ》として來《き》た』と彼《かれ》は言《い》ひました『汝《そなた》は近頃《ちかごろ》しきりに物《もの》思《おも》ひをして居《ゐ》るが、近《ちか》い内《うち》に汝《そなた》の依《たよ》りとなる人《ひと》が現《あら》はれるから心配《しんぱい》すなとの師《し》匠《しやう》の傳言《ことづて》ぢや。そして十月《ぐわつ》の末迄《すゑまで》には一度《ど》登山《とざん》をせよ。但《たゞ》し師匠《ししやう》は讃岐《さぬき》の山巡《やまめぐ》り番《はん》に當《あた》られ、その中《うち》不在《るす》になるから、今歳《ことし》の寒行《かんぎやう》は休《やす》みになる筈《はず》ぢや。さすれば汝《そなた》は其時《そのとき》又里《またさと》に出《で》ることになる。』

これ丈《だけ》言《い》ひ置《お》いて左司馬《さしま》はプイと歸《かへ》つて了《しま》ひました。さうする中《うち》にいよ〳〵約束《やくそく》の十月《ぐわつ》も早《は》や中《なか》ばを越《こ》しましたので、寅吉《とらきち》はそれとなく出發《しゆつぱつ》の準備《ようい》に取《と》りかゝりました。

かくと見《み》た篤胤《あつたね》は獨《ひと》りうなづきました。

『俺《おれ》の意見《いけん》を充分批判《じうぶんひはん》し得《う》るものはこの人間界《にんげんかい》には一人《ひとり》も居《ゐ》ない。一つ山人《さんじん》の杉山組正《すぎやまそしやう》に手紙《てがみ》を送《おく》つて俺《おれ》の書《か》いた書物《しよもつ》の批評《ひひやう》を乞《こ》ふてやらう。』

かくて彼《かれ》は一通《つう》の手紙《てがみ》と共《とも》に自著《じちよ》『靈《たま》の眞柱《まはしら》』を寅吉《とらきち》に托《たく》したのでした。

十一　再度《さいど》の歸來《きらい》

爰《こゝ》に困《こま》つたことは從來幾度《じうらいいくたび》となく江戸《えど》と岩間山《いはまやま》との間《あひだ》を往來《わうらい》したもの丶何時《いつ》も皆空中飛行《みなくうちうひかう》なので、寅吉《とらきち》が歩行《かち》で登山《とざん》すべき道《みち》を知《し》らないことでありました。平田塾《ひらたじゆく》では

『こいつアドーも弱《よわ》つた。古呂明《ころめい》さんか左司馬《さしま》さんかの中《うち》で迎《むか》へに來《き》て吳《く》れゝば助《たす》かるが‥‥』

『さて〱人間《にんげん》といふものは不便《ふべん》なもので厶《ござ》る。常陸《ひたち》の國《くに》まではいかな牛若丸《うしわかまる》でも飛《と》べますまいテ。』

下《くだ》らぬ下馬評《げばひやう》をして居《ゐ》る最中《さいちう》、恰《あたか》もよし平田《ひらた》の門弟《もんてい》で、下總《しもふさ》の笹川《さゝがは》から來《き》て居《ゐ》る五十嵐對馬《いがらしつしま》といふ神官《しんくわん》が歸鄕《ききやう》の暇乞《いとまご》ひに來《き》ました。

『丁度《ちやうど》よい都合《つがふ》ぢや。其方《そのはう》一つこれなる寅吉《とらきち》を常陸國《ひたちのくに》まで送《おく》り屆《とゞ》けて呉《く》れまいか。』

天狗《てんぐ》さんへの使者《ししや》といふので、五十嵐《いがらし》も少々《せう〳〵》二の足《あし》を踏《ふ》みましたが、別人《べつじん》ならぬ師匠篤胤《ししやうあつたね》の聲《こゑ》がゝりですから否《いな》む譯《わけ》にも行《ゆ》かず、寅吉《とらきち》を同道《どうだう》して十月十七日江戸《にちえど》を發足《はつそく》し、十九日笹川《にちさゝがは》に着《つ》きました。其所《そこ》で寅吉《とらきち》は呪術《じゆじゆつ》や祈禱《きたう》の事《こと》、又《また》山中《さんちう》の秘事《ひやく》などを毎日《まいにち》五十嵐《いがらし》に傳授《でんじゆ》して居《ゐ》ましたが、二十三日《にち》の夜《よ》、何者《なにもの》かゞ外面《そと》から

『嘉津馬《かづま》々々』

と寅吉《とらきち》を呼《よ》びますので、寅吉《とらきち》は出《で》て行《ゆ》き、暫時《しばし》にして戻《もど》つて來《き》ました。その時《とき》は默《だま》つて居《ゐ》ましたが、翌日寅吉《よくじつとらきち》は五十嵐《いがらし》に向《むか》ひまして、

『昨夜師匠《ゆふべししやう》の許《もと》から迎《むか》ひが來《き》たから今日《けふ》は一緒《しよ》に登山《とざん》する….』

かく言《い》ひすてゝフイと外《そと》へ出《で》たぎり、そのまゝ行方《ゆくへ》を失《うしな》つて了《しま》ひました。

江戸《えど》では平田《ひらた》、屋代《やしろ》、佐藤《さとう》、山崎等《やまざきとう》の學者連中《がくしやれんちう》が毎日寅吉《まいにちとらきち》の噂《うはさ》で持《も》ち切《き》り、

『飛《と》んだ掘出《ほりだ》し物《もの》を失《うしな》つて了《しま》つた。』

と、しきりに寅吉《とらきち》を逸《いつ》したことを惜《おし》んで居《を》りますと、十一月二日《ぐわつか》の夜《よ》に突然當《とつぜんたう》の寅吉《とらきち》が平田方《ひらたかた》へ戻《もど》つて來《き》ました。これには平田《ひらた》もびつくりするやら、うれしがるやら、

『一體汝《たいおまへ》は何所《どこ》を什麼《どう》歩《あ》るいて來《き》たのか？』

と顔《かほ》を見《ふ》るより早《はや》く尋《たづ》ねました。

『私《わたし》は一度山《どやま》へ戻《もど》つたのですが』と寅吉《とらきち》は答《こた》へました。『師匠《ししやう》は今年讃岐《ことしさぬき》の山巡《やまめぐ》りの鬮《くじ》に當《あた》り、當分不在《たうぶんるす》です。それで今年《ことし》の寒行《かんぎやう》は休業《きうけふ》となり、モ一度人里《どきと》へ出《で》よとの命令《あふせ》で、古呂明《ころめい》と左司馬《きじま》の兩人《ふたり》に送《おく》つて貰《もら》つて、歸《かへ》つて來《き》ました。』

『成程《なるほど》さうであつたか。それは何《なに》より結構《けつかう》ぢやが、俺《わし》が汝《そなた》に托《たく》した手紙《てがみ》や書物《しよもつ》はドーして呉《く》れたかナ？』

『イヤ師匠《ししやう》は見《み》ぬ中《うち》から手紙《てがみ》の文句《もんく》を知《し》り拔《ぬ》いて居《を》つた模樣《もやう》で、たゞ可《よ》し〳〵と云《い》つて默頭《うなづ》いた丈《だけ》でした。それから貴下《あなた》の作《つく》つた書物《しよもつ》を披《ひら》いて見《み》て、能《よ》くも編述《へんじゆつ》したものだが、惜《お》しいことには三字《じ》の異體《いたい》を脱漏《だつろう》して居《ゐ》るから、それを忘《わす》れず傳言《でんごん》せよとの事《こと》でした。』

これには人《ひと》一倍《ばい》鼻《はな》の高《たか》い篤胤《あつたね》も一方《かた》ならず感心《かんしん》して了《しま》ひました。

尚《な》ほ寅吉《とらきち》は言葉《ことは》をつゞけました。

『先日《せんじつ》私《わたし》は七韶舞《せうまひ》のことを皆樣《みなさん》に敎《をし》へましたが、短笛《たんてき》の持《も》ちやうの圖《づ》が違《ちが》つて居《ゐ》るから斯《か》く〳〵に訂正《ていせい》せよ、と師匠《ししやう》から叱言《こゞと》を言《い》はれました。舞《まひ》の足踏《あしぶ》みも私《わたし》が右足《みぎあし》から踏出《ふみだ》したのは間違《ちがひ》で、左足《ひだりあし》から踏《ふ》み出《だ》すべきものださうです。また師匠《ししやう》は、此舞《このまひ》に合《あは》せる臥龍笛《ぐわりうてき》、浮鉦《ふしやう》をも傳《つた》へて置《お》けと言《い》つて、臥龍笛《ぐわりうてき》の内部《ないぶ》の機關《しかけ》をも見《み》せて詳《くは》しく敎《をし》へて呉《く》れました・・・・。』

寅吉《とらきち》は其晩《そのばん》篤胤《あつたね》を捕《とら》へて徹夜《てつや》で細々《こまぐ》といろ〳〵の事《こと》を説明《せつめい》したのでした。

十二　ハナムケ

寅吉《とらきち》が再《ふたゝ》び平田《ひらた》方《かた》へ戻《もど》つて來《き》たといふので、訪問《はうもん》する國學者連《こくがくしやれん》は連日《れんじつ》引きも切《き》らず、何《いづ》れも其言論《そのげんろん》の高邁《かうまい》なるに舌《した》を捲《ま》いて歸《かへ》るのを常《つね》としました。

十一月《ぐわつ》七日《か》には屋代輪池《やしろりんち》翁《おう》が來《き》て、其秘藏《そのひざう》せる唐《たう》の則天武后《そくてんぶこう》の書《か》いた帖本《ちやうほん》を寅吉《とらきち》に示《しめ》し、態《わざ》と何《なん》の說明《せつめい》もせず、

『寅吉《とらきち》これはどう見《み》るか？』

と訊《たづ》ねました。寅吉《とらきち》はたつた一枚《まい》見《み》た丈《だけ》で、

『こりア位官《ゐくわん》の高《たか》い女《をんな》の書《か》いたものです。』

事《こと》もなげに言《い》つて退《の》けたのは先《ま》づ人々《ひとぐ》の度膽《どぎも》を拔《ぬ》きました。

『それなら年齡《とし》は幾《いく》つばかりの時《とき》の書《しよ》か？』

重《かさ》ねて訊《たづ》ねますと、

『七十歳前後《さいぜんご》の書《しよ》でせう。』

さう言《い》つて、寅吉《とらきち》は手早《てはや》く右《みぎ》の帖本《ちやうほん》を披《ひら》いて見《み》たが、

『オヤ何所《どこ》かに男子《だんし》の書《か》いた字《じ》が交《まじ》つて居《ゐ》た。』

と言《と》つて、又本《またほん》を巻《ま》きかへして、その中《なか》の一行《かう》を見出《みいだ》し、

『この行《ぎやう》は男子《だんし》の書《しよ》です。』

と指摘《してき》しました。

平田《ひらた》も屋代《やしろ》も寅吉《とらきち》の鑑定眼《かんていがん》の非凡《ひぼん》なるにはほど〳〵舌《した》を捲《ま》いて了《しま》ひました。武《ぶ》后《こう》の文字《もんじ》は、彼女《かのぢよ》が自立《じりつ》して國號《こくがう》を周《しう》と言《い》つた年《とし》に書《か》いたもので、その時《とき》武《ぶ》后《こう》は六十何歳《なんさい》かの老齢《らうれい》なのでした。又男子《まただんし》の書《か》いた行《ぎやう》が交《まじ》つて居《ゐ》ると云《い》つたのも正確《せいくわく》で、支那《しな》の慣例《くわんれい》として、かゝる帖本《ちやうほん》には臣下《しんか》の男子《だんし》が書《か》く行《ぎやう》が必《かな》らずあるのでした。

八日《か》には平田《ひらた》が寅吉《とらきち》を連《つ》れで、數奇者《すきしや》の山田大圓《やまだだいゑん》といふ人《ひと》の宅《たく》に赴《おもむ》きました

が、その日《ひ》の參會者《さんくわいしや》は十餘人《よにん》に上《のぼ》りました。人々《ひとびと》から書《しよ》を乞《こ》はれて寅吉《とらきち》は篆書《てんしよ》のやうな神代文字《しんだいもじ》を澤山書《たくさんか》き散《ち》らしましたが、それが終《おは》ると山田《やまだ》は御自慢《ごじまん》の珍《ちん》藏《ざう》の什器類《じふきるゐ》を取《と》り出《い》でゝ、寅吉《とらきち》に見《み》せました。

いろ〳〵見《み》て居《ゐ》る中《うち》に和蘭舶來《おらんだはくらい》のオールゴルといふ樂器《がくき》が持《も》ち出《だ》されると、寅吉《とらきち》は

『山《やま》にもこれに似《に》た樂器《がくき》があります。』

と言《い》ひ出《だ》しました。

『それは又何《またど》ンな物《もの》か？』

と一人《ひとり》が訊《たづ》ねますと、

『鐵《てつ》の箱《はこ》に笛《ふえ》が六本仕《ほんし》掛《か》けてあるのです』と寅吉《とらきち》は早速説明《さつそくせつめい》しました。『そして其箱《そのはこ》に水《みづ》を注《つ》いで肘金《ひぢかね》を廻轉《まは》せば、中《なか》の水《みづ》が湯《ゆ》となり、その湯氣《ゆけ》で笛《ふえ》が鳴《な》り出《だ》すのです。』

此話《このはなし》の序《つい》でに彼《かれ》は山《やま》で湯《ゆ》を沸《わか》す方法《はうはふ》を詳《くは》しく述《の》べましたが、それによると、鐵製《てつせい》の器物《きぶつ》に水《みづ》を盛《も》り、鐵棒《てつぼう》で掻《か》き廻《まは》せば湯《ゆ》は譯《わけ》なく沸《わ》くらしいのでした。

十一月十四日にに平田《ひらた》の門生松村平作《もんせいまつむらへいさく》といふのが大阪《おほさか》へ歸《かへ》るといふので、塾生等《じゆくせいら》が短冊《たんざく》に和歌《わか》などを書《か》いて惜別《せきべつ》の意《い》を表《へう》しました。寅吉《とらきち》はこの松村《まつむら》とは平素《へいそ》から大仲好《おほなかよ》しであつた爲《た》めに、この日《ひ》は欝《ふさ》ぎ込《こ》んで居《ゐ》ましたが、急《きふ》に平田《ひらた》に向《むか》ひ、

『私《わたし》に和歌《わか》を詠《よ》むことを敎《をし》へてください』

と言《い》ひ出《だ》しました。

『何故《なぜ》そンな事《こと》を申《まを》すのかナ?』

『私《わたし》は各人《みんな》が歌《うた》を詠《よ》むのを見《み》ると羨《うらやま》しくてなりません。私《わたし》も一首《しゆ》詠《よ》んで松村《まつむら》さんに贈《おく》りたいと思《おも》ひます。』

『それは性急《せつかち》なことぢや』と篤胤《あつたね》は苦笑《くせう》しました。『歌《うた》といふものはその樣《やう》に俄《には》

かに詠《よ》み出《だ》されるものではない。歌《うた》を教《をし》へるのは何《いつ》れ後日《ごじつ》のことにしよう。』

『それでは先生短冊《せんせいたんざく》を一枚《まい》ください。勝手《かつて》なものを書《か》いて間《ま》に合《あ》はせます。』

寅吉《とらきち》は篤胤《あつたね》から貰《もら》つた一枚《まい》の短冊《たんざく》に草書體《さうしよたい》で『花《はな》』といふ字《じ》らしいものを書《か》いて松村《まつむら》に贈《おく》りました。人々《ひとびと》はその意味《いみ》が分《わか》らないので何《なん》といふ事《こと》かと訊《たづ》ねますと、寅吉《とらきち》は濟《す》まし切《き》つて

『裏《うら》を見《み》てくれ』

と申《まを》します。裏《うら》を返《かへ》して見《み》ると、其所《そこ》には『松《まつ》』といふ字《じ》が書《か》いてありました。

『何《な》んだ、松《まつ》の字《じ》が一字《じ》きり書《か》いてある。岩間山《いはまやま》の天狗《てんぐ》さん仲間《なかま》には通用《つうよう》するかも知《し》れないが、われ〳〵人間《にんげん》にはさつぱり意味《いみ》が分《わか》らない。』

と一人《ひとり》が申《まを》しますと、寅吉《とらきち》が大眞面目《おほまじめ》で、

『松村《まつむら》さんがまた歸《かへ》つて來《く》るのをマツといふ心《こゝろ》だ。』

と申《まを》しましたので一同《どうて》手を打《う》つて笑《わら》ひました。

いよ〳〵出發《しゆつぱつ》となつて。寅吉《とらきち》も人々《ひとぐ》と共《とも》に門外《もんぐわい》まで送《おく》り出《で》ましたが、急《きふ》に松《まつ》村《むら》を呼《よ》びとめました。

『松村《まつむら》さん、一寸待《ちよつとま》つてください。』

『何《なに》か用事《ようじ》ですか。』

後戻《あともど》りをした松村《まつむら》の顔《かほ》を寅吉《とらきち》はイキナリ兩手《りやうて》で押《おさ》へ、物《もの》をも言《い》はず、先方《むかう》の鼻《はな》と自分《じぶん》の鼻《はな》とを摺《こす》り合《あ》はせました。

『これが私《わたし》のハナムケです。』

居合《ゐあ》はした人達《ひとだち》は思《おも》はずドッと大笑《おほわら》ひをしましたか、當人《たうにん》の松村《まつむら》は涙《なみだ》を浮《うか》べて立《た》ち去《さ》つたのでした。

十三　珍《めづ》らしい腕白《わんぱく》

寅吉《とらきち》は一方《ぱう》に剽軽者《へうきんもの》であると同時《どうじ》に、他方《たはう》に於《おい》てはまた無類《むるゐ》飛《と》び切《き》りの腕白《わんぱく》小僧《こぞう》でありました。平田《ひらた》翁《おう》は少《すこ》し思《おも》ふ仔細《しさい》があるので、態《わざ》と少《すこ》しも之《これ》に逆《さから》はず、彼《かれ》の氣《き》の向《む》くまゝ、行《や》り度《た》いまゝに棄《す》て置《お》きますと、先方《むかう》でもイヽ氣《き》になつて翁《おう》を玩弄物《おもちや》にしまして、或《あるひ》は膝《ひざ》に倚《よ》りかゝつたり、或《あるひ》は肩《かた》を摑《つか》んだりして、門《もん》人《じん》の教授《けうじゆ》や書見《しよけん》を邪魔《じやま》しました。

それから又机《またつくゑ》の緣《ふち》を嚙碎《かみくだ》く、錐《きり》で机《つくゑ》に孔《あな》を明《あ》ける、筆《ふで》の穗《ほ》を嚙《か》み碎《くだ》く、硯屛《けんべう》の孔雀石《くじやくせき》や雲根石《うんこんせき》に小刀《こがたな》で傷《きず》をつける、墨汁《すみ》をこぼす、灰《はい》を吹《ふ》き立《た》てる、庭《には》へ飛《と》び出《だ》しては草木《さうもく》をへし折《を》る、盆栽鉢《ぼんさいはち》を轉《ころ》がす、燈籠《とうろう》だの板壁《いたかべ》だのゝ高《たか》い物《もの》の上《うへ》に上《のぼ》つて、お構《かま》へなしでポン〳〵跳《と》び下《お》りて下《した》の物《もの》を蹂《ふ》み躙《にじ》る、竹馬《たけうま》に乘《の》つて泥濘《ぬかるみ》へ落《お》ちた泥足《どろあし》を洗《あら》はず、そのまゝ座敷《ざしき》へ驅《か》け上《あが》る、張《は》りたての障子《しやうじ》をピリ〳〵破《やぶ》る。甚《はなは》だしきは竹《たけ》で紙鐵砲《かみでつぱう》を作《つく》つて小石《こいし》を塡《つ》めて座敷《ざしき》の中《なか》で打《ぶ》ッ放《はな》して襖《ふすま》を破《やぶ》つたり、天井板《てんじやういた》を打貫《うちぬ》いたりする。

『鐵砲丈《てつぱうだけ》は危險《あぶない》から止《や》めるが可《よ》い』と制止《せいし》しますと、その當座《たうざ》はハイと云《い》つて止《や》めますが、直《ぢき》に忘《わす》れて了《しま》つて又打《またう》ち出《だ》します。就中翁《なかんづくをう》の高弟竹内健雄《かうていたけうちたけを》の如《ごと》きは、筆錄《かきもの》をして居《ゐ》たところを、イキナリ耳《みゝ》の孔《あな》へ小石《こいし》を打《う》ち込《こ》まれて、飛《と》んでもない目《め》に逢《あ》はされました。野性《やせい》も野性《やせい》、さすがは山奧《やまおく》の自然敎育《しぜんけういく》を受《う》けたものに相違《さうゐ》ないといふ事《こと》が誰《たれ》の目《め》にも點頭《うなづ》かれました。

彼《かれ》は又細工物《またさいくもの》が大變好《たいへんす》きで、間《ま》がな隙《すき》かな種々《いろ／＼》の品物《しなもの》を作《つく》りますので鉈《なた》や鋸《のこぎり》の齒《は》は皆《みな》メチヤ／＼につぶされて了《しま》ひ、日用《にちよう》の臺所道具《だいどころだうぐ》まで大半壞《だいはんこは》れて役《やく》に立《た》たないものにされました。で、平田家《ひらたけ》の家人《かじん》は、ツク／＼寅吉《とらきち》には手古摺《てこずり》ましたものゝ、さりとて翁《をう》の秘藏《ひざう》の神童《しんどう》？の事《こと》ですから充分《じうぶん》の制裁《せいさい》も加《くは》へられず、ぢッと辛棒《しんぼう》して見《み》て見《み》ぬ態《ふり》をして居《ゐ》ました。

寅吉《とらきち》の帶《おび》の締《し》め方《かた》などはいつもグル／＼捲《ま》きの極《きは》めて無雜作《むざふさ》なもので、キチンと背後《うしろ》で結《むす》ぶやうな事《こと》は決《けつ》してない。朝《あさ》などは寢床《ねどこ》から起《お》き上《あ》りざま、帶《び》も締《し》めぬ中《うち》にバタ〳〵驅《か》け出《だ》して、誰《たれ》でも構《かま》はず見《み》つかり次第《しだい》飛《と》びついて角力《すまふ》を挑《いど》みます。態《わざ》と負《ま》けてやると嫌《きら》ひますから、ドシ〳〵投《な》げつけてやりますと、何遍《なんべん》でも、自分《じぶん》が負《ま》ける限《かぎ》りは起《お》き上《あが》つて取《と》らうとします。勝《か》つても負《ま》けても、何方《どちら》にしても厄介《やくかい》千萬《ぜん》なシロモノでした。

寅吉《とらきち》は初《はじ》めて會《あ》つた人《ひと》に對《たい》しては、いつも暫《しば》らくの間《あひだ》その顏《かほ》をぢつと見《み》つめてるのが癖《くせ》でした。そしていよ〳〵自分《じぶん》の氣《き》に入《い》つたと見《み》た時《とき》は、誰《たれ》でも構《かま》はず其肩《そのかた》に跳《と》び上《あが》つて首馬《くびうま》をやらかします。天眞爛漫《てんしんらんまん》と褒《ほ》めてよいのか、無法野《むはふや》蠻《ばん》と貶《けな》してよいのか、兎《と》に角珍《かくめづ》らしい腕白小僧《わんぱくこぞう》でありました。

十四　印相《いんさう》の結《むす》び方《かた》

其月《そのつき》の二十五日《にち》には寅吉《とらきち》の兄《あに》の庄吉《しやうきち》が珍《めづ》らしく訪《たづ》ねて來《き》ました。これは上野《うへの》廣小路《ひろこうぢ》岡部《をかべ》某《ぼう》と稱《しよう》する名主《なぬし》の所《ところ》へ寅吉《とらきち》を連《つ》れて行《ゆ》かねばならぬからでした。

何《なに》しろ近頃《ちかごろえ》江戸《ど》市中《しちう》に於《お》ける寅吉《とらきち》の評判《ひやうはん》は大《たい》したものでした。『平田《ひらた》篤胤《あつたね》が天《てん》狗《ぐ》の子《こ》を養《やしな》つて居《ゐ》るさうだ』『イヤ天狗《てんぐ》ではなく、ドーも虎《とら》の化物《ばけもの》らしい。それで名前《なまへ》もトラ吉《きち》と呼《よ》ぶのださうナ』眞僞《しんぎ》取《と》りまぜ、勝手《かつて》な事《こと》を喋《しやべ》つて居《ゐ》ます。それが役人《やくにん》の耳《みゝ》に入《はい》り、一度《ど》寅吉《とらきち》なるものを召喚《せうくわん》して實檢《じつけん》せねばならぬといふことに成《な》り、さてこそ今度《こんど》の呼《よ》び出《だ》しとなつたのでした。

寅吉《とらきち》はこれに就《つ》きて一ト方《かた》ならず心配《しんぱい》しまして、岩間山《いはまやま》の方《はう》に向《むか》ひ、

『今日《けふ》私《わたし》は名主《なぬし》の所《ところ》でどんな人《ひと》からどんな詰問《きつもん》を受《う》けるかも知《し》れませぬ。萬望《どうぞ》人《ひと》から耻辱《ちじよく》を受《う》けないやうに御守護《ごしゆご》を與《あた》へ玉《たま》へ……。』

と誠心籠《せいしんこ》めて祈念《きねん》して、兄《あに》と一緒《しよ》に平田《ひらた》方《かた》を立《た》ち出《い》でました。

寅吉《とらきち》が名主《なぬし》の所《ところ》から戻《もど》つて來《き》たのは其日《そのひ》の夕方《ゆふがた》でした。待《ま》ち構《かま》へて居《ゐ》た平田《ひらた》は寅吉《とらきち》に向《むか》ひ、

『今日《けふ》の首尾《しゆび》は什麼《どう》であつたか？』

『莫迦《ばか》〳〵しい目《め》に會《あ》つて癪《しやく》に觸《さは》つて仕方《しかた》がありません。』と、寅吉《とらきち》は意氣昂然《いきかうぜん》たる中《うち》にも、何所《どこ》となくまだ餘憤《よふん》が殘《のこ》つて居《ゐ》る模樣《もやう》で『一人《ひとり》の坊主《ばうず》が餘《あ》んまり無茶《むちや》を言《い》ふから、散々《さん〴〵》ヤリ込《こ》めて來《き》ました。』

段々《だん〳〵》きいて見《み》ると其日《そのひ》の模樣《もやう》は大體《だいく》次《つぎ》の如《や》うなものでした。――

名主《なぬし》の二階《かい》には名主《なぬし》をはじめ、態《わざ》と袴《はかま》を穿《は》かない侍風《さむらひふう》の者其他《ものそのほか》取《と》り混《ま》ぜて、二十人許《にんばかり》集《あつま》つて居《ゐ》て、其所《そこ》へ寅吉《とらきち》を呼《よ》び出《だ》したのでした。而《し》かも寅吉《とらきち》を天狗《てんぐ》のお弟子《でし》と信《しん》じ『何《なに》を食《く》つて居《ゐ》るか』とか、『雨降《あめふ》りにはどうするか』とか、毒《どく》にも藥《くすり》にもならぬ、下《くだ》らぬ質問《しつもん》ばかり連發《れんぱつ》しますので、寅吉《とらきち》は五月蠅《うろさく》て耐《たま》らず、良《よ》い加減《かげん》な返事《へんじ》をして居《ゐ》ました。

すると人々《ひと〴〵》の中《なか》に、立派《りつぱ》な袈裟《けさ》掛《が》けの眞言僧《しんごんそら》らしい一人《ひとり》の坊主《ばうず》が居《ゐ》りましたが、それが進《すゝ》み出《い》でゝ、いかにも寅吉《とらきち》を見絞《みくび》つた樣子《やうす》をしながら印相《いんさう》の結《むす》び方《かた》につきての質問《しつもん》を試《こゝろ》みました。寅吉《とらきち》は山《やま》で習《なら》つた通《とほ》り、いろ〳〵の印《いん》を結《むす》んで

見《み》せますと、件《くだん》の坊《ばう》さんは、さも以前《いぜん》から知《し》つて居《ゐ》たかの如《ごと》く、

『フムさうぢや〳〵！』

と點頭《うなづ》きますので、寅吉《とらきち》は可笑《をか》しくもあり、又小癪《またこしやく》にもさはり、『一つこの坊主《ばうず》を飜弄《からか》つて見《み》よう』といふ氣《き》になりました。

そんな了簡《れうけん》が寅吉《とらきち》の方《はう》にある事《こと》は夢《ゆめ》にも知《し》りませんので、坊《ばう》さんは鹿爪《しかつめ》らしい顔《かほ》をして、

『摩利支天《まりしてん》の印相《いんさう》はどう結《むす》ぶのぢやナ？』

と尋《たづ》ねました。待《ま》つて居《ゐ》ましたと言はんばかりに寅吉《とらきち》は態《わざ》と出鱈目《でたらめ》の印相《いんさう》を結《むす》んで見《み》せますと、坊《ばう》さんは眞面目《まじめ》くさり乍《なが》ら、今迄通《いままでどほ》り、

『フムさうぢや〳〵！』

と點頭《うなづ》きました。

『この生臭坊主《なまぐさばうず》奴《め》ッ！』と寅吉《とらきち》は肚《はら》の中《なか》で罵《のゝし》りました『汝《きさま》などに印相《いんさう》の事《こと》など

が判《わか》つてたまるものか！　俺《おれ》の習《なら》つた印相《いんさう》は世間並《せけんな》みの修驗者《しうけんしや》や僧侶輩《そうりよはい》のやる印相《いんさう》とはまるきり違《ちが》つて居《ゐ》るのだ。子供《こども》だと思《おも》つて莫迦《はか》にして居《ゐ》やがる！』

が、件《くだん》の坊《ばう》さんはそんな事《こと》とは氣《き》がつかず、今度《こんど》は祈禱《きたう》の事《こと》を訊《き》き出《だ》しました。『ふざけるない！』と寅吉《とらきち》は益々《ます〱》フテ氣味《ぎみ》で、碌《ろく》に返事《へんじ》もせずに居《を》りますと坊《ばう》さんは與《くみ》し易《やす》いと見《み》て大《おほい》に圖《づ》に乘《の》り、滔々《たう〱》として辯舌《べんぜつ》を振《ふる》ひ出《だ》しました。

『こりア〱小僧《こぞう》、汝《きさま》の習《なら》つた印相《いんさう》は皆道家《みなだうけ》の印相《いんさう》ぢや。又祈禱《またきたう》の事《こと》などは大《たい》抵荻野《ていをぎの》梅雨《ばいう》から敎《をし》へられたといふではないか。何《いづ》れにしても未熟《みじゆく》なものぢや。又汝《またきさま》は佛《ほとけ》を嫌《きら》ひ、神《かみ》を尊《たふと》ぶ樣子《やうす》ぢやが、それは以《もつ》ての外《ほか》の不心得《ふこゝろえ》、佛《ほとけ》は神《かみ》よりも遙《はる》かに尊《たふと》いものなのぢや。これからは心《こゝろ》を入《い》れかへて佛《ほとけ》の弟子《でし》になるがよい。自分《じぶん》は曾《かつ》て伊勢太神宮《いせだいじんぐう》又《また》は金比羅《こんぴら》のことを散々惡口《さんぐあくこう》したが、今以《いまもつ》て何《なん》の罰《ばち》も當《あた》らぬのが何《なに》よりの證據《しようこ》、神《かみ》を拜《をが》むなどは無益《むやく》の業《わざ》ぢや……』

十五　肝癪玉《かんしやくだま》の破裂《はれつ》

今迄《いままで》隱忍《いんにん》して居《ゐ》た寅吉《とらきち》は爰《こゝ》に至《いた》りてとう〳〵肝癲玉《かんしやくだま》を破裂《はれつ》させて了《しま》ひました『ナ…ナンダ賣僧《まいす》奴《め》ッ！』と彼《かれ》は荒々《あらく》しい語氣《ごき》で呶鳴《どな》り立《た》てました。『汝《おまへ》は僧《ころ》衣《も》だけは立派《りつぱ》なヤッを着《き》て居《ゐ》るが、碌々《ろくく》何《なに》も心得《こゝろえ》てはゐない。先刻《さつき》おまへが印《いん》相《さう》の事《こと》を訊《き》いたから、俺《おれ》は山《やま》で習《なら》つた通《とほ》りを結《むす》んで見《み》せるとさも最初《はじめ》から知《し》つて居《ゐ》るやうな顔《かほ》をして居《ゐ》やがつたが、ふざけるない、あの印相《いんさう》は山《やま》の固有《こいう》のもので、人間界《にんげんかい》の印相《いんさう》とは全然《まるきり》違《ちが》つて居《ゐ》るのだ。あれが道家《だうけ》の印相《いうさう》だ…。冗《じよう》談《だん》ぢやない、汝《おまへ》の言《い》ひ草《ぐさ》こそ道化《だうけ》だ、道化芝居《だうけしばゐ》の口上《こうじやう》だ！　今《いま》の世《よ》の坊主《ばうず》や修《しう》驗者《けんしや》に、一人《ひとり》だつて正眞《ほんもの》の印相《いんさう》を知《し》つて居《ゐ》るものがあつて耐《たま》るかい。其證據《そのしようこ》には、俺《おれ》が摩利支天《まりしてん》の印《いん》だと言《い》つて、わざと出鱈目《でたらめ》に結《むす》んで見《み》せたのを、おまへは感心《かんしん》して點頭《うなづ》いて見物《けんぶつ》して居《ゐ》たぢやないか。お氣《き》の毒《どく》乍《なが》ら俺《おれ》はもうチヤンと汝《おまへ》の器量《きりやう》を試《ため》してあるのだよ。又祈禱《またきたう》のことを俺《おれ》が荻野《をぎの》梅雨《ばいう》から習《なら》つたとは誰《たれ》から聞《き》いた？　實《じつ》をいふと其荻野《そのをぎの》こそ、山崎美成《やまざきよしなり》の宅《たく》で、種々《いろ〳〵》の印相《いんさう》を俺《おれ》から傳授《でんじゆ》されたのだ。俺《おれ》は荻野《をぎの》からは一《ひと》つだつて習《なら》はしない。嘘《うそ》だといふなら證人《しようにん》は山崎《やまざき》さんでも、平田《ひらた》先生《せんせい》でも幾《いく》らでもある。

『それから汝《おまへ》は俺《おれ》が神様《かみさま》を尊重《そんちよう》することについて意見《いけん》がましい事《こと》を言《い》つたが、それこそ以《もつ》ての外《ほか》の囈言《たはごと》だ。佛《ほとけ》は本來我國《ほんらいわがくに》のものではない。吾々日本人《われ〳〵にほんじん》は皆神《みなかみ》様《さま》の末裔《まつえい》だ。順逆《じゆんぎやく》の理《り》をわきまへて道《みち》を行《おこな》へとは師匠《ししやう》からも平生《へいぜい》きいて居《ゐ》る。神様《かみさま》の國《くに》に生《うま》れて神様《かみさま》が嫌《きら》ひだといふなら、取《と》りも直《なほ》さず此日本國《このにほんこく》も嫌《きら》ひな道《だう》理《り》だ。サッさと日本國《にほんこく》から飛《と》び出《だ》すがよい。それが厭《いや》なら還俗《げんぞく》して神様《かみさま》の道《みち》に入《はい》つたら什麼《どう》か？　一體全體《たいぜんたい》坊主《ばうず》などゝいふものは、根性《こんじやう》がヒネクレて居《ゐ》て穢《けがら》はしいから俺《おれ》は坊主《ばうず》が大嫌《だいきら》ひだ。お前《まへ》は先刻《さつき》、天照太神様《てんせうだいじんさま》、金比羅様等《こんぴらさまなど》を惡口《あくこう》しても罰《ばち》が當《あた》らないから、神《かみ》に御利益《ごりやく》がないなどゝ吐《ぬか》し居《を》つたが、神様《かみさま》は鷹揚《おうやう》に構《かま》へていらつしやる。汝《おまへ》のやうな穢《けが》らはしい、頓間《とんま》な人間《にんげん》を何《な》んで神様《かみさま》が相《あひ》手《て》にされるものか。下《くだ》らな過《す》ぎるシロモノで神罰《しんばち》を當《あ》てる丈《たけ》の價値《ねうち》がないのだ。お宮《みや》の屋根《やね》に烏《からす》が止《と》まつて糞《ふん》をしても、烏《からす》に神罰《しんばち》が當《あた》らぬと同様《どうやう》なのだ。しかし是非《ぜひ》とも神罰《しんばち》に當《あた》つて見《み》たいといふ希望《のぞみ》なら當《あた》らしても見《み》せよう。今爰《いまこゝ》で、大神宮様《だいじんぐうさま》でも金毘羅様《こんぴらさま》でも罵《のゝし》つて見《み》ろ。俺《おれ》が神々《かみ〴〵》にお祈《いの》りして立所《たちどころ》に御神罰《ごしんばち》の味《あぢ》を嘗《な》めさせてあげる。さア早《はや》く〳〵早《はや》くせぬかッ！』

舌端《ぜつたん》から火《ひ》を吐《は》きつゝ素晴《すば》らしい權幕《けんまく》で責《せ》め立《た》てますので、滿座《まんざ》は白《しら》け渡《わた》つて了《しま》ひました。見《み》るに見兼《みか》ねて、その中《なか》の一人《ひとり》が件《くだん》の坊《ばう》さんに向《むか》ひ、

『この子供《こども》は幽界《あのよ》で使《つか》はれたもので厶《ござ》るから、うつかりお祈《いの》りでもすると、その効驗《しるし》がないとも限《かぎ》りませぬ。先《ま》づ〳〵今日《けふ》は大目《おほめ》に見《み》て、お歸《かへ》りなさるが宜《よろ》しう厶《ござ》らう。』

と注意《ちうい》しました。

『さればで厶《ござ》る。拙者《せつしや》も仇《あだ》をされては甚《はなは》だ迷惑《めいわく》……』坊《ばう》さんも内心薄氣味《ないしんうすきみ》惡《わる》くはありますが、人前《ひとまへ》で耻《はぢ》をかゝされて餘程口惜《よほどくや》しかつたものと見《み》え、尙《な》ほ座《ざ》にとゞまりてヘラズ口《ぐち》を叩《たゝ》きました。『何《な》にも拙君《せつしや》とて神《かみ》の道《みち》を知《し》らぬ譯《わけ》では厶《ござ》らぬが、法衣《ころも》を着《き》て居《ゐ》る手前《てまへ》、佛《ほとけ》を憚《はゞか》りて差《さし》ひかへて居《を》るまでのこと……』

『ナニ法衣《ころも》見《み》たやうな薄汚《うすぎたな》いものを着《き》て神樣《かみさま》の事《こと》を說法《せつはふ》されて耐《たま》るものか』と寅吉《とらきち》はいよ〳〵立腹《りつぷく》して『しかしお前《まへ》などは本職《ほんしよく》の佛道《ぶつだう》さへ碌《ろく》に知《し》らないのだから、神樣《かみさま》の道《みち》を知《し》つて居《ゐ》る筈《はず》がありッこはない。氣《き》まりが惡《わる》いので當座《たうざ》のがれの負惜《まけをし》みを並《なら》べて居《ゐ》るまでの事《こと》だらう。さう言《い》はれるのが口惜《くや》しいなら、早《はや》く神道《しんとう》の講釋《かうしやく》をして見《み》るがいゝ。さア早《はや》く〳〵！』

『ドーも口《くち》の惡《わる》い子供《こども》だ』

『ドーも頭《あたま》の惡《わる》い坊主《ばうず》だ』としッぺい返《がへ》し。

『これ〳〵！』と名主《なぬし》が見兼《みか》ねて寅吉《とらきち》をすかしにかゝりました『格式《かくしき》の高《たか》いお

方様《かたさま》であるから、そんな無茶《むちゃ》な事《こと》は申《まを》さぬやうに……』

十六　ペロリ九杯《はい》

が、寅吉《とんきち》の憤激《ふんげき》は名主《なぬし》の慰撫《ゐぶ》位《ぐらゐ》でなか〳〵収《をさ》まる程度《ていど》のものではありまんでした。

『格式《かくしき》が高《たか》いが聞《き》いて呆《あき》れらァ』と彼《かれ》はいよ〳〵聲高《こゑたか》く罵《のゝし》りました。『僧《そう》の徳《とく》といふものは法衣《ころも》の色《いろ》や寺格《じかく》などに依《よ》るものではない。此坊主《このばうず》は頭《あたま》を丸《まる》めて立派《りつぱ》な法衣《ころも》を着飾《きかざ》つては居《ゐ》るが内容《なかみ》はまるきり空《から》ッぽだ。何故《なぜ》こんな賣僧《まいす》を貴公方《あなたがた》は此席《このせき》に招《よ》んで俺《おれ》に耻《はぢ》をかゝせやうとするのだ。俺《おれ》の師匠《ししやう》は平生《へいぜい》言つて居《ゐ》る——佛道《ぶつだう》といふものは、世間《せけん》の愚物《ぐぶつ》を欺《あざむ》く爲《た》めに釋迦《しやか》が作《つく》つた道《みち》である。察《さつ》する所貴公方《ところあんたかた》は佛好《ほとけず》きの連中《れんちう》なので、俺《おれ》の器量試《きりやうだめ》しをする了間《れうけん》で、斯様《こんな》坊主《ばうず》を呼《よ》び寄《よ》せたのに相違《さうゐ》なからう』

『イヤ決《けつ》してさういふ譯《わけ》ではない。この御僧《ごそう》は今日《けふ》偶然《ふと》この席《せき》に來合《きあ》はせたまでゞある。まアく\さう怒《おこ》らずに……』

人々《ひとぐ》は寅吉一人《とらきちひとり》を持《も》て餘《あま》して菓子《くわし》などをすゝめ、それから筆紙《ふでかみ》を出《だ》して書《しょ》を乞《こ》ひましたが、何《な》にしろプンく\怒《おこ》つて居《ゐ》ますからこの日《ひ》の寅吉《とらきち》は平生《へいぜい》よりも字《じ》が甚《はなは》だへタでした。

『可《い》かんく\！　斯《こ》ンな碌《ろく》でもない筆《ふで》や紙《かみ》で字《じ》が書《か》けて耐《たま》るもんかッ！』

寅吉《とらきち》は紙《ふで》や筆《かみ》に對《たい》してまで八ッ當《あた》りをします。

今度《こんど》は名主《なぬし》が晩餐《ゆふめし》の膳《ぜん》を持《も》ち出《だ》し寅吉《とらきち》にすゝめました。

『イヤ俺《おれ》は飯《めし》は食《く》はん！　斯《こ》ンな坊主《ばうず》が居《ゐ》ては穢《きたな》くて仕方《しかた》がない！』

と火《ひ》の手《て》はますく\猛烈《まうれつ》です。

何《なん》とも手《て》がつけやうがないので、人々《ひとぐ》は坊《ばう》さんに向《むか》ひ、

『御覽《ごらん》の通《とほ》りの出家《しゆっけ》ぎらひ、貴僧《きそう》が居《を》られては、とても彼《かの》の怒《いか》りの鎭《しづ》まりやう

は厶《ござ》らぬ。今日《けふ》は枉《ま》げてこのまゝお歸《かへ》りを願《ねが》ひ度《た》ぅ厶《ござ》る。』

と依《たの》みましてので、件《くだん》の僧《そう》も餘儀《よぎ》なく席《せき》を立《た》ちました。

『坊主《ばうず》が居《ゐ》なくなりァ飯《めし》でも食《く》はう』

寅吉《とらきち》は箸《はし》を取《と》つて膳《ぜん》に向《むか》ひましたが、腹《はら》の蟲《むし》の居所《ゐどころ》が餘程《よほど》惡《わる》かつたものと見え、一椀《わん》の飯《めし》を食《く》ふ中《うち》に菜《さい》を殘《のこ》らず食《く》つて了《しま》ひました。そして菜《さい》なしで飯《めし》を更《か》へること九抔《はい》に及《およ》びましたので、人々《ひとぐ》が呆《あき》れ返《かへ》り、

『こりァ餘《あま》りの大食《たいしよく》だ。さう食《た》べては毒《どく》になりはせぬか』

と誰《たれ》かゞ注意《ちうい》しますと、

『なァに幾《いく》ら食《く》つたつて、中毒《あた》るやうなことはない』

と寅吉《とらきち》は一向平氣《かうへいき》でしきりに箸《よし》を動《うご》かせました。

尚《な》ほ飯《めし》の外《ほか》にも、彼《かれ》は盆《ぼん》の上《うへ》に盛《も》り上《あ》げてあつた三四十の柿《かき》と蜜柑《みかん》をペロリ食《く》ひつくし、更《さ》に同樣《どうやう》に盛《も》つて出《だ》されましたら、それをも二十ばかり平《たひ》らげま

した。

腹《はら》が一ぱいになりますと、寅吉《とらきち》は現金《げんきん》に
『俺《おれ》はモー歸《かへ》る』

と言《い》ひ出《だ》しました。人々《ひと〳〵》が今暫《いましば》くと止《と》めるのを耳《み》にも入《い》れず、

『コンな面白《おもしろ》くない所《ところ》に長居《ながゐ》は眞平《まつぴら》だ！』

とばかり、暇乞《いとまご》ひさへせず、さつさと梯子段《はしごだん》をかけ下《お》りて了《しま》ひました。

後《あと》でき〻ますと、この日寅吉《ひとときち》に油《あぶ》を絞《しぼ》られた僧《そう》は下谷《したや》金杉《かなすぎ》の眞言《しんごん》宗修驗者《しうしゆけんしや》眞成院《しんせいゐん》といふものだつたさうで、當時《たうじ》流行《りうかう》の江戸《えど》風《ふう》の佛學《ぶつがく》を賣物《うりもの》にして居《ゐ》た寺僧《きいそう》だといひます。

十七　お侍《さむらひ》姿《すがた》

廿六日《にち》に再《ふた》〻び寅吉《ときち》の兄《あに》の庄吉《しやうきち》が來《き》まして、例《れい》の名主《なぬし》から、モ一度《ど》寅吉《ときち》を連《つ》れ

て來《こ》いといふ命令《めいれい》を受《う》けたと云《い》つて大變心配《たいへんしんぱい》して居《ゐ》るのでした。

『寅吉《とらきち》はモー彼樣《あん》な家《うち》へは行《ゆ》かぬと申《まを》しますし、又私《またわたし》どもとすれば名主《なぬし》の仰《あふ》せを拒《こば》む譯《わけ》にも參《まゐ》りませぬし、ドーしてよいか困《こま》り切《き》つて了《しま》ひます。お願《ねが》ひですから先生萬望《せんせいどうぞ》寅吉《とらきち》を貴下《あなた》の弟子《でし》にしてください。さうして置《お》けば、名主《なぬし》から呼《よ》ばれても謝絶《ことわ》るのに都合《つがふ》が宜《よ》いと思《おも》ひます。』

『ムヽ可《よ》し〳〵』

平田《ひた》翁《おう》は二つ返事《へんじ》でそれを承諾《しようだく》し、早速寅吉《さつそくとらきち》が今《いま》まで着《き》て居《ゐ》た薄汚《うすきた》ない衣類《いるゐ》を脫《ぬ》がせて、新《あた》らしい布子《ぬのこ》、羽織《はおり》、袴《はかま》、大小《だいせう》などを與《あた》へますと、寅吉《とらきち》は

『これですつかりお侍《さむらひ》さんの姿《すがた》になつて了《しま》つた！』

と言《い》つて躍《をど》り上《あが》つて悅《よろこ》びました。

此無邪氣《このむじやき》な茶目《ちやめ》小《こ》僧《ぞう》がいかに當時《たうじ》の耳目《じもく》を聳動《しようどう》せしめたかは、大關侯《おほぜきこう》だの水《み》戸《と》の立原水謙《たちはらするけん》だのから美成《よしなり》を介《かい》して會見《くわいけん》を申込《まをしこ》まれたのを見《み》ても想像《さうぞう》されるの

であります。美成《よしなり》が平田《ひた》方《かた》へ訪《たづ》ねて來《き》て、寅吉《とらきち》を連《つ》れて行《い》つたのは同《どう》二十六日《にち》の夕方《ゆふがた》のことでした。すると水謙《すゐけん》がわざ〳〵美成方《よしなりかた》へ來《き》て寅吉《ときち》に逢《あ》ひ、いろいろの書籍《しよせき》を讀《よ》ませたり、又《また》さま〴〵の事《こと》を質問《しつもん》したり、さすがは彰考館《しようかうくわん》の總《そう》裁《さい》らしい査《し》べ方《かた》をしました。立原《たちはら》は餘程感心《よほどかんしん》したものと見《み》えまして、後日屋代《ごじつやしろ》輪池翁《りんちおう》に向《むか》つて頻《しき》りに寅吉《ときらち》の事《こと》を讃《ほ》め、『世《よ》の生意氣《なまいき》どもが寅吉《とらきち》の事《こと》を疑《うたが》つて居《を》るが、それは鑑識《かんしき》する丈《だけ》の眼《め》が無《な》いからである。自分《じぶん》は幽界《いうかい》に誘《さそ》はれ又神仙《またしんせん》と往來《わうらい》した幾多《いくた》の人々《ひと〳〵》を實見《じつけん》して居《ゐ》るから毫《がう》も疑《うたが》ふべき點《てん》を發見《はつけん》し得《え》ない。』さう言《い》つて彼《かれ》は神仙《しんせん》から秘藥《ひやく》を授《づ》かつたといふ鈴木精庵《すゞきせいあん》の事蹟《じせき》をば詳《くは》しく屋代翁《やしろおう》に物語《ものがた》つたさうであります。精庵《せいあん》の事蹟《じせき》は面白《おもしろ》いものでありますから筆《ふで》を改《あらた》めて次《つ》ぎの囘《くわい》に紹介《せうかい》することにしまして、大關侯《おほせきこう》と寅吉《とらきち》との關係《くわんけい》を一言爰《げんこゝ》に附記《ふき》して置《お》きます。これは甚《はなは》だ簡單《かんたん》な事柄《ことがら》で、寅吉《とらきち》が最初《いしよ》美成家《よしなりけ》に居《を》りました時《とき》、大《おほ》關侯《ぜきこう》の夫人《ふじん》が痼疾《こしつ》の癪《しやく》で七年間難儀《ねんかんなんぎ》して居《を》りましたのを、禁厭《まじなひ》の符《ふ》を送《おく》つたらたゞの一度で癒《なほ》りました所《ところ》から、同夫人《どうふじん》が一度《ど》寅《と》吉《どち》を見《み》て置《お》きたいといふまでの事《こと》でした。で、水謙《するけん》が歸《かへ》つた後《あと》で美成《よしなり》は直ちに寅《と》吉《きち》を伴《ともな》ひ行《ゆ》きましたが、用《よう》事《じ》はたゞ顔見《かほみ》せだけですから、何事《なにごと》もなく濟《す》んですぐに平田《ひらた》方《かた》へ連《つ》れ戻《もど》りました。

十八　殘《のこ》るはたゞ灰《はひ》ばかり

立原水謙《たちはらするけん》の話《はなし》に出《で》た鈴木《すゞき》精庵《せいあん》は水戸《みと》上町《かみまち》の町醫《まちい》でありました。當時《たうじ》より十五年《ねん》ばかり以前《いぜん》の或《あ》る日《ひ》のこと、容貌《ようぼう》の凡《ぼん》ならぬ、異形《いぎやう》の人《ひと》が精庵《せいあん》の所《ところ》へ訪《たづ》ねて來《き》て、ダシヌケに申《まを》しますには、

『來《きた》る何日《なんにち》、下總《しもふさ》の神崎神社《かうざきじんじや》の裏《う》山《やま》へ來《こ》い。さすれば仙藥《せんやく》の秘方《ひはう》を汝《なんぢ》に授《さづ》ける。』

『それは千萬《せんばん》辱《かたじけな》ふム《ござ》る。』

と精庵《せいあん》は承諾《しようだく》したものゝ、餘《あま》り覺束《おぼつか》なさ過《す》ぎる話《はなし》ですから、約束《やくそく》の日《ひ》に指定《してい》の

場所《はしよ》へ行《ゆ》かずに居《を》りました。

すると翌日《よくじつ》、かの異人《いじん》が又訪《またたづ》ねて來《き》て
『昨日《きのふ》は何故違約《なぜゐやく》したか。來《きた》る何《なん》の日《ひ》には必《かな》らず來《こ》い、待《ま》つて居《を》るから』

と念《ねん》を押《お》す樣子《やうす》はドー見《み》ても眞面目《まじめ》らしいので、精庵《せいあん》も心《こゝろ》が動《うご》きました。

『まゝよ、一杯狐《はいきつね》に騙《だま》されたつもりで行《い》つて見《み》よう。』

とう〱精庵《せいあん》は水戸《みと》を出發《しゆつぱつ》し、約束《やくそく》の日《ひ》に神崎神社《かんざきじんじや》の裏山《うらやま》へ參《まゐ》りました所《ところ》が
果《はた》して異人《いじん》が待《ま》つて居《ゐ》て一卷《くわん》の方書《はうしよ》を授《さづ》け、

『これは決《けつ》して他人《たにん》に示《み》せては成《な》らぬ』

と固《かた》く口止《くちど》めをして立《た》ち去りました。

右《みぎ》の方書《はうしよ》に敎《をし》へられてあるのは□□病《びやう》の藥《くすり》でありました。で、精庵《せいあん》は早速《つそく》それを病人《びやうにん》に試《こゝろ》みて見《み》ますと、いかに險惡《けんあく》な病狀《びやうじやう》のものでも立所《たちどころ》に平癒《へいゆ》する不思《ふし》
議《ぎ》の靈藥《れいやく》でありますから、忽《たちま》ち世間《せけん》の評判《ひやうばん》と成《な》り、やがて水戸侯《みとこう》の役人《やくにん》から右《みぎ》

の方書《はうしよ》を差出《さしだ》して見《み》よとの命令《めいれい》が下《さが》りました。

精庵《せいあん》は異人《いじん》からの禁止《きんし》を申立《まをした》てゝ、一應《おう》は拒《こば》んで見《み》ましたが、是非《ぜひ》提出《ていしゆつ》せよとの再三《さい》の嚴命《げんめい》でありますから、已《や》むなく何日《なんにち》に提出《ていしゆつ》するといふことを言《い》つて了《しま》ひました。すると其前日《そのぜんじつ》家《いへ》の内《なか》で、何所《いづこ》とも知《し》れず紙《かみ》の焼《や》ける様《やう》なきなくさい臭《にほ》ひがします。

『ハテ何所《どこ》かに莨《たばこ》の吹殼《すゐがら》でも落《お》ちてはせぬか？』

家人《かじん》が總《そう》がゝりで室毎《へやごと》に検《しら》べて見《み》ましたが、何所《どこ》にも物《もの》の焼《や》けて居《ゐ》るやうな様子《やうす》はありません。

『ドーしても自家《うち》ではない。隣家《となり》で紙《かみ》でも燃《もや》したのだらう』

といふ事《こと》になり、其日《そのひ》はそれで濟《す》んで了《しま》ひました。

その翌《あく》る日《ひ》はいよ〳〵例《れい》の方書《はうしよ》を提出《ていしゆつ》する日《ひ》でありますから、精庵《せいあん》は豫《か》ねて收《をさ》めてある手文庫《てぶんこ》からそれを取《と》り出《だ》しました。

『オヤこの包紙《つゝみがみ》は少《すこ》し變《へん》だぞ！』

精庵《せいあん》は目早《めはや》く右《みぎ》の包紙《つゝみがみ》が少《すこ》し燻《くすぼ》つて居《ゐ》るのに氣《き》がつきました。で急《いそ》いで其中《そのなか》をあらためると意外《いぐわい》々《く》々！方書《はうしよ》は悉《こと〴〵》く燒《や》け失《う》せて影《かげ》も形《かたち》もなく、殘《のこ》るはたゞ一と握《にぎ》りの灰《はひ》があるばかりでした。

『して見《み》ると昨日《きのふ》きなくさかつたのは矢張《やは》りこれが燒《や》ける臭《にほ》ひであつたか。それにしても氣《き》にかゝるのは今日《けふ》の首尾《しゆび》、斯《こ》ンな事《こと》をお役人《やくにん》に申《まう》し立《た》てたとて、果《はた》してそれがうまく通《とほ》るかしら……』

精庵《せいあん》をはじめ家人《かじん》一同《どう》の胸《むね》にはビックリやらシヤックリやらがゴッチヤになつて往來《わうらい》しました。

が、外《ほか》に致《いた》し方《かた》もありませんので、焦《こ》げた包紙《つゝみがみ》と中《なか》の燒灰《やけはひ》とを持參《ぢさん》して、恐《おそ》る〳〵役人《やくにん》に提出《ていしゆつ》し、事實《じじつ》有りの儘《まゝ》を陳述《ちんじゆつ》しました。

今日《こんにち》ならば精庵《せいあん》は精神病者《せいしんびやうしや》として巣鴨《すがも》にでも送《おく》られるか、それとも虛僞《きぎ》の申《まをし》立《たて》をするものとして未決監《みけつかん》にでも入《い》れられるか、二ッの中《うち》何《いづ》れかを免《まぬか》れなかつたでせうが、幸《さいはひ》に水戸《みと》の役人《やくにん》ばこの神怪事《しんくわいじ》を正確《せいかく》なる事實《じじつ》と認《みと》めてくれたのでありました。イヤ精庵《せいあん》などは良《よ》い時代《じだい》に生《うま》れ合《あは》せた運《うん》の良《よ》い男《をとこ》といふべきでありました。若《も》しも不幸《ふかう》にして明治大正《めいぢたいしやう》の時代《じだい》にでも生《うま》れて居《ゐ》たら・・・。

十九　夜光《やくわう》の珠《たま》

二十七日《にち》には有名《いうめい》な國學《こくがく》の大家《たいか》伴信友《ばんのぶとも》が訪《たづ》ねて來《き》て、終日《しふじつ》平田翁《ひらたおう》と共《とも》に寅吉《とらきち》にいろ〱な質問《しつもん》を試《こゝろ》みました。その話《はなし》の中《なか》に、岩間山《いはまやま》の杉山組正《すぎやまそしやう》が夜學《やがく》の際《さい》に使用《しよう》する燈火代用《とうくわだいよう》の器具《きぐ》の事《こと》が出《で》ました。

『山中《さんちう》には月夜木《つきよぎ》と言《い》つて、夏《なつ》になると非常《ひじやう》に光《ひか》る木《き》があります』と寅吉《とらきち》が申《まを》しました。』その木《き》を細末《さいまつ》にして寶珠形《ほつしゆがた》に吹《ふ》いた硝子器《がらすき》の中《なか》に入《い》れて机上《きじやう》に置《お》くと眩《まぶ》しい位《くらゐ》にピカ〱光《ひか》ります。早速私《さつそくわたし》が一つそれを拵《こしら》へて見《み》せませう。』

『それはしばらく見合《みあ》はせたらドーぢや』と二人《ふたり》は之《これ》を制《せい》しました。『月夜木《つきよぎ》など丶云《い》ふものは現世《このよ》で見《み》たことも聞《き》いたこともないものだ。よしんばあるものにせよ、夏《なつ》になつて光《ひか》るやうになるまで待《ま》つてから拵《こしら》へても遅《おそ》くはあるまい。』

けれども寅吉《とらきち》は一旦《たん》言《い》ひ出《だ》したからには、すぐ其通《そのとほ》りにやらなければ承知《しようち》の能《でき》ぬ性分《しようぶん》ですから、それからといふものは、寝《ね》ても起《お》きても、月夜木《つきよぎ》の事《こと》で夢《む》中《ちう》になり、人《ひと》さへ見《み》れば五月蠅《うるさ》くその所在地《ありか》を尋《たづ》ねます。平田塾《ひらたじゆく》の守屋稲雄《もりやいねを》といふ男《をとこ》も寅吉《とらきち》からこの事《こと》を訊《き》かれた一人《にん》でした。

所《ところ》が、この稲雄《いねを》は事《こと》の外《ほか》剽輕者《へうきんもの》ですから眞顔《まがほ》になつて寅吉《とらきち》をからかひました。

『お前《まへ》は光木《ひかりぎ》で夜光器《やくわうき》を製《つく》ることを考《かんが》へて居《ゐ》るが、其様《そん》ナものは要《いり》はしない。俺《おれ》などは夜《よる》になると自然《しぜん》に光《ひか》る道具《だうぐ》をチヤンと神様《かみさま》から授《さづ》かつて居《ゐ》るよ。』

『ナニ夜《よる》になると自然《しぜん》に光《ひか》る道具《だうぐ》？』と寅吉《とらきち》は眼《め》を圓《まる》くして『どんなものかいそれは……。』

稲雄《いねを》はわざとびつくりした顔《かほ》をしまして、

『お前程《まへほど》の人物《じんぶつ》がこれ位《くらゐ》の事《こと》を眞實《ほんと》に知《し》らないのか。』

『イヤ全《まつた》く知《し》らない。早《はや》く教《をし》へて呉《く》れよ、その道具《だうぐ》といふ奴《やつ》を。』

『これは滅他《めつた》に言《い》はれないことだが、折角《せつかく》だから言《い》つてきかさう。』と勿體《もつたい》らしく容《かたち》を改《あらた》め『そも〳〵産靈大神《さんれいたいじん》は上《うへ》なく尊《たふと》き神様《かみさま》で、其御徳《そのおんとく》によりて人間《にんげん》は生《うま》れ出《で》たのである。人體《じんたい》の上《かみ》つ方《がた》には二つの眼《め》をつけて晝《ひる》の用《よう》を辨《わきま》へしめ、下《した》つ方《がた》には二つの丸《たま》をつけて夜《よる》の用《よう》を辨《べん》ぜしめ玉《たま》ふ。實《じつ》に勿體《もつたい》ない話《はなし》ではないか。』

『エツ二つの丸《たま》で夜《よる》の用事《ようじ》を辨《べん》ずる‥‥。全體《ぜんたい》それは何《なん》の事《こと》かい？』

と寅吉《とらきち》は何所《どこ》までも眞面目《まじめ》であります。

『されば暗闇《くらやみ》の裡《うち》で品物《しなもの》を捜《さが》す時《とき》には褌《ふんどし》をかゝげて二つの丸《たま》を手《て》に握《にぎ》りてユラユラと振《ふる》ふのぢや。』と稲雄《いねを》は噴飯《ふきだ》しさうになるのを僅《わづ》かに耐《こら》へて『すると電光《いなづま》のやうな光《ひかり》が閃《ひらめ》き亘《わた》りて物《もの》として見《み》えないものはない。』

『眞實《ほんと》かいそれは？俺《おれ》などはたゞの一度《ど》も光《ひか》つたのを見《み》た例《ためし》がないよ。』

『でもお前《まへ》は振《ふる》つたことがないだらう。』

と笑《わら》ひ乍《なが》ら申《まを》しますと、寅吉《とらきち》は正直《しやうじき》に、

『そりァ振《ふる》つて見《み》たことなんかありァしないさ。』

『ドーもさうだらう。一體山《たいやま》の先生達《せんせいたち》が今迄《いままで》に此事《このこと》をおまへに敎《をし》へなかつたのは甚《はなは》だ手落《ておち》だと思《おも》ふ。事《こと》によると天狗《てんぐ》だの仙人《せんにん》だのといふものゝ丸《たま》は、光《ひか》りの無《な》いものかも知《し》れない……』

『よし〳〵俺《おれ》は今夜《こんや》早速試《さつそくため》して見《み》る。』

寅吉《とらきち》は日《ひ》の暮《く》れるのが待《ま》ち遠《どほ》くてたまらぬ様子《やうす》でしたが、やがて暗《くら》くなつて來《き》ますと小蔭《こかげ》へ行《い》つて、しきりに股間《こかん》のものを振《ふ》りました。

無論《むろん》そンなものゝ光《ひか》る筈《はず》はありませんから、かつがれたと曉《さと》つて寅吉《とらきち》は大《おほい》に腹《はら》を立《た》てゝ眞紅《まつか》になつて稲雄《いねを》に摑《つか》みかゝりました。

『お前《まへ》は俺《おれ》を騙《だま》したナ。僞《いつは》りをいふことは神様《かみさま》の禁物《きんもつ》だ。おまへは實《じつ》に不都合《ふつがふ》な……。』

『これ〳〵さう怒《おこ》るな』と稻雄《いねを》は尙《な》ほも呆《とほ》け切《き》つて『實《じつ》に合點《がてん》の行《ゆ》かぬこともあればあるものだ。人《ひと》として夜分《やぶん》になれば光《ひか》らぬ筈《はず》はないが、おまへのに光《ひか》りがないといふのは、若《も》しやまだ生《は》へるものが生《は》へて居《ゐ》ぬ所爲《せい》かも知《し》れないよ。』

『それぢや何《なに》かい、生《は》へない内《うち》は光《ひか》らないのかい?』

『それはさうだ。毛《け》にも光《ひか》りのあるもので、双方《さうはう》が照《て》らし合《あ》ふから强《つよ》く光《ひか》るのだ。』

『あゝさうか。それを知《し》らずに俺《おれ》が怒《おこ》つたのは惡《わる》かつた。勘忍《かんにん》して吳《く》れ。』

と寅吉《とらきち》は顏色《がんしよく》を和《やわら》げて詫《わ》び入《い》りました。

この話《はなし》は後《のち》に至《いた》りて平田翁《ひらたおう》が門弟《もんてい》どもからきいたもので、隨分莫迦氣《ずゐぶんばかげ》切つた話《はなし》ですが、しかしこれを見《み》ても、寅吉《とらきち》といふ少年《せうねん》が、いかに無邪氣《むじやき》で窮理心《きうりしん》に富《と》んで居《ゐ》るかは窺《うかゞ》はれると思《おら》ひます。

二十　鑄潰《ゐつぶ》して了《しま》へ

二十九日《にち》には平田方《ひらたかた》へ越後《ゑちご》の國《くに》から戸田國武《とだくにたけ》といふ武者修行者《むしやしゆぎやうしや》が訪《たづ》ねてまゐりました。この人《ひと》は豫《かね》て翁《おう》の神學《しんがく》を信《しん》ずる人《ひと》で、この時《とき》も一泊《はく》して種々《しゆぐ》と道《みち》を問《と》ひましたが、天性剛猛《てんせいがうまう》の荒武者《あらむしや》で、頭髮《とうはつ》などは生《は》へたまゝ剃刀《かみそり》を當《あ》てず、グルグルと搔《か》き上《あ》げて笄《かうがひ》と櫛《くし》とでこれを留《と》めて置《お》いたといひますから、宛然大正《さながらたいしやう》七八年頃《ねんごろ》の大本教徒《おほもとけうと》そのまゝであつたらうと想像《さうぞう》されます。寅吉《とらきち》はつくぐ見《み》て、

『この人《ひと》は山《やま》の兄弟子《あにでし》の古呂明《ころめい》さんそつくりだが、古呂明《ころめい》さんはモ些《すこ》し柔《やさ》しい』

と申《まを》しました。

さて國武《くにたけ》は諸國遍歴《しよこくへんれき》の際《さい》に神官《しんくわん》、僧侶《そうりよ》、修驗者《しゆけんしや》の類《たぐひ》としばしば議論《ぎろん》して勝《か》つ

た自慢話《じまんはなし》を大音《たいおん》に語《かた》つた末《すゑ》に、腰《こし》から一個《こ》の莨入《たばこい》れを取出《とりだ》しました。

『この根付《ねつけ》は一人《にん》の修驗者《しゆけんしや》を言《い》ひ伏《ふ》せて奪《うば》ひ取《と》つたものです』と彼《かれ》は傲《ほこ》り顔《がほ》に語《かた》り出《い》でました。『これは御覽《ごらん》の通《とほ》り聖天《せうてん》の像《ぞう》で厶《ござ》るが、拙者《せつしや》が大錐《おほきり》で孔《あな》を明《あ》けて根付《ねつけ》に致《いた》したので厶《ござ》る。』

平田《ひらた》は餘《あま》りの亂暴《らんばう》に驚《おどろ》き、一つ其血氣《そのけつき》を挫《くぢ》いてやらうと思《おも》ひましたので、根《ね》付《つけ》などは態《わざ》と手《て》にも觸《ふ》れず、

『コレ〳〵貴君《きくん》はよくもそンな汚《けが》らはしい物《もの》を腰《こし》に附《つ》けて居《を》らるゝな。俺《わし》は左《さ》樣《やう》の品《しな》を見《み》る氣《き》も致《いた》さぬ。古道《こだう》に志《こゝろざし》あるものは先《ま》づ心《こゝろ》に靈《たま》の眞柱《まはしら》を立《た》て、日《ひ》常神《ごろかみ》の御稜威《みゐづ》を受《う》けたいと思《おも》へばこそ身《み》を清淨《せいじやう》に保《たも》つので厶《ござ》る。現《げん》に伊勢《いせ》の兩《りやう》宮《ぐう》の御神事《ごしんじ》は更《さら》にも言《い》はず、朝廷《てうてい》にても重《おも》き神事《しんじ》を行《おこな》はせ給《たま》ふ時《とき》には、佛法《ぶつほふ》めいたことを忌《い》み、又外國《またぐわいこく》の使節《しせつ》の來《き》た時《とき》も歸《かへ》つた時《とき》も、塞神《さいじん》の祭《まつ》りをして蕃神《はんしん》の氣《き》を攘《はら》ひ玉《たま》ふではないか。然《しか》るに貴君《きくん》はその古道《こだう》に依《たよ》る身《み》であり乍《なが》ら、左樣《さやう》

の像《ざう》などを身《み》につけて得意《とくい》で居《を》らるゝのは、荒魂《あらみたま》のすさびがあまり激《はげ》しいといふものぢや。議論《ぎろん》の上《うへ》で他人《たにん》を負《ま》かしたとて對手《あひて》の信服《しんぷく》するものでは厶《ござ》らぬ。俚諺《ことわざ》にも、一升入《しやうはい》る徳利《とくり》に一升入《しやうはい》れば音《おと》がせぬといふではないか。一升《しやう》の器《うつは》に盈《み》たぬ水《みづ》や酒《さけ》には音《おと》がある。貴君《きくん》がそのやうに荒《すさ》び鳴《な》るのは内容《なかみ》が充實《じうじつ》せぬからぢや。先《ま》づ聖天《せうてん》の根付《ねつけ》などは海《うみ》か川《かは》かへ捨《す》てるが宜《よろ》しからう。』

『イヤ先生《せんせい》の御教訓《ごけうくん》骨身《ほねみ》に滲《し》みて厶《ござ》る。』國武《くにたけ》は感銘《かんめい》の意《い》を表《へう》して頭《あたま》を低《さ》げました。『お指圖《さしづ》の通《とほ》り此根付《このねつけ》の像《ざう》は、祟《たゝ》りを爲《な》さぬやうよく申《まを》し含《ふく》めて捨《す》てるで厶《ござ》らう。』

『これは〳〵お弱《よわ》い事《こと》を言《い》はれる。』と平田《ひらた》は笑《わら》ひ乍《なが》ら『古學《こがく》をする者《もの》はさばかりの物《もの》に祟《たゝ》られる心配《しんぱい》は厶《ござ》らぬ。聖天《せうてん》などゝ申《まを》すものは有名無實《いうめいむじつ》のものぢや。これに祈願《きぐわん》して效驗《かうけん》があるのは、實《じつ》は妖魔邪神《えうまじやしん》のひそかに爲《な》す仕業《しわざ》で、聖天《せうてん》といふものが存在《そんざい》する譯《わけ》ではないのぢや。すべて妖物《えうぶつ》は人心《じんしん》の隙間《すきま》を狙《ねら》ふもので常《つね》に事《こと》あれかしと機會《きくわい》を待《ま》つて居《ゐ》る……』

かく述《の》べて平田《ひらた》は傍《そば》に居合《ゐあ》はせた田河《たがは》、竹内等《たけうちとう》の高弟《かうてい》に向《むか》ひ、

『各々方《おのおのがた》の意見《いけん》はドーぢや。』

と尋《たづ》ねました。

『さア……。』初對面《しよたいめん》の戸田《とだ》を憚《はゞか》りて何《いづ》れも曖昧《あいまい》な返事《へんじ》をして居《ゐ》ましたが、たゞ寅吉《とらきち》のみは遠慮會釋《ゑんりよゑしやく》もありません。

『全《まつた》く先生《せんせい》の仰《お》ツしやる通《とほ》りです。山《やま》の師匠《しゝやう》も佛像《ぶつざう》などは虛妄非實《きよもうひじつ》のものであるが、形《かたち》を造《つく》りて祈禱《きとう》をすれば、妖魅《えうみ》の類《たぐひ》が憑《かゝ》つて來《き》ていろ〳〵の不思議《ふしぎ》を見《み》せるのだと申《まを》しました。しかし私《わたし》はその像《ざう》を海川《うみかは》へ捨《す》てるよりは鑄潰《ゐつぶ》す方《はう》が宜《よ》いと思《おも》ひます。うつかり海川《うみかは》へ捨《す》てると、網《あみ》などにかゝつて拾《ひろ》ひ上《あ》げられ、ヤレ尊《たうと》い靈像《れいざう》で候《さふらう》のと世人《せじん》に騷《さわ》がれ、後世《こうせい》の愚俗《ぐぞく》を惑《まど》はす種《たね》になる虞《おそれ》がありますす鑄潰《ゐつぶ》して了《しま》へばその心配《しんぱい》はありません。』

『イヤ全《まつた》くそれに相違《さうゐ》ムらぬ。』と國武《くにたけ》も感心《かんしん》して『拙者《せつしや》もこれを鑄潰《ゐつぶ》して打捨《うちす》てる事《こと》に致《いた》さう。』

二十一　峰《みね》の手火《てび》

明治太正《めいぢたいしやう》の時代《じだい》のみ人《ひと》の口《くち》がうるさいのかと思《おも》へば決《けつ》してさうばかりではないと見《み》えまして、平田翁《ひらたおう》と寅吉《とらきち》とに關《くわん》する風説《ふうせつ》は當時江戸《たうじえど》の市中《しちう》を沸騰《ふつとう》せしめました。一たび寅吉《とらきち》に直接面會《ちよくせつめんくわい》して其言説《そのけんせつ》を聽《き》いた人《ひと》は誰《だれ》も感心《かんしん》し、その奇抜《きはつ》な幽界實見談《いうがいじつけんだん》に舌《した》を捲《ま》くのでありましたが、さうでないものは兎角《とかく》よからぬ風《う》評《は》ばかり立《た》てました。

『寅吉《とらきよ》は一種《しゆ》の精神病者《せいしんびやうしや》か、さもなくば妖神《えうしん》の手先《てさ》きで、平田翁《ひらたおう》を一杯喰《はいくは》せるのだ。』

といふのがあれば、

『イヤ平田《ひらた》は自家廣告《じかくわうこく》の爲《た》めに寅吉《とらきち》を看板《かんばん》に使《つか》ふのだ。』

ともいひました。就中《なかんづく》自己《じこ》の職業敵《しやうはいがたき》として平田《ひらだ》を誹《そし》る神職連《しんしよくれん》などは

『寅吉《とらきち》はとう〳〵捕縛《ほばく》され、平田《とだ》は江戸《えど》拂《はら》ひになつた。』

などゝ、まことしやかに言《い》ひ觸《ふ》らすのでありました。

これには平田《ひらた》も困《こま》り拔《ぬ》いて、

『自分《じぶん》は邦家《はうか》の爲《た》めを計《はか》ればこそ古道《こだう》を唱道《しやうだう》するのであるのに、何故《なにゆゑ》に世間《せけん》から斯《か》くも誤解《ごかい》されるのであらう。さて〳〵人《ひと》の口《くち》ほど恐《おそ》ろしいものはない！』

と歎息《たんそく》するのでした。

しかしかゝる世間《せけん》の誤解《ごかい》の中《なか》にも間斷《かんだん》なく熱心《ねつしん》なる研究者《けんきうしや》の現《あら》はれるのは平《ひ》田《た》に取《と》りて何《なに》よりの慰藉《ゐしや》でした。十二月《ぐわつ》四日《か》には伊勢《いせ》内宮《ないぐう》の祠官《しくわん》荒木田《あらきだ》末壽《すゑひさ》といふ人《ひと》が、寅吉《とらきち》の評判《ひやうばん》をきいて、はる〴〵平田方《ひらたかた》へ訪問《はうもん》しましたが、此人《このひと》は本《もと》居宣長《をりのりなが》の弟子《でし》で、平田《ひらた》とは以前《いぜん》から相識《さうしき》の間柄《あひだがら》でした。

寅吉《とらきち》の言動《げんどう》を視《み》たり、又其書《またそのか》いた物《もの》を讀《よ》んだりして居《ゐ》る中《うち》に彼《かれ》は大變感動《たいへんかんどう》されて了《しま》ひました。

『この童子《どうじ》の仕《つか》へて居《ゐ》た山人《さんじん》といふのは確《たし》かに正《たゞ》しき神仙《しんせん》に相違《さうゐ》あるまい』と彼《かれ》はその所見《しよけん》を述《の》べるのでした。『山人《さんじん》は國所《くにところ》によりて兎《と》角《おく》荒《あら》々しく、人《ひと》を脅《おびや》かすことを好《この》むものであるが、岩間山《いはまさん》の山人《さんじん》にはそれがない。諸事《しよじ》いと穩《おだや》かにきかれる。駿遠《すんゑん》あたりで天狗《てんぐ》と稱《しよう》せられて居《ゐ》る類《たぐひ》とは雲泥《うんでい》の相違《さうゐ》ぢや。』

さう言《い》つて彼《かれ》は自己《じこ》の體驗《たいけん》だと言《い》つて左《さ》の物語《ものがた》りをしました。——

『それは文化《ぶんくわ》七年《ねん》の夏《なつ》のことでした。自分《じぶん》は公用《こうよう》ありて僕二人《ぼくふたり》を連《つ》れて夜間秋《やかんあき》葉山《はさん》を通行《つうかう》したのでありましたが、よくあるやうに、山《やま》の天狗《てんぐ》どもが峰《みね》より峰《みね》に手火《てび》を燭《とも》したのです。それが今遠山《いまゑんざん》に見《み》えたかとすれば忽然《こつぜん》として眼前《がんぜん》に現《あら》はれ、同時《どうじ》に山鳴《やまな》りがし、時々大木《とき〴〵たいぼく》を抜《ぬ》き仆《たほ》すやうな大音響《だいおんきやう》が致《いた》します。從僕《じうぼく》どもは之《これ》を見《み》てすつかり縮《ちゞ》み上《あが》つて了《しま》ひ、最早《もはや》一歩《ほ》も進《すゝ》まなくなりましたので、自分《じぶん》は挾箱《はさみばこ》に腰《こし》を掛《か》け、大音《だいおん》にて（コラ〳〵天狗《てんぐ》どもよつく聞《き》け！吾《われ》を誰《たれ》かと思《おも》ふか。伊勢大神《いせだいじん》の内人《うちびと》にて、神用《しんよう》にて此處《こゝ》を通《とほ》るとは知《し》らざるか！）——かく呼《よ》ばはりますと、手火《てび》は忽《たちま》ちパッと消《き》え失《う》せ、林木《りんぼく》の鳴動《めいどう》も同時《どうじ》にピタリと止《や》んで了《しま》ひました。』

二十二　山《やま》の師匠《ししやう》か？

荒木田末壽《あらきだすゑひさ》の訪問《はうもん》に引《ひ》きつゞいて、何《いづ》れ來訪者《らいはうしや》はあつたであらうと思《おも》ひますがドウしたものか、翌《あ》くる年《とし》の春迄《はるまで》の記録《きろく》がありません。そして話《はなし》は直《たゞ》ちに三月《ぐわつ》一日《じつ》まで一足飛《そくと》びをします。

この日《ひ》平田《ひらた》は用事《ようじ》があつて藩主板倉阿波守《はんしゆいたくらあはのかみ》の芝櫻田《しばさくらだ》の邸《やしき》へまゐりました。その不在《ふざい》のことでした。寅吉《とらきち》は翁《おう》の夫人《ふじん》に向《むか》ひ

『少々用事《せうくようじ》が厶《ござ》いますから上野《うへの》へ行《ゆ》かして下《くだ》さい。』

と申出《まをしい》でました。

『あゝさうかい。用事《ようじ》が濟《す》み次第《しだい》早《はや》くお歸《かへ》りなさいよ。』

夫人《ふじん》は何氣《なにげ》なく寅吉《とらきち》の外出《ぐわいしゆつ》を許《ゆる》しましたが、不圖《ふと》若《も》しも良人《をつと》の不在《るす》に間違《まちがひ》でもあつてはといふ懸念《けねん》が起《おこ》りましたので、門人《もんじん》の竹内健雄《たけうちたけを》を呼《よ》んで、すぐ後《あと》から寅吉《とらきち》に尾行《びかう》させました。

所《ところ》が寅吉《とらきち》の歩調《ほてう》と言《い》つたら飛《と》ぶやうに迅《はや》い。一生懸命《しやうけんめい》追《お》ひ付《つ》かうとあせりましたが、上野《うへの》の廣小路《ひろこうぢ》の方《はう》へ曲《まが》る所《ところ》でチラと其姿《そのすがた》を見《み》たばかり、それから先《さき》は何所《どこ》へ行《い》つたか、さッぱり行衛《ゆくゑ》が判《わか》りません。仕方《しかた》がないから大概《たいがい》の見當《けんたう》をつけまして、上野《うへの》の黑門《くろもん》へ走《はし》り入《い》つて前面《むかう》を見《み》ると、彼方《あちら》から何物《なにもの》にか恐《おそ》れた顔《かほ》容《つき》をして驅《か》けて來《く》るのは善《よ》い鹽梅《あんばい》に寅吉《とらきち》なのです。彼《かれ》は健雄《たけを》を見《み》ると單《たん》に微笑《びせふ》を見《み》せたのみで、物《もの》をも言《い》はず摺《す》れ違《ちが》ひに黑門《くろもん》を出《い》で、一散《さん》に來《はし》り行《ゆ》きます。

『可怪《をが》しな奴《やつ》だな。一體何所《たいどこ》へ行《ゆ》きやがるかしら……』

彼《かれ》は再《ふたゝ》び寅吉《とらきち》の後《あと》を追《お》つて行《ゆ》きますと、やがて舊仁王門《きうにわうもん》の邊《へん》にて立《た》ち停《とゞ》まり黒門《くろもん》の方角《はうがく》に向《むか》つて、三度《ど》ほど丁寧《ていねい》に腰《こし》をかゞめて禮拜《らいはい》するのです。

『彼奴《あいつ》どこ《こ》までも變挺《へんてん》な眞似《まね》をしやがる。黒門《くろもん》を拜《をが》む奴《やつ》も無《な》いものだ‥‥』

眼《め》を圓《まる》くして居《ゐ》る健雄《たけを》の所《ところ》へ、今度《こんど》は寅吉《とらきち》の方《はう》からニコ〳〵し乍《なが》ら歩《あゆ》み寄《よ》り一緒《しよ》に歸途《きと》に就《つ》きました。

『一體《たい》お前《まへ》は何所《どこ》へ行《い》つたのかい？』

歩《ある》き乍《なが》ら寅吉《とらきち》に訊《き》きますと、寅吉《とらきち》は簡單《かんたん》に

『寒松院《かんせうゐん》の原《にら》まで行《い》つて來《き》た。』

『山《やま》の師匠《しゝやう》でも來《き》たのぢやないか。』

『フム――フヽン。』

寅吉《とらきち》はたゞ鼻頭《はなさき》で笑《わら》つて、さうだとも、さうでないとも明言《けんめい》しませんでした。

重《かさ》ねて健雄《けんを》が尋《たづ》ねました

『ドーだい用事《ようじ》は濟《す》んだのかい？』

『まだ十分《ぶん》には濟《す》まないが、今日《けふ》はこれで歸《かへ》らうかしら……』

『それは可《い》けない。用事《ようじ》があるなら何所《どこ》までも査《しら》べるがよい。遲《おそ》くなつて先生《せんせい》に叱《しか》られたつて心配《しんぱい》するには及《およ》ばない、俺《おれ》が良《い》い具合《ぐあひ》に辯解《いひわけ》をして上《あ》げるから……』

『イヤ用事《ようじ》は今日《けふ》でなくとも構《かま》はない。明日《あす》でも又出掛《またでか》けよう。』

『それは矢《や》ッ張《は》り寒松院《かんせうゐん》の原《はら》かい？』

『さうぢやない。』

と寅吉《とらきち》はたゞ一言答《ごんこた》へたのみで、行先《ゆきさ》きを明示《めいし》しません。さうする間《ま》も、彼《かれ》は幾度《いくど》となく振《ふ》り返《かへ》つて上野《うへの》の方《はう》を仰《あふ》ぎ見《み》つゝ、何《なに》やら物《もの》を捜《さが》すやうに大空《おほぞら》を見《み》廻《ま》はすのでした。

二十三　テツバン

寅吉《とらきち》は平田家《ひらたけ》へ戻《もど》つて來《き》ましたが、夫人《ふじん》には何事《なにごと》も言《い》はず、やがてそのまゝ立《た》ちて二階《かい》に行《ゆ》きましたから、その後《あと》で健雄《たけを》が今日《けふ》の狀況《もやう》を話《はな》して居《を》りますと、その頃越《ころこし》ヶ谷《や》から平田家《ひらたけ》へ來《き》て居《ゐ》る善之助《ぜんのすけ》といふ小供《こども》が驅《か》けて來《き》て、夫人《ふじん》に向《むか》ひ、

『寅吉《とらきち》は只今《たゞいま》火《ひ》の見臺《みだい》へ上《のぼ》り、手《て》を翳《かざ》して頻《しき》りに上野《うへの》の方《はう》を眺《なが》めて居《ゐ》ます。』

と告《つ》げる間《ま》もなく寅吉《とらきち》が二階《かい》から降《お》りて來《き》て其所《そこ》へ坐《すわ》りましたが、矢《や》ッ張《は》りむッつりとして口《くち》を開《ひら》きません。

やゝしばらく沈默《ちんもく》を守《まも》つてから寅吉《とらきち》は健雄《たけを》に向《むか》ひ、

『一寸此方《ちよつとこつち》へ來《き》てくれないか、依《たの》むことがあるから……』

『あゝ行《ゆ》くとも。』

二人《ふたり》は自習室《じしふしつ》へ入《はい》つて行《ゆ》きました。

『實《じつ》はね、今日《けふ》山《やま》の師匠《しゝやう》が來《き》て』と寅吉《とらきち》から語《かた》り出《だ》しました『お前《まへ》は今月《こんげつ》から百日間《にちかん》テッパンといふ行《ぎやう》をしろといふのだ。テッパンといふ行《ぎやう》は一日《にち》に米《こめ》一合《がふ》づゝを飯《めし》にして食《た》べ、菜《さい》は蕃椒《とうがらし》一ッと鹽《しほ》を少許《すこし》ばかり嘗《な》めるので、火《ひ》は別火《べつび》にしなければならない。そして飯《めし》も鹽《しほ》も皆土器《みなかはらけ》に盛《も》り、衣服《きもの》は夏《なつ》になつても、現《い》在《ま》着《き》て居《ゐ》るものを脱《ぬ》ぐことは能《でき》ない。又頭髪《またかみ》は自分《じぶん》でよく洗《あら》つて束《たば》ね、夜寢《よるね》るには疊《たゝみ》の上《うへ》は禁制《きんせい》で、板敷《いたじき》の上《うへ》へ荒薦《あらごも》を敷《し》いてその上《うへ》に臥《ふ》せり、何事《なにごと》ありとも夜具《やぐ》を掛《か》けることは能《でき》ぬ。たゞ寒《さむ》さの烈《はげ》しい折《をり》は薦《こも》だけは許《ゆる》される。この行《ぎやう》は、世《よ》にも恐《おそ》ろしい禍亂《わざはひ》の起《おこ》るのを攘《はら》ふ爲《た》めに行《おこな》ふので、神界《しんかい》にては師匠《しゝやう》をはじめ、その他《ほか》の山人達《さんじんたち》一統《とう》が之《これ》を行《や》らねばならぬ。俺《おれ》なども詰《つ》まり師匠《しゝやう》の行《ぎやう》を助《たす》ける爲《た》めに行《や》るまでのことで、百日《にち》といふのは餘程《よほど》の恩典《おんてん》である。兄弟子《あにでし》の左司馬《さじま》などは一ヶ年間《ねんかん》行《や》らされるのだ。で、俺《おれ》は一日《にち》も早《はや》く行《ぎやう》を始《はじ》めたいと思《おも》ふが、若《も》し自家《うち》の先生《せんせい》の許可《ゆるし》が出《で》なければ、強《し》いて行《や》るにも及《およ》ばない。師匠《しゝやう》は、兎《と》に角《かく》平田《ひらた》の言《い》ふ通《とほ》りに致《いた》せとの事《こと》であるが、一體什麼《たいどう》したら可《よ》いかしら…。』

『其麼《そんな》に大事《だいじ》の行《ぎやう》ならば』と健雄《たけを》も初《はじ》めて吃驚《びつくり》して、『是非《ぜひ》ともこりア行《や》るがよからう。先生《せんせい》がお歸《かへ》りになツたら、俺《おれ》からもお許可《ゆるし》が出《で》るやうに助言《じよごん》して上《あ》げるよ。』

『そいつア難有《ありがた》い!』と寅吉《とらきち》は初《はじ》めて安心《あんしん》したらしく『實《じつ》は先刻《さつき》上野《うへの》へ行《い》つた時師匠《ときしゝやう》の言《い》はれるには、汝《きさま》の背後《うしろ》から誰《だれ》かゞ心配《しんぱい》してつけて來《く》るものがあるから、疾《と》く歸《かへ》れとのことであつたから、それで俺《おれ》は急《いそ》いで歸《かへ》つて來《き》たのだよ。』

『ヘエさうかい。何《なに》も彼《か》もさう判《わか》つちや氣味《きみ》が惡《わる》くて仕様《しやう》がない。』と健雄《たけを》をはじめ一同《どう》が首筋《くびすぢ》を縮《ちゞ》めたのでありました。

夕方《ゆふがた》に平田《ひらた》は藩侯《はんこう》の邸《やしき》から歸《かへ》つて來《き》ました。夫人《ふじん》から今日《けふ》の話《はなし》をきくと大變《たいへん》に悦《よろこ》んで、

『そいつァ大賛成《たいさんせい》だ！國家《くに》の禍厄《わざはひ》を攘《はら》ふ仕事《しごと》であるから、これに越《こ》してうれしい事《こと》はない。實《じつ》は俺《わし》も寅吉《とらきち》と一緒《しよ》にこの行《ぎやう》を修《をさ》めたいのは山々《やま〳〵》だが、残念《ざんねん》なことには俗事《ぞくじ》に累《わづら》はされて居《を》る身《み》で行《や》ることが能《でき》ない。幸《さいは》ひ明後日《あさつて》は雛節句《ひなせつく》だから、其時充分《そのときじうぶん》寅吉《とらきち》に馳走《ちそう》をして、その翌日《よくじつ》から行《ぎやう》を始《はじ》めさせることにしよう。』

『難有《ありがた》い！嬉《う》れしい！占《し》め！〳〵！』

と寅吉《とらきち》は小躍《こをどり》して悦《よろこ》びました。

二十四　寅吉《とらきち》の神懸《かみがゝ》り

さて寅吉《とらきち》は、いよ〳〵四日《か》から行《ぎやう》を始《はじ》め、五日《か》六日《か》と無事《ぶじ》に三日間《かかん》を經過《けいくわ》しましたが、七日《か》の夕方《ゆふがた》に例《れい》の善之助《ぜんのすけ》が健雄《たけを》の傍《そば》へ飛《と》んで來《き》て、寅吉《とらきち》が奥《おく》の間《ま》で打《ぶ》ッ倒《たほ》れ、譯《わけ》の分《わか》らん寢言《ねごと》のやうな事《こと》を喋《しやべ》つて居《ゐ》ると注進《ちうしん》しました。

で、早速《さつそく》行《い》つて見《み》ると、寅吉《とらきち》はいかにも倒《たほ》れて居《ゐ》ましたが、それは寢《ね》て居《ゐ》るのではなく、顔色蒼白《がんしよくさうはく》、四肢冷却《しれいきやく》、そして何《なに》やら妙《めう》な呂律《ろれつ》で、耳慣《みゝな》れぬことをベラ〱口走《くちばし》つて居《ゐ》るのでした。耳《みゝ》を澄《す》ましてきゝますと、僅《わづ》かに『それは左司馬《さしま》が』といふのと、『山《やま》に歸《かへ》つてから』といふのと、やッと二た語《こと》だけ聽《き》き取《と》れました。

この日《ひ》平田《ひらた》は不在《ふざい》で、家族《かぞく》の人々《ひとぐ》や塾生達《じゆくせいたち》が集《あつま》つて來《き》て騒動《さうどう》するばかり、什《ど》麼《う》してよいやらさッぱり勝手《かつて》が判《わか》らない。たゞ健雄《たけを》のみが幾《いく》らか落着《おちつ》いて居《ゐ》て、

『こりァ神憑《かみがゝ》りであるから放棄《うつちや》ッて置《お》けばよいのだ。』

と言《い》ひましたけれども、誰《だれ》も聽《き》き入《い》れるものはなく、不相變《あひかわらず》途《と》方《はう》に暮《く》れました。

すると寅吉《とらきち》は俄《にわ》かに分明《はつきり》した言葉《ことば》で、

『この者《もの》を人《ひと》の來《こ》ぬ靜《しづ》かな所《ところ》へ連《つ》れて行《ゆ》け！』

と言葉《くち》を切《き》りました。

『矢張《やつぱ》りこりァ神憑《かみがゝ》りであつた！』

人々《ひとびと》も初《はじ》めてそれと氣《き》がついて、塾生《じゆくせい》の新吉《しんきち》といふのが寅吉《とらきち》を抱《だ》き上《あ》げ、豫《かね》て修行中《しゆぎやうちう》寅吉《とらきち》の寢所《ねどころ》と決《き》められて居《ゐ》た板敷《いたじき》の室《ま》に運《はこ》び行《ゆ》き、仰向《あふむ》けに臥《ね》かさうとしました。

『起《おこ》して置《お》いて下《くだ》さい。』

突如《とつじよ》として寅吉自身《とらきちじしん》の口《くち》から斯麼《こんな》注文《ちうもん》が出《で》ました。それならばと言《い》ふのでそのまゝ坐《すわ》らせると、再《ふたゝ》び口《くち》を開《ひら》いて

『竹内《たけうち》といふ人《ひと》に水《みづ》を一杯《はいも》携つて來《く》るやうにお依《たの》みする。』

と申《まを》します。で、健雄《たけを》は早速《さつそく》勝手《かつて》元《もと》に馳《は》せ行《ゆ》き、一椀《わん》の淨水《じやうすゐ》を携《も》つて來《き》て恭《うやうや》しく捧《さゝ》げますと、寅吉《とらきち》は瞑目《めいもく》のまゝグッと一と息《いき》にそれを飲《の》み干《ほ》し、更《さら》に引續《ひきつゞ》いて數椀《すうわん》を傾《かたむ》けました。

やがて寅吉《とらきち》の口《くち》は再《ふたゝ》び開《ひら》いて、

『竹内《たけうち》だけ後《あと》に殘《のこ》り、他《た》は皆退《みなの》いて貰《もら》ひたい。』

との注文《ちうもん》です。仕方《しかた》がないので其通《そのとほ》りにして、健雄《たけを》のみ引廻《ひきま》はした屛風《びやうぶ》の内《うち》に畏《かしこま》つて居《を》りますと、平生《へいぜい》の寅吉《とらきち》とは全《まつた》く別人《べつじん》の言葉《ことば》で、

『寅吉《とらきち》が此度《このたび》の勤行《きんぎやう》に就《つ》きては、いろ〳〵とお世話《せわ》を蒙《かうむ》り、誠《まこと》に以《もつ》て辱《かたじけ》ない次《し》第《だい》、仍《よつ》てお禮《れい》の爲《た》めにかくはわざ〳〵參上致《さんじやういた》した。但《たゞ》し形《かたち》を現《あら》はしてお禮《れい》を申《まを》すことは、吾等《われら》の界《かい》にて禁制《きんせい》の掟《おきて》であるから、已《や》むを得《え》ず寅吉《とらきち》が心魂《こゝろ》を抜《ぬ》きとり、その肉體《にくたい》に憑依《のりうつ》りてお禮《れい》を申《まを》すことに致《いた》した。但《たゞ》しわれ等《ら》のことゝて、格《かく》別《べつ》これと申《まを》して寸志《すんし》を表《へう》すべき方法《はうはふ》もないから、せめて災難除《さいなんよ》けの御符《ごふ》なりと書《か》いて進《しん》ぜたい。先生《せんせい》はまだお歸邸《かへり》にはならぬか？』

健雄《たけを》は覺《おぼ》えず平伏《へいふく》して了《しま》ひまして、

『はァ師匠《しゝやう》はまだ歸邸《きてい》致《いた》しませぬ。先刻《せんこく》使者《ししや》を遣《つか》はして置《お》きましたが、重《かさ》ねて使《つかひ》の者《もの》を出《だ》すことに致《いた》しませう。』

『然《しか》らば氣《き》の毒《どく》なれど今《いま》一度《ど》御迎《おむか》ひの使者《ししや》を御依《おたの》み申《まう》す。但《たゞ》し據所《よんどころ》なき用事《ようじ》の

あるならば、たつて御歸邸《ごきてい》には及《およ》ばぬ。他日《たじつ》先生在宅《せんせいざいたく》の折《をり》に更《あらた》めて參邸《さんてい》致《いた》すであらう。』

『イヤ〱』と健雄《たけを》は益々《ます〱》畏《かしこま》つて『師匠《しゝやう》は格別《かくべつ》の用事《ようじ》とて厶《ござ》りませねば、迎《むか》ひを上《あ》げることに致《いた》しまする。』

『さらば序《ついで》に屋代太郎《やしろたらう》どのをも招《まね》ぎ寄《よ》せて貰《もら》ひたい。寅吉《とらきち》の事《こと》に就《つ》きて平素甚《へいそはなは》だ御世話《おせわ》に預《あづか》つたから、これにも御禮《おれい》を申《まを》して置《お》きたい。』

二十五　膝枕《ひざまくら》

乃《そこ》で、健雄《たけを》は急《いそ》いで翁《おう》の夫人《ふじん》にこの事《こと》を報告《はうこく》しますと、夫人《ふじん》は直《たゞ》ちに新吉《しんきち》を急使《きふし》として翁《おう》の出先《でさ》きに遣《つか》はし、又屋代輪池翁方《またやしろりんちおうかた》へは上杉六郎《うへすぎらう》といふ塾生《じゆくせい》を遣《つか》はすことに致《いた》しました。

兩人《りやうにん》が門外《もんぐわい》へ驅《か》け出《だ》すと、急《きふ》に寅吉《とらきち》は口《くち》を切《き》り、

『

『一寸《ちよつと》使者《ししや》を呼《よ》び戻《もど》して貰《もら》ひたい。』

との注文《ちうもん》。で、何事《なにごと》かと兩人《りやうにん》を呼《よ》び戻《もど》しますと、

『御禮《おれい》には御《お》札《ふだ》を書《か》いて進《しん》ぜると申《まを》したことを傳《つた》へてください。』

『ハハア心得《こゝろえ》ましてム《ござ》ります。』

兩人《りやうにん》の使者《ししや》は一禮《れい》して再《ふたゝ》び出《で》て行《ゆ》きました。すると
『御《お》札《ふだ》は何枚《なんまい》書《か》いて差上《さしあ》げようか。』

と重《かさ》ねて寅吉《とらきち》は言葉《くち》を切《き》りました。

『されば』と健雄《たけを》が『萬望《どうぞ》家内《かない》の人數《にんず》ほどお書《か》き下《くだ》さるように……』

『承知致《しようちいた》した。しかしそれは先生《せんせい》が歸宅《きたく》されてから書《か》くことに致《いた》し、一と先《ま》づ去《い》んで復來《またく》ることに致《いた》さうか。』

『その儀《ぎ》は何卒御《なにとぞご》任意《にんい》に遊《あそ》ばされたうム《ござ》ります。』

かく答《こた》へますと寅吉《とらきち》は忽《たちま》ちぐつたりと健雄《たけを》の膝《ひざ》の上《うへ》に頭《あたま》を垂《た》れて、手《て》も足《あし》も

冷《ひ》え切《き》つて、蒼《あを》白い顔《かほ》をしてガタ〳〵顫《ふる》ひ出《だ》しました。健雄《たけを》はそれを袖《そで》で覆《おほ》ふやうに抱《だ》き上《あ》げて煖《あたゝ》めにかゝりますと、忽《たちま》ち又《また》ムク〳〵と起《お》き上《あが》り、

『只今《たゞいま》は、先生《せんせい》の帰宅《きたく》を待《ま》つて出直《でなほ》すと申《まを》したが、さうせずに、このまゝおかへりを待《ま》つことに致《いた》した。寅吉《とらきち》を世話《せわ》してくれた事《こと》につきては深《ふか》く御禮《おんれい》申《まを》す。何《なん》ぞ望《のぞ》みあらば遠慮《ゑんりよ》なく言《い》ふて貰《もら》ひたい。』

健雄《たけを》は恐《おそ》れ入《い》つて、

『難有《ありがた》いお言葉《ことば》を賜《たま》はり忝《かたじけな》う厶《ござ》りまする。就《つ》きましては遠慮《ゑんりよ》なく申上《まをしあ》げますが、何卒《なにとぞ》この上《うへ》は道《みち》の蘊奥《うんおう》を窮《きは》め、師《し》の手代《てがは》りの能《でき》るやうにお導《みちび》きを願《ねが》ひ度《た》う厶《ござ》りまする。』

『そは殊勝《しゆしよう》の心掛《こゝろがけ》、承知致《しようちいた》した。』

これをきつかけに、寅吉《とらきち》の軀《からだ》に憑《かゝ》つた靈《れい》は、古道《こだう》に關《くわん》して、いろ〳〵有益《いうえき》な物語《ものがたり》をして聞《き》かせたのでありましたが、何分《なにぶん》にもすつかり寅吉《とらきち》の魂《たましひ》を抜《ぬ》き取《と》つ

ての神憑《かみがゝ》りでありますから、寅吉《とらきち》の軀《からだ》はズン〱冷却《れいきやく》して了《しま》ひます。

『このまゝ冷《ひ》え切《き》つて、若《も》しもの事《こと》がありはしないかしら‥‥』

と誰《たれ》やらが申《まを》しますと、

『イヤ仔細《しさい》は無《な》いから、蒲團《ふとん》でも敷《し》いて臥《ね》かすがよい。』

との憑靈《へうれい》の注意《ちうい》でありました。

『疊《たゝみ》の上《うへ》に蒲團《ふとん》を敷《し》いて、それに臥《ね》かしても差支《さしつかへ》はないのですか‥‥』と翁《おう》の夫人《ふじん》は心配《しんぱい》らしく健雄《たけを》を介《かい》して伺《うかゞ》ひを立《た》てゝ見《み》ますと、

『それは一向《かう》差支《さしつかへ》はないから爾《さ》う致《いた》されよ。但《たゞ》し軀《からだ》が非常《ひじやう》に冷《ひ》えたから、火《ひ》でも入《い》れて暖《あたゝ》めて上《あ》げて呉《く》れ。』

との近事《へんじ》でありました。

乃《ざこ》でその指圖《きしづ》通《どほ》りに、寅吉《とらきち》を屛風《びやうぶ》の蔭《かげ》の蒲團《ふとん》の上《うへ》に仰《あふ》向《む》けに臥《ね》かすべく、夫人《ふじん》と健雄《たけを》とが二人《ふたり》掛《が》りで抱《かゝ》へ上《あ》げますと、

『内俯《うつむ》しに臥《ね》かすがよい。』

との注意《ちうい》が出《で》ましたので、健雄《たけを》の膝《ひざ》を枕《まくら》に、その通《とほ》り臥《ね》かして居《ゐ》る中《うち》に、そろ〳〵日《ひ》が暮《く》れて晩餐《ゆふめし》の時刻《じこく》になりました。

憑靈《へうれい》は飽《あく》まで注意《ちうい》が行屆《ゆきとゞ》いたもので、健雄《たけを》に向《むか》ひ、

『このまゝで些《すこ》しも差支《さしつかへ》がないから、構《かは》はず膳《ぜん》を運《はこ》ばせて食事《しよくじ》をするが可《れ》からう。』

とのことでありました。

乃《そこ》で健雄《たけを》はその言葉《ことば》の通《とほ》り、寅吉《とらきち》に膝枕《ひざまくら》をさせたまゝ食事《しよくじ》を始《はじ》めましたが、いかにも窮屈《きうくつ》そうなので、夫人《ふじん》が見兼《ゐか》ねて、

『私《わたし》が代《かは》つて寅吉《とらきち》の枕《まくら》をしてあげるから、その間《あひだ》にゆつくり食事《しよくじ》をおしなさい。』

と言《い》つて、健雄《たけを》と入《い》れかはりになりました。

二十六　無言《むごん》の質問《しつもん》

平田《ひらた》夫人《ふじん》は、その時《とき》憑靈《へうれい》に向《むか》ひ、

『まことに相濟《あひす》まぬ勝手《かつて》な願《ねが》ひで厶《ござ》りますが、折入《をりい》つてお聽《き》き入《い》れくださるやうお願《ねが》ひ致《いた》します。』

と慇懃《いんぎん》に申入《まをしい》れました。

『それは又何事《またなにごと》の願《ねが》ひぢや？』

『外《ほか》の事《こと》でも厶《ござ》りませぬ。寅吉《とらきち》がこの度《たび》の行《ぎやう》に、日々《にち〱》一合《がふ》の飯《めし》を食《た》べますのはよそ目《め》にも堪《た》へ難《がた》く難儀《なんぎ》に見《み》えます。それに就《つ》き、僅《わづ》かなりともその助《たす》けになりたく、大角《だいかく》（篤胤《あつたね》の俗稱《ぞくしよう》）はじめ、竹内《たけうち》、上杉《うへすぎ》の三人《にん》、食事毎《しよくじごと》に一椀《わん》づゝ減《へ》らして居《を》りますが、明日《あした》からは私《わたし》もその仲間《なかま》に入《はい》り度《た》う存《ぞん》じます。以上《いじやう》四人《にん》の者《もの》が減食《げんしよく》の分量《ぶんりやう》を寅吉《とらきち》に喰《た》べさせることは差支《さしつかへ》ないもので厶《ござ》りませうか？』

『さアそれ丈《たけ》はどうも…。』と暫《しば》らく言《い》ひ澁《しぶ》りましたが、やがて
『然《しか》らば一人毎《にんごと》に米一握《こめひとにぎり》、都合《つがふ》四掴《つか》み分《ぶん》を許《ゆる》すことに致《いた》さう。但《たゞ》し寅吉《とらきち》が容易《ようい》に承知《しょうち》を致《いた》すまいにより、自分《じぶん》が許《ゆる》したことを吿《つ》げてやるがよい。』

『承知致《しょうちいた》しまして厶《ござ》ります。』と夫人《ふじん》は歡《よろこ》び『序《ついで》に香《かう》の物《もの》も少々《せうく》お許《ゆる》しくださるやうお願《ねが》ひ致《いた》します。』

『それも宜《よろ》しい。』

との返答《へんたふ》でありました。

この間《あひだ》に健雄《たけを》は食事《しょくじ》を終《をは》りました。やがて使者《ししゃ》の通告《つうこく》に接《せつ》して屋代翁《やしろおう》もまゐりましたので、健雄《たけを》から右《みぎ》の旨《むね》を靈《れい》に傳《つた》へ、且《か》つ夫人《ふじん》に代《かは》りて寅吉《とらきち》の枕《まくら》になりますと、その座《ざ》へ屋代翁《やしろおう》が來《き》て會釋《ゑしゃく》しました。寅吉《とらきち》の體《からだ》はその時起《ときお》き上《あが》りましたが、いかにも困難《こんなん》の樣子《やうす》で中途《ちうと》に止《や》めて再《ふたゝ》び横《よこ》になり、

『ドーも此體《このからだ》は心《しん》を拔《ぬ》いてありますので起《おき》ることが能《でき》ませぬ。無禮《ぶれい》の段《だん》はお許《ゆる》

しくだされ。』

と辯解《いひわけ》しました。同翁《どうおう》はその時寅吉《ときとらきち》の手《て》を取《と》り、やゝしばらく脈《みやく》を檢《ゐ》ましたが脈搏《みやくはく》は全《まつた》く斷絕《とだえ》て居《ゐ》たといふことでした。

憑《かゝ》れる神《かみ》は屋代翁《やしろおう》にも、寅吉《うらきち》が世話《せわ》になつたことを厚《あつ》く謝《しや》し、その御禮《おれい》のしるしには御札《おふだ》を書《か》いて進《しん》ぜたいと言《い》ひ出《だ》しました。それからしばらく無言《むごん》になつて了《しま》ひ、只管平田翁《ひたすらひらたおう》の歸《かへ》つて來《く》るのを待《ま》ち倦《ちぐ》んで居《ゐ》る狀態《さま》でしたが、兎《と》も角《かく》も屋代翁《やしろおう》は紙《かみ》、硯《すゞり》、机《つくゑ》などを淸《きよ》めて持《も》ち出《だ》し、且《か》つ自身筆《じしんふで》を執《と》りて差出《さしだ》しましたので、それでは書《か》かうといふことになつたとき、平田翁《ひらたおう》が歸《かへ》つたといふ通知《つうち》がありました。

それと知《し》ると寅吉《とらきち》の體《からだ》はムク〳〵と起《お》き上《あか》り、さきに設《まう》けたる机《つくゑ》に凭《もた》れかゝり、何度《なんど》もく倒《たほ》れかけましたので、健雄《たけを》は背後《うしろ》からそれを抱《だ》いて支《さゝ》へました。

此日平田翁《このひひらたおう》は晝間《ひるま》二囘《くわい》ほど出《だ》された使者《ししや》とは行違《ゆきちが》ひになつて會《あ》はなかつたさ

うで、不在宅《るすたく》に斯麼事件《こんなじけん》が出來《しゆつたい》して居《ゐ》ることは少《すこ》しも知《し》らず、暢氣《のんき》に用事《ようじ》を濟《す》まし、夜《よ》に入《い》つて歸宅《きたく》したのでしたが、人々《ひとぐ》から委細《ゐさい》をきいて且《か》つ驚《おどろ》き、且《か》つ歡《よろこ》び、大急《おほいそ》ぎで水禊《みそぎ》をやる、衣服《きもの》を更《あらた》める。そして神《かみ》がゝりの前《まへ》へ出《で》て、恭《うやく》しく額《ぬか》づきて一拜《はい》して質問《しつもん》を始《はじ》めたのでした。

惜《お》しい事《こと》にはこの時平田《ときひらた》が憑靈《へうれい》に向《むか》つて何《なに》を質問《しつもん》し、又之《またこれ》に對《たい》して憑靈《へうれい》がいかなる答《こたへ》をしたかは少《すこ》しも記録《きろく》に殘《のこ》つて居《を》りません。一說《せつ》に翁《おう》は感極《かんきはま》つて嗚咽《をえつ》し、言葉《ことは》を發《はつ》することが能《で》きなかつたのだといひますが、或《あるひ》はさうであつたかも知《し》れません。

二十七　左司馬《さしま》の訪問《はうもん》

しばらくありて憑靈《へうれい》は寅吉《とらきち》の體《からだ》から脫《ぬ》けて了《しま》ひました。すると寅吉《とらきち》はそのまゝグッタリ机《つくゑ》にもたれて昏々《こんく》と深《ふか》い睡《ねむ》りに落《お》ちました。平田翁《ひつたおう》は神《かみ》から言《い》はれた通《とほ》り、酒《さけ》を寅吉《とらきち》の顔《かほ》に吹《ふ》きかけたり、又《また》一と口《くち》それを飲《の》ませたりしますと、寅吉《とらきち》は漸《やうや》く人心《ひとごゝろ》づき、たゞならぬ四邊《あたり》の光景《くわうけい》を見《み》て、驚《おどろ》いたやうすでしたが、平田翁《ひらたおう》だの、屋代翁《やしろおう》だのが、委細《ゐさい》を話《はな》してきかせますと、格別《かくべつ》異《あや》しむ色《いろ》も見《み》せませんでした。それから人々《ひとぐ》の勸《すゝ》むるまゝ少《すこ》しばかり食事《しよくじ》をして全《まつた》く平生《へいぜい》の寅吉《とらきち》に復《ふく》しました。

越《こ》へて其月《そのつき》の十二日《にち》、再《ふたゝ》びかの善之助《ぜんのすけ》といふ子供《こども》が、竹内健雄《たけうちたけを》の傍《そば》へ飛《と》んで來《き》て申《まを》しますには、

『今寅吉《いまとらきち》が火《ひ》の見《み》に上《あが》つて、誰《だれ》かと會話《はなし》をして居《ゐ》るから、變《へん》だと思《おも》つて傍《そば》へ寄《よ》つて見《み》たが、人《ひと》ッ子《こ》一人《ひとり》居《ゐ》はしない。さうすると寅吉《とらきち》が見《み》つけて、此所《こゝ》へ來《き》ては可《い》かん！下《お》りて居《を》れッ！といふのだが、ドーも餘《よ》つ程《ほど》可笑《をか》しいよ……』

『さうかい。――寅吉《とらきち》はまだ火《び》の見《み》に居《ゐ》るかしら？』

『あゝまだ居《ゐ》るよ。』

『それなら行《い》つて見《み》よう。』

健雄《たけを》は庭《には》へ飛《と》び出《だ》して物蔭《ものかげ》から覗《のぞ》いて見《み》ると、いかにも寅吉《とらきち》は唇《くちびる》を動《うご》かして居《ゐ》る！何《なに》やら頻《しき》りに返答《へんじ》をして敬意《けいい》を表《へう》する狀況《やうす》から察《さつ》すれば、例《れい》の山《やま》の師匠《しゝやう》でも來《き》て居《ゐ》るらしいので、健雄《たけを》も覺《おぼ》えず頭《あたま》を下《さ》げました。

『俺《おれ》の方《はう》では隱《かく》れて居《ゐ》るつもりだが』その時《とき》健雄《たけを》は心《こゝろ》の中《うち》に思《おも》ひました『山《やま》の大將《たいしやう》の方《はう》ではチャント氣《き》がついて居《ゐ》るかも知《し》れない。——若《も》しさうだとすれば寅吉《とらきち》との會話《はなし》の腰《こし》を折《を》つて飛《と》んだ邪魔《じやま》をすることになる……』

乃《そこ》で再《ふたゝ》び頭《あたま》をあげて見《み》ると、果《はた》して寅吉《とらきち》はモー火《ひ》の見《み》の降口《おりくち》まで來《き》て、西《にし》の方《はう》に向《むか》ひ、凝乎《じつ》とばかり空《そら》を眺《なが》め入《い》つて居《ゐ》るのでした。

この上《うへ》又《また》邪魔《じやま》してはならぬと思《おも》つて、健雄《たけを》は直《たゞ》ちに家《うち》の内部《なか》へ入《はい》つて、兎《と》も角《かく》も師匠《しゝやう》の平田翁《ひらたおう》に此次第《このしだい》を報告《はうこく》して居《を》りますと、寅吉《とらきち》は早《は》やくも傍《そば》へやつて來《き》ました。平田《ひらた》が、

『又山《またやま》のお師匠《しゝやう》さんがお出《いで》なすつたのかナ？』と尋《たづ》ねますと、

『明日《あした》は山《やま》の師匠《しゝやう》の誕生日《こんじやうび》なのです。』寅吉《とらきち》はわざと平田《ひらた》の問《とも》には觸《ふ》れずかく答《こた》へるのでした。『その爲《た》めに山《やま》の方《はう》でもお祭《まつ》りがありますから、わたしも此所《こゝ》でそれを行《や》りたいと思《おも》ひます。――先生《せんせい》どうぞ許《ゆる》してください。』

『あゝ良《い》いとも！』と平田《ひらた》も大《おほい》に歡《よろこ》びまして『お易《やす》いことだ。遠慮《えんりよ》は要《い》らぬ。山《やま》で行《や》る通《とほ》りにやるがよい。費用《ひよう》などはいくらかゝつても構《かま》はぬ。』

『それならわたくしが一切料理《きいれうり》をしてお供《そな》へします。』と寅吉《とらきち》は大滿足《だいまんぞく》のてんてこまひ、『供物《くもつ》の品物《しなもの》はこれ〳〵です。』

さう言《い》つて寅吉《とらきち》は供物《くもつ》に要《えう》する品物《しなもの》を精細《せいさい》に述《の》べました。平田《ひらた》は感心《かんしん》して、

『一體《たい》お祭《まつ》りの事《こと》は夙《と》うから知《し》つて居《ゐ》たのか、それとも今度《こんど》新《あら》たに言《い》ひつけられたのか。』

と問《と》ひたゞしますと、

『夙《とう》から明日《あした》はお祭《まつ》りをするつもりでした。』

との返答《こたへ》。平田《ひらた》はすかさず、

『コレ〳〵嘘《うそ》を申《まを》すナ。先刻《さつき》山《やま》の師匠《しゝやう》から云《い》ひ付《つ》けられたのであらう。』

『そんな事《こと》はありません。前《まへ》から知《し》つて居《ゐ》たので……』

健雄《たけを》が今度《こんど》は側《わき》から素破抜《すつぱね》きをやりました。

『だつて俺《おれ》は先刻《さつき》、お前《まへ》が火《ひ》の見《み》で誰《だれ》かと物語《ものがた》りをして居《ゐ》る實況《さま》をチヤーンと見屆《みとゞ》けてあるのだ。きつとあの時《とき》言《い》ひつけられたのだらう。』

平田《ひらた》も尙《な》ほ頻《しき》りに根掘《ねほ》り葉掘《はほ》り尋《たづ》ねますので、とう〳〵寅吉《とらきち》も隱《かく》しきれず、

『實《じつ》は先刻《さつき》言《い》ひつけられたのです。』

と本音《ほんね》を吐《は》いて了《しま》ひました。

『それでは矢張《やは》り山《やま》のお師匠《しゝやう》さんが見《み》えたのか？』

『さうぢやありまん、使《つかひ》の者《もの》です。』

『誰《だれ》が使者《ししや》に來《き》たのだ？　左司馬《きじま》でも來《き》たのか？』

『さうです。』

『何所《どこ》へ來《き》たのか。』

と平田《ひらた》の質問《しつもん》は何所《どこ》までも微《び》に入《い》り細《さい》に入《い》ります。寅吉《とらきち》は平田《ひらた》の書齋《しよさい》の庭《には》の向《むか》ひの空《そら》を指《さ》して、

『彼處《あそこ》のあたりへ來《き》たのです。——それで私《たたし》は二階《かい》の火《ひ》の見《み》へ上《あが》つて物語《ものがた》りをしたのです。』

『フム、して左司馬《きじま》は什麼事《どんなこと》を申《まを》して行《い》つた？』

『左司馬《きじま》が申《まを》しますには、明日《あす》お前《まへ》の所《ところ》でお祭《まつり》をやるなら、師匠《しゝやう》がそれを享《うけ》に來《く》るべきだが、お前《まへ》も知《し》つての通《とほ》り、明日《あす》は山《やま》にも種々《いろく》の事《こと》があつて大變《たいへん》いそがしいから、多分《たぶん》師匠《しゝやう》は來《こ》ないで、代理《だいり》が來《く》るだらう。誰《だれ》が來《き》ても構《かま》はぬから何《なに》か願望《ねがひ》の事《こと》があつたら、それを紙《かみ》に書《か》いて神前《しんぜん》に供《そな》へて置《お》くやうに——と、

大體《たいたい》斯《こ》んなことを申《まを》しました。』

二十八　寅吉《とらきち》手製《てせい》のお供物《くもつ》

寅吉《とらきち》はやがて健雄《たけを》に向《むか》つて申《まを》しますには、

『明日《あす》のお祭《まつり》に獻《たてま》つる品物《しなもの》は自分《じぶん》で見《み》つけて、自分《じぶん》で料理《れうり》して獻《たてまつ》るのが山《やま》の規範《おきて》だから、是非《ぜひ》さうしたいとは思《おも》ふが、自分獨《じぶんひよ》りでは品物《しなもの》の値段《ねだん》も判《わか》らないし又數《またかず》も澤山《たくさん》あつて困《こま》つて了《しま》ふ。――氣《き》の毒《どく》だが健雄《たけを》さん、一つ手傳《てつだ》ひをして呉《く》れないか。』

健雄《たけを》も快《こゝろ》よく、

『いゝとも！そんな手傳《てつだひ》なら幾《いく》らでも引《ひ》き受《う》ける。』

それから寅吉《とらきち》は健雄《たけを》と共《とも》にお祭用《まつりよう》の物品《ぶつぴん》を調達《てうだつ》すべく街《まち》へ出《で》かけ、彼方此方《あちこち》走《はし》りまはりていろ〳〵の材料《ざいれう》を買《か》ひ求《もと》めて歸《かへ》り、早速其調理整頓《さつそくそのてうりせいとん》に着手《ちやくしゆ》しましたが、夜《よ》の八時《じ》過《す》ぐる頃《ころ》ほひまでには、先《ま》づ大方《おほかた》を調《とゝの》ひました。尙《な》ほ翌《あ》くる十三日《にち》には早朝《さうてう》から取《と》りかゝつて殘《のこ》りの仕事《しごと》をすませ、九時《じ》半頃《はんごろ》には調理《てうり》はいふに及《およ》ばず、神床《かんどこ》の裝飾品《かざりたて》一式《しき》がすつかり出來上《できあが》つて了《しま》ひました。

先《ま》づ神床《かんどこ》の裝飾《さうしよく》は、すべて古式《こしき》に範《のつと》りまして、眞菰《まこも》を敷《し》いてその上《うへ》に御座《ござ》を設《まう》け、樫《かし》、まさ木《き》を根《ね》こじにして、白籬《しろしで》を取《と》り垂《し》で、それを左右《さいう》に立《た》て、神籬《ひもろぎ》をとなし、寅吉自《とらきちみづ》から切《き》つた幣帛《へいはく》を御靈實《ごれいじつ》となしました。献《たてま》つる幣物《へいぶつ》はまづ綠豆《やへがり》の飯《めし》、洗米《せんまい》、神酒《みき》、水《みづ》、鰭《ひれ》の廣物《ひろもの》、鰭《ひれ》の狹物《さもの》、毛《け》の和物《あへもの》が主《おも》なるものでした。右《みぎ》の毛《け》の和物《あへもの》につきては面白《おもしろ》い話《はなし》があります。青木《あをき》五郎治《らうぢ》といふ出入《でい》りの者《もの》が小鴨《こがも》を一羽献《はたてま》つりたいが、それは生乍《いきなが》ら差上《さしあ》げるがよいか、それとも調理《てうり》した方《はう》がよいかと尋《たづ》ねました。すると寅古《とらきち》が、生《いき》ながら奉《たてまつ》る方《はう》が遙《はる》かによいと云《い》つたので其通《そのとほ》りに致《いた》しました。後神事《のちしんじ》果《は》てゝから寅吉《とらきち》は、この鳥《とり》を人《ひと》に捕《と》られぬやう禁咒《まじなひ》をしてやるといふので、早速《さつそく》加持《かじ》を行《おこな》ひ、秋元家《あきととけ》の士《し》河野《かうの》大助《だいすけ》と云《い》へるものを頼《たの》みて、不忍辨天《しのはずべんてん》の池《いけ》へ放《はな》してやつたといふことです。

右《みぎ》に擧《あ》げたお供物《くもつ》の外《ほか》に寅吉自製《とらきちじせい》の幣物《へいもつ》が澤山《たくさん》ありました。先《ま》づ第《だい》一が鰹節《かつぶし》の田樂《でんがく》‥‥。これは鰹節《かつぶし》を湯煑《ゆだき》して和《やわら》かになし、それを厚《あつ》さ二分《ぶ》ばかりに輪切《わぎ》りにして少《すこ》しく火《ひ》に焙《あぶ》り、白砂糖《しろざとう》と山椒《さんしょ》とを一緒《しょ》に摺《す》り交《ま》ぜた味噌《みそ》であへ物《もの》にしたもので、供物《くもつ》の中《なか》でも特《とく》に上等《じやうとう》の部《ぶ》に屬《ぞく》します。次《つ》ぎに生《なま》の長芋《ながいも》を摺《す》つたのを一箸分《はしぶん》に鹽《しほ》と白砂糖《しろざとう》と山椒《さんしよ》とを少量《せうりやう》づゝ交《まじ》へて、二寸角位《すんかくぐらゐ》に切《き》つた淺草海《あさくさの》苔《り》で包《つゝ》み、乾瓢《かんぺう》で結《むす》んで油《あぶら》で揚《あ》げたのがあり、その次《つ》ぎには鹽《しほ》と白砂糖《しろざとう》で味《あじ》をつけた酒《さけ》の中《なか》に長芋《ながいも》を入《い》れて程《ほど》よく煑《に》、それを輪切《わぎり》にして、其上《そのうへ》に細《こま》かく切《き》つたコロ柿《がき》を一片《きれ》づゝ載《の》せ、葛粉《くづこ》で包《つゝ》んで、同《おな》じく油《あぶら》で揚《あ》げたのがあり、又慈姑《またくわゐ》を湯煑《ゆだき》して能《よ》く摺《す》りて、酒《さけ》を入《い》れ、鷄卵《けいらん》と葛粉《くづこ》の水《みづ》に溶《と》きたるとを加《くは》へて玉子《たまご》燒《やき》のやうに燒《やい》たのがあり、その外《ほか》いろ〳〵の料理《れうり》が寅吉《とらきち》の手《て》によりて調《とゝの》へられました。此等《これら》のものをお祭《まつ》りの後《あと》で諸人《しよにん》に食《た》べさせましたが、その味《あじ》のよきこと一と通《とほ》りでなく、成程《なるほど》神界《しんかい》の調理《てうり》法《はふ》は又格別《またかくべつ》であると舌皷《したつゞみ》を打《う》たぬものはなかつたさうです。

いよ〳〵お供物《くもつ》が揃《そろ》つた時《とき》、寅吉《とらきち》は大小《だいせう》二本《ほん》の幣帛《へいはく》を切《き》つて、鄭重《ていちよう》にお祓《はらひ》をした上《うへ》で奉幣《ほうへい》しましたが、其形式《そのけいしき》は普通《ふつう》の奉幣《ほうへい》の式《しき》とは大分相違《だいぶんさうゐ》したもので、後《あと》にてきけば、それは劍術《けんじゆつ》の手《て》だといふことでした。

奉幣《ほうへい》が終《をは》ると其場《そのば》に集《つど》へる人々《ひとびと》に禮拜《らいはい》を行《おこな》はせ、それから人々《ひとびと》の願事《ねがひごと》を記《しる》した書付《かきつけ》を受取《うけと》りて、右《みぎ》の神床《かんどこ》の傍《かたわら》に奉《たてまつ》りました。而《しか》して後《のち》、寅吉自製《とらきちじせい》の幣物《へいもつ》をば皆降《みなお》ろし、古式《こしき》の通《とほ》り、神器《しんき》のまゝ直會《なほらひ》の式《しき》を行《おこな》つたのでありました。

二十九　神樂《かぐら》の舞《まひ》

直會《なほらひ》の式《しき》が終《をは》りますと、今度《こんど》は寅吉自身立《とらきちじしんた》ちあがりて神樂《かぐら》を舞《ま》ひました。第《だい》一の舞《まひ》は幣帛《へいはく》と鈴《すゞ》とを取《と》つて舞《ま》ひ、第《だい》二の舞《まひ》は鈴《すゞ》と扇《あふぎ》とを取《と》り、第《だい》三の舞《まひ》は鈴《すゞ》と榊《さかき》とを取《と》り、第四《だい》の舞《まひ》は弓《ゆみ》を取《と》つて舞《ま》つたのでした。右《みぎ》の弓《ゆみ》の舞《まひ》は山人界《さんじんかい》の蟇目《ひきめ》の法《はふ》であつたといふことです。

以上《いじやう》四番《はん》の舞《まひ》が濟《す》むと、今度《こんど》は御《お》鐵砲師《てつはうし》の國友能當《くにとものうたう》と醫師《ゐし》の淺野《あさの》世寛《せくわん》とを相手《あひて》に、俳優《はいいう》の舞《まひ》を三番《はん》つゞけて舞《ま》ひましたが、その差《さ》す手《て》、引《ひ》く手《て》のあざやかさは、とても腕白小《わんぱくこ》僧《ぞう》の寅吉《とらきち》の所演《しわざ》とは思《おも》はれず、誰《だれ》が見《み》ても神《かみ》が憑《かゝ》りて舞《ま》ふとよりしか見《み》えなかつたさうです。

神憑《かみがゝ》りの舞《まひ》といふ事《こと》は、その道《みち》の人《ひと》にはよく知《し》られたことで、敢《あへ》て寅吉《とらきち》の場合《ばあひ》に限《かぎ》つた譯《わけ》でないのであります。身《み》に附《つ》いて居《ゐ》る藝人《げいにん》の藝《げい》なら敢《あへ》て驚《おどろ》くにも足《た》りませんが、無骨《ぶこつ》な人間《にんげん》がダシヌケに鮮《あざや》かな所《ところ》を見《み》せるのですから、ドー考《かんが》へたつて只事《たゞごと》ではありませぬ。現《げん》に翌《よく》十四日《か》に、寅吉《とらきち》が今夜《こんや》は一つ昨夕《ゆふべ》よりも上手《じやうず》に舞《ま》つてアッと驚《おどろ》かせてやると言《い》ひまして、晝間《ひるま》から散々《さん〴〵》稽古《けいこ》して置《お》いてさて夜《よる》になつて舞《ま》ひましたが、前夜《ぜんや》の舞《まひ》とは似《に》てもつかぬ、下拙《へた》くそなものであつたさうです。行《や》らうとして行《や》れず、行《や》るまいとして自然《しぜん》に行《や》れる――これが神《かみ》がゝりの面白《おもしろ》い點《てん》でありませう。

直會《なほらひ》の日《ひ》の舞《まひ》には、長袴《ながはかま》を着《つ》けて、あたかも能《のう》の三番叟《はさう》の如《や》うな足拍子《あしべうし》を踏《ふ》むところがありましたが、それが悉《ことごと》く柏子《へうし》に應《かな》ひて、更《さら》に杜撰《づさん》のものではなかつたので、其道《そのみち》の玄人連《くろうとれん》は皆舌《みなした》を捲《ま》いて感歎《かんたん》しました。斯《か》くて神樂《かぐら》が終《をは》りますと、いよ〳〵神送《かみおく》りの式《しき》がありました。先《ま》づ幣帛《へいはく》を取《と》りて、先刻《さつき》の奉幣《ほうへい》のやうな事《こと》をなし、それから御燈明《おとうみやう》を消《け》しました。

『只今神樣《たゞいまかみさま》がお還《かへ》りなさるから雨戸《あまど》を明《あ》けてください。』

かくいふ寅吉《とらきち》の言葉《ことば》に人々《ひとびと》が雨戸《あまど》を明《あ》けますと、今度《こんど》は

『神樣《かみさま》がいよ〳〵お出立《たち》だから大風《おほかぜ》が吹《ふ》きます。』

言《い》ひも終《をは》らず果《はた》してゴーッ！とばかり吹《ふ》き起《おこ》る大風《おほかぜ》――人々《ひとびと》は全《まつた》く奇異《きい》の感《かん》に打《う》たれたのでありました。

この日《ひ》の祭《まつ》りは午前《ごぜん》十一時《じ》過《す》ぎから夜《よ》の九時頃《じごろ》までかゝり、始《はじ》めから終《をは》りまで極《きは》めて正《たゞ》しく、到底少年《たうていせうねん》の者《もの》の爲《な》す事《こと》とは見《み》えませんでした。當日《たうじつ》の參會者《さんくわいしや》は、例《れい》の屋代翁《やしろをう》をはじめ、地主御勘定《ぢぬしごかんぢやう》小島祐助《こじまいうすけ》、同子息泰次郎《どうしそくたいじらう》、酒井若狹守《さかゐわかさのかみ》の家來伴州五郎《けらいはんしうごらう》、秋元但馬守家來《あきもとたじまのかみけらい》河野大助《かはのだいすけ》、板倉阿波守家來《いたくらあはのかみけらい》青木五郎次《あをきごらうじ》、御鐵砲師《おんてつぱうし》國友藤兵衞《くにともとうべゑ》、醫師《いし》佐藤松庵《さとうしようあん》、淺野世寬《あさのせくわん》、町人多田屋《ちやうにんただや》新兵衞《しんべゑ》、佃屋傳次郎《つくだやでんじらう》、高橋安右衞門《たかはしやすゑもん》、門人上杉六郎《もんじうへすぎろくらう》、竹内健雄等《たけうちたけをら》の十餘人《よにん》でありました。

三十　邪神《じやしん》の來襲《らいしふ》

三月《ぐわつ》二十二日《にち》には寅吉《とらきち》が日暮《ひぐれ》から奥《おく》の間《ま》の床《とこ》の前《まへ》に伏《ふ》し、何《なに》やら低《ひく》い聲《こゑ》でブツ〳〵言《い》つて居《を》りますので、平田翁《ひらたをう》が心配《しんはい》して什《ど》うしたのかと訊《たづ》ねますと、

『實《じつ》は尾籠《びろう》ながら數日前《すうじつぜん》から小用《こよう》をすると痛《いた》んで困《こま》ります』

との答《こたへ》でありました。此日《りのひ》寅吉《とらきち》は甘茶《あまちや》を煎《せん》じてくれと言《い》つて、それをガブ〳〵

鱈腹《たらふく》飲《の》んだから、それで心持《こゝろもち》が悪《わる》くなつたのであらうといふので、例《れい》の行中《ぎやうちう》の寢所《しんしよ》である、板敷《いたじき》の荒薦《あらごも》の上《うへ》に連《つ》れて行《い》つて臥《ね》かしますと、矢張《やは》り口の中《なか》で何《なに》か言《い》つて居《を》りましたが、それが追々《おひ〳〵》聲高《こゑだか》になつてまゐりました。

『こりア又神憑《またかんが》ゝりの前兆《ぜんてう》かも知《し》れない。』

人々《ひと〴〵》は神憑《かんが》ゝりには近頃場慣《ちかごろはな》れがして來《き》ましたので、折瀬《をりせ》(平田夫人《ひらたふじん》)おかね、善次郎《ぜんじらう》等《ら》の面々《めん〳〵》早速《さつそく》軀《からだ》を淨《きよ》めて寅吉《とらきち》の身邊《しんぺん》に集合《しふがふ》して樣子《やうす》を覗《うかゞ》つて居《を》りますと果《はた》して明晰《めいせき》な言語《げんご》が寅吉《とらきち》の口《くち》から漏《も》れて出《で》ました。――

『これほどに神《かみ》の道《みち》を弘《びろ》めやうとして、行《ぎやう》をして居《ゐ》る所《ところ》に、その疲《つか》れに附《つ》け込《こ》み悩《なや》みにかゝるとは不屆《ふとゞ》きの奴《やつ》!』

さも〳〵忿怒《ふんど》に堪《た》へぬと言《い》つた口吻《こうふん》……尚《な》ほ引《ひ》きつゞいて、

『おのれ達《たち》は大勢《おほぜい》の力《ちから》で引込《ひきこ》みにかかつて居《ゐ》るやうであるが、さうはさせぬぞ。何《な》んの、神《かみ》の道《みち》を弘《ひろ》めずに置《お》くものか。久伊豆《くいづ》さま(越ケ谷《こしがや》の産土神《うぶすなかみ》)も、此所《こゝ》にお出《で》ましで厶《ござ》る。この不屆《ふとゞき》もの奴等《めら》がッ！』

斯《こ》んなことを繰《く》り返《かへ》し〳〵言《い》つて、何物《なにもの》かを叱責《しつせき》する模樣《もやう》です。人々《ひとぐ》も、

『さては寅吉《とらきち》を惱《なや》ませる邪神《じやしん》どもが來《き》て居《ゐ》るに相違《さうゐ》ない。』

と初《はじ》めて氣《き》がつき、中《なか》にも平田夫人《ひらたふじん》は進《すゝ》み出《い》で
『恐《おそ》れ多《おほ》い次第《しだい》で厶《ござ》りますが、少々御伺《せう〳〵おうかゞ》ひ致《いた》したき事《こと》が厶《ござ》ります。』

と申《まを》しました。すると
『さう申《まを》すは誰《たれ》か？』

との質問《しつもん》。折瀬《をりせ》、

『わたくしは平田大角《ひうただいかく》の妻《つま》に御座《ござ》りまするが、先《さき》ほどよりの御立腹《ごりつぷく》は何故《なにゆゑ》の御《ご》立腹《りつぷく》で厶《ござ》りまするか。』

『イヤ禍神《まがゞみ》どもが來《き》て居《を》るのぢや。一人《ひとり》や二人《ふたり》ならばいづれともなれど、百人《にん》程《ほど》もこれへ參《まゐ》りて寅吉《とらきち》を惱《なや》まし居《を》る。既《すで》に先《さき》つ頃《ごろ》も大角《だいかく》を襲《おそ》ひて疫病《えきびやう》に惱《なや》ませ

し不屈《ふとどき》の奴《やつ》どもぢや。』

『それでは、寅吉《とらきち》の苦悩《くるしみ》を免《のが》れさせますには、いかゞ致《いた》したら宜《よろ》しう御座《ござ》りませう？』

『それはこの方《はう》よきやうに致《いた》すから構《かま》はぬがよい。』

平田《ひらた》夫人《ふじん》はこれにいさゝか安堵《あんど》しまして、

『恐《おそ》れ乍《なが》らあなた様《さま》は寅吉《とらきち》の御師匠様《おしゝやうさま》に入《い》らせられまするか？』

と訊《たづ》ねますと、

『あい〳〵。』

との返事《へんじ》に、一同皆恐《どうみなおそ》れ入《い》り、一人《ひとり》として頭《あたま》を上《あ》げたものはなかつたといふことです。

やがて再《ふたゝ》び言葉《くち》が切《き》れ、

『久伊豆《くいづ》様《さま》には、最早《もはや》お帰《かへ》りなされませ。』

と申《まを》しますので、さては産土神様《うぶすなのかみさま》の御歸《おかへ》りかと一同《どう》は一層敬虔《そうけいけん》の念《ねん》に打《う》たれました。

又《また》しばらく過《す》ぎますと、再《ふたゝ》び聲《こゑ》が出《で》まして、

『さア邪神《じやしん》ども歸《かへ》れ〳〵！』

眼《め》にこそ見《み》えませんが、いかにも邪神《じやしん》どもが天狗様《てんぐさま》に追《お》ひ立《た》てられる様《やう》に思《おも》はれましたが、たゞ一人頑强《ひとりぐわんきやう》なのが後《あと》に殘《のこ》つたらしく、それをば鋭《するど》い聲《こゑ》で、

『われは不屆《ふとゞき》な奴《やつ》ぢや。その分《ぶん》には棄《す》て置《お》かぬぞ！この方《はう》の法通《はふどほ》りに行《おこな》ふから左様《きやう》心得《こゝろえ》ろ！』

と叱《しか》りつけ、右《みぎ》の邪神《じやしん》が逃《に》げ腰《ごし》になるのを引《ひ》き捕《とら》へる鹽梅《あんばい》で、

『こりア待《ま》て！待《ま》て！待《ま》てッ！』

と三聲《こゑ》つゞけざまに叫《さけ》び、

『おのれは誠《まこと》に不屆《ふとゞき》の奴《やつ》だ！明日《あす》八時《じ》までに淺間山《あさまやま》へ出頭《しゆつとう》せい。法通《はふどほ》りにして

つかはすぞ！』
凛々《りんりん》たる叱咤《しつた》の聲《こゑ》は耳朶《じだ》に響《ひゞ》き、さながら眼《ま》のあたり其場《そのば》の光景《くわうけい》を見《み》るやう
に覺《おぼ》え、一同《どう》はぞつと身《み》の毛《け》のよ立《だ》つのを禁《きん》じ得《え》ませんでした。

三十一　お名《な》残《ごり》

邪神退治《じやしんたいぢ》が一段落《だんらく》つくと、平田夫人《ひらたふじん》が再《ふたゝ》び進《すゝ》み出《で》まして、
『神樣《かみさま》に少々《せうく》御伺《おうかゞ》ひ致《いた》したい事《こと》がムり《ござ》まする。』
と申《まを》しますと、
『何《なん》なりと問《と》へ。』
との甚《はなは》だ心易《こゝろやす》げの返事《へんじ》でした。
『實《じつ》は此所《こゝ》に居《を》りまする母《はゝ》こと、久《ひさ》しく病氣《びやうき》にて困《こま》つて居《を》りまするが、何時頃《いつごろ》
治《なほ》りますものか御伺申上《おうかゞひまをしあ》げまする。』

『その儀《ぎ》はしばらく待《ま》て。査《しら》べてつかはす、――その方急《はういそ》いで行《い》つてまゐれ。』

と、何所《どこ》かへ使者《ししや》を出《だ》した體《てい》でしたが、暫時《ざんじ》にして右《みぎ》の使者《ししや》が歸《かへ》つて來《き》たらしく、

『この病氣《びやうき》はむづかしい。秋《あき》にもなつたら快《よ》からうが、長《なが》い。』

との返答《へんたふ》。夫人《ふじん》は重《かさ》ねて、

『何分大角《なにぶんだいがく》が大恩《たいおん》を受《う》けたもので厶《こざ》りまするから、少《すこ》しも早《はや》く全快《せんくわい》するやうお願《ねが》ひ申上《まをしあ》げまする。』

『それは隨分《ずゐぶん》よくして遣《つか》はす――大角《だいかく》も神《かみ》の道《みち》を弘《ひろ》めることに熱心《ねつしん》であるが、とかく邪神《じやしん》どもが大勢邪魔《おほせいじやま》をしたがる。臥《ふせ》るほどでもないが、これから二三日《にち》は加減《かげん》が惡《わ》るからう。隨分側《ずゐぶんわき》からも氣《き》をつけるがよい。――して寅吉《とらきち》は近頃何《ちかごろなに》事《ごと》もないか？』

『お言葉《ことば》ゆゑ申上《まをしあ》げまするが、寅吉《とらきち》は先日《せんじつ》より痳疾《りんしつ》に惱《なや》んで居《を》りまする。子供《こども》

のことゝて、甘茶《あまちや》が飲《の》みたいと申《まを》しますにより、今日《こんにち》それを煎《せん》じて飲《の》ませましたが、それで宜《よろ》しいもので厶《ござ》りませうか。』

『その病《やまひ》には一日《にち》に麥《むぎ》六合《がふ》ほど喰《た》べさせるがよい。寅吉《とらきち》は麥《むぎ》が嫌《きら》ひであれど無《む》理《り》にも給《や》るがよい。麥《むぎ》は七合《がふ》でも構《かま》はぬ。近頃《ちかごろ》寅吉《とらきち》が鬱《ふさ》ぎ込《こ》んで居《ゐ》るのは皆邪《みなじや》神《しん》の所爲《しわざ》である。隨分用心《ずゐぶんようじん》するがよい。――もう他《ほか》に用事《ようじ》はないか。』

『長右衞門《ちやうゑもん》の養子《やうし》の件《けん》はいかゞ致《いた》せばよいもので厶《ござ》りませうか？』

『されば、北《きた》の方《かた》からの相談《さうだん》は宜《よろ》しくない。一二年待《ねんま》つがよい。何《いづ》れ東《ひがし》の方《かた》からの相談《さうだん》で、他人《たにん》が宜《よろ》しい。――序《つい》でに寅吉《とらきち》の食物《たべもの》を書《か》きつけて置《お》かせる。麥《むぎ》、粟《あわ》、稗《ひえ》、青物《あをもの》、川魚《かはうを》、葛《くづ》、砂糖等《さとうなど》がよい。寅吉《とらきち》の行《ぎやう》は、してもせいでも可《よ》いものゝ、少《すこ》しの譯《わけ》で、させるから、病中《びやうちう》は蒲團《ふとん》を敷《し》いても苦《くる》しうない。――さらばこれにて立《た》ちませう。』

一旦暇《たんいとま》を告《つ》げましたが忽《たちま》ち又《また》立ち戻《もど》り、

『其所《そこ》に居《ゐ》るちいさいのは何《なん》といふ名《な》か？』

『これは善《ぜん》九郎《らう》と申《まを》しまする……』

『事《こと》によると其者《そのもの》は煩《わづら》ふから、飯《めし》は一日《にち》に一杯控《はいひか》へさせ、それ丈輕《だけかる》い物《もの》を遣《つか》はすが宜《よろ》しい。奉公《ほうこう》には冬《ふゆ》になつてから遣《つか》はせ。それまでは親戚《しんせき》へ遣《つか》はしたり、何《な》んかして置《お》くが宜《よろ》しい。もうそれで何《なに》も訊《き》くことはないかナ？』

とわざ〳〵先方《せんはう》から念《ねん》を押《お》されましたが、人々《ひとぐ》は差當《さしあた》つてこれぞといふ質問《しつもん》も胸《むね》に浮《うか》ばず、只畏《たゞおそ》れ入《い》つて無言《むごん》で居《を》りますと、

『もう起《た》ちます。寅吉《とらきち》には例《いつも》の通《とほ》り酒《さけ》を吹《ふ》きかけたり、飲《の》ませたりしてつかはせ。』――

これを最終《さいしふ》の言葉《ことば》として憑神《へうしん》は上《あが》つて了《しま》ひました。

後《あと》で人々《ひとぐ》は、まだあれも伺《うかゞ》ひたかつた、これも尋《たづ》ねて見《み》るとよかつたなどゝ口惜《くや》しがりましたが、致《いた》し方《かた》もありませんでした。

三十二　岩間山《いはまさん》の十三天狗《てんぐ》

これで寅吉《とらきち》の身上噺《みのうへはなし》は終《を》はりです。平田翁《ひらたおう》並《なら》びに門人《もんじん》の記録《きろく》はそれつきりプッりと切《き》れてしまつて後《あと》がありません。例《たと》へば面白《おもしろ》い夢《ゆめ》の半《なか》ばに突然眼《とつぜんめ》が覺《さ》めたやうなもので、物足《ものた》りないこと夥《おびたゞ》しい。讀者《どくしゃ》も不本意《ふほんい》でせうが、筆者《ひつしゃ》も尚更《なほさら》さうであります。

寅吉《とらきち》はその後《ご》どうなつたか？――心靈科學研究會員中《しんれいくわがくけんきうくわいゐんちう》の熱心家《ねつしんか》で、それにつきて綿密《めんみつ》な調査《てうさ》をすゝめてゐるものがありますから何《いづ》れ詳《くは》しいことが判明《はんめい》する時《とき》があると存《ぞん》じます。之《これ》によると遺憾《ゐかん》ながら寅吉《とらきち》の靈的能力《れいてきのうりよく》はその後《ご》すツかり衰《おとろ》へ、たゞの凡人《ぼんじん》として死歿《しぼつ》したやうであります。下總《しもうさ》の銚子《てうし》に今《いま》でも殘《のこ》る天狗《てんぐ》湯《ゆ》といふ風呂屋《ふろや》は寅吉《とらきち》の形見《かたみ》の品《しな》だといふことです。靈覺者《れいかくしゃ》の凡化《ぼんくわ》といふことは甚《はなは》だ悲《かな》しい事實《じじつ》ですが、靈媒《れいばい》の身邊《しんぺん》を保護《ほご》してゐる研究者《けんきうしゃ》が死去《しきよ》するとか、靈《れい》媒《ばい》が緊張味《きんちやうみ》を失《うしな》つたとかした場合《ばあひ》には往々見受《わう〳〵みう》くる現象《げんしやう》で致方《いたしかた》がありません。

私《わたし》の見《み》るところによれば、あの寅吉《とらきち》とて恐《おそ》らく平田篤胤翁《ひらたあつたねをう》あつての寅吉《とらきち》であつて、靈界《れいかい》の人物達《じんぶつたち》がこの熱心《ねつしん》な老學者《らうがくしや》の赤誠《せきせい》に感動《かんどう》し、こゝに寅吉《とらきち》といふ一の電話交換局《でんわかうくわんきよく》の如《ごと》きものをしつらへてくれたのだらうと思《おも》ひます。世人《せじん》は兎角《とかく》好《かう》靈媒《れいばい》が出《で》ると、飛《と》んだ掘出物《ほりだしもの》でもしたやうに考《かんが》へて矢鱈《やたら》に囃《はや》し立《た》てる傾向《けいかう》がありますが、恐《おそ》らくそれは間違《まちがひ》でありませう。靈媒《れいばい》もむろん大切《たいせつ》ですが、一層大切《そうたいせつ》なのは眞面目《まじめ》な研究者《けんきうしや》の發生《はつせい》することです。現幽《げんいう》はつまり一如《ちよ》で、現界《げんかい》に熱心《ねつしん》に求《もと》むるものがあれば靈界《れいかい》の方《はう》から面倒《めんだう》を見《み》て適當《てきたう》な靈媒《れいばい》を作《つく》つてくれる――さう考《かんが》へて大過《たいくわ》ないやうです。

それは兎《と》も角《かく》平田翁《ひらたをう》は寅吉《とらきち》を捉《とら》へて種々《しゆ〴〵》の質問《しつもん》を連發《れんぱつ》し、之《これ》を筆錄《ひつろく》してありますから以下心靈學上興味《いかしんれいがくじやうきようみ》ある個所《かしよ》を選出《せんしゆつ》しませう。

先《ま》づ何人《なんぴと》も常陸《ひたち》の岩間山《いわまさん》について詳《くは》しい事《こと》をきゝたく思《おも》ふでせうが、平田翁《ひらたをう》もこれにつきて質問《しつもん》して居《を》ります。それに對《たい》する寅吉《とらきち》の答《こたへ》は斯《か》うです。――『岩間山《いはまさん》は筑波山《つくはさん》から北方《ほくはう》へ四里《り》ばかり、足尾《あしを》、加波《かは》、吾國《あくに》などゝ並《なら》びてツイ笠間《かさま》の近所《きんじよ》にありますが、峰《みね》には愛宕宮《あたごのみや》が祀《まつ》つてあります。岩間山《いはまさん》には元《もと》十二人《にん》の天狗《てんぐ》が居《ゐ》ましたが、四五十年前《ねんせん》から筑波山《つくはさん》の麓《ふもと》なる長樂寺《ちやうらくじ》といふ寺《てら》の眞言《しんごん》宗《しう》の坊《ばん》さんが加《くは》はりましたので今《いま》では十三人《にん》になりました。この坊《ばん》さんはなかの〳〵佛道熱心家《ぶつだうねつしんか》で、平生空《へいぜいそら》に向《むか》つて道《みち》のことばかり考《かんが》へて居《を》りましたか、或《あ》る日《ひ》釋迦如來《しやかにょらい》が迎《むか》ひに來《き》て導《みちび》かるゝまゝ、喜《よろこ》び勇《いさ》んで連《つ》れられて行《ゆ》くと、その釋迦《しやか》といふのは實《じつ》は岩間山《いはまさん》の天狗《てんぐ》であつて、自分《じぶん》もとう〳〵其仲間《そのなかま》入《い》りをして了《しま》つたのださうです‥‥』

三十三　師匠《ししやう》は生《い》きた神《かみ》

天狗《てんぐ》と山人《さんじん》との區別《くべつ》、又杉山組正《またすぎやまそせう》の人物等《じんぶつとう》につきては、さし當《あた》り何人《なんぴと》も不審《ふしん》に思《おも》ふでせうが、それにつきての寅吉《とらきち》の說明《せつめい》は餘程《よほど》珍《めづ》らしいもので、是非紹介《ぜひせうかい》しなければなりませぬ。――

『俗界《ぞくかい》の人々《ひとぐ》は、仙人《せんにん》、山人《さんじん》、惡魔其他人間界以外《あくまそのたにんげんかいいぐわい》の怪《あや》しき者《もの》をすべて天狗《てんぐ》と唱《とな》へますが、實《じつ》はそれ〴〵はつきりした區別《くべつ》があります。岩間山《いはまさん》の十三天狗《てんぐ》といふ中《なか》に、眞《まこと》の山人《さんじん》は僅《わづ》かに四名《めい》しかありません。餘《よ》は鷲《わし》、鳶其外《とびそのほか》の物《もの》の化《ばけ》たので、それこそホンモノの天狗《てんぐ》です。山人《さんじん》は元俗界《もとぞくかい》の人《ひと》ですが、何《なに》かの理由《りいう》で山《やま》に入《い》り、世《よ》の人《ひと》と交《まじは》りを絶《た》ち、山中《さんちう》の物《もの》で衣食《いしよく》の用《よう》を辨《べん》ずることを覺《おぼ》え、鳥《とり》や獸《けもの》を友達《ともだち》とするやうになり、安閑無事《あんかんぶじ》に、木《き》や石《いし》の如《ごと》く長生《ながいき》をして居《ゐ》る人達《ひとたち》です。唐《から》では仙人《せんにん》といひますが、大體山人《だいくさんじん》とかはりません。

『師匠《しゝやう》の杉山組正《すぎやまそせう》は山《やま》に住《す》むから山人《さんじん》と稱《しな》へますが、實《じつ》は生《い》きたる神《かみ》で、佛法《ぶつはふ》渡來以前《とらいゝぜん》から、今《いま》の通《とほ》りの姿《すがた》をして居《ゐ》るさうです。神通力《じんつうりき》は自由自在《じいうじざい》、その住《す》む山《やま》の神社《じんじや》を守護《しゆご》し、時《とき》には、その住《す》む山《やま》の神《かみ》とも崇《あが》められ、あれやこれやと人間界《にんげんかい》のお世話《せわ》ばかりされて居《を》ります。

『私《わたし》の事《こと》を南臺丈山《なんだいじやうさん》へ連《つ》れて行《い》つた、かの老人《らうじん》の素性《すじやう》は未《いま》だに私《わたし》にも判《わか》りません。あの老人《らうじん》は近頃《ちかごろ》山替《やまが》へをしたといふ話《はなし》を聞《き》いたこともありますが、その老人《らうじん》こそ杉山組正《すぎやまそせう》の分身《ぶんしん》のやうにも思《おも》はれ、さうかと思《おも》へば又別人《またべつじん》のやうにもあります。全《まつた》く合點《がてん》のゆかぬ話《はなし》で、あの當時《たうじ》の事《こと》を思《おも》ふとまるで夢《ゆめ》のやうです。

『右《みぎ》の次第《しだい》で、師匠《しゝやう》が元《もと》何所《どこ》の人《ひと》だといふ事《こと》は判《わか》りません。斯《こ》んな偉《えら》い人《ひと》のことを山《やま》ではワケモチノ命《みこと》と申《まを》します。お名前《なまへ》は本字《ほんじ》で「僧正《そうしやう》」とも書《か》いて矢張《やは》り「ソウシヤウ」と清《す》んで稱《とな》へます、「杉山《すぎやま》そうしやう、ワケモチノ命《みこと》」――さう呼《よ》ぶのです。

『師匠《しゝやう》は時々《ときぐ》山周《やまめぐ》りをなされます、山周《やまめぐ》りとは、彼山此山《あのやまこのやま》と代《かは》る〴〵互《にがひ》に周《めぐ》り往《ゆ》きて受持《うけも》つからさう唱《とな》へるのです。去年《きよねん》の極月《ごくげつ》三日《か》からこの正月《しやうぐわつ》三日《か》迄《まで》寒《かん》三十日《にち》の間《あひだ》、師匠《しゝやう》は象頭山《ぞうづさん》に居《を》られましたが、それも矢張《やは》り山周《やまめぐ》りの一つであります。象頭山《ざうづさん》といふ山《やま》は常《つね》ににぎやかで山人天狗《さんじんてんぐ》などゝいふものが隨分澤山《ずゐぶんたくさん》居《を》りましても、手《て》が周《まは》り兼《か》ねますから、諸國《しよこく》の山々《やま〱》から手傳《てつだ》ひに行《ゆ》くのです。殊《こと》に寒中《かんちう》は祈願《きぐわん》の人《ひと》が澤山《たくさん》ありますから尙更《なほさら》で、山人《さんじん》のみでなく、鳥獸《てうじう》の化《ばけ》たる天狗《てんぐ》までも手傳《てつだ》ひに行《ゆ》きます。金毘羅樣《こんぴらさま》は山人天狗等《さんじんてんぐとう》の長《をさ》のやうな方《かた》ですから巾《はゞ》もきく譯《わけ》で、他《ほか》の山《やま》の山人《さんじん》のやうに、本山《ほんざん》を出《で》て他山《たざん》を周《めぐ》られることなどはありません。師匠《しゝやう》が周《めぐ》られた山《やま》の中《なか》で、私《わたし》の知《し》つて居《を》りますのは、象頭山《ざうづさん》、烏《からす》山《やま》、妙義山《めうぎさん》、筑波山《つくはさん》、岩間山《いはまさん》、大山《おほやま》などです。師匠《しゝやう》が大山《おほやま》に居《を》られた時分《じぶん》は常《じやう》昭《せう》といふ名前《なまへ》を用《もち》ゐられました。一體大山《たいおほやま》の山人《さんじん》の長《ちやう》が常昭《じやうせう》といふ名《な》の人《ひと》で僧《そう》形《ぎやう》ですが、その人《ひと》が他《ほか》の山《やま》の山周《やまめぐ》りに出《で》かけて不在《るす》であつた間《あひだ》、自家《うち》の師匠《しゝやう》が其庵《そのいほ》に住《す》んで名前《なまへ》まで拜借《はいしやく》した次第《しだい》です。何《ど》の山《やま》へ行《い》つても元《もと》の名《な》は名乘《なの》らず其山《そのやま》の山人《さんじん》の名《な》を借用《しやくよう》するのが規則《きそく》です。

『師匠《しゝやう》が金毘羅《こんぴら》へ行《い》かれる時《とき》は、十二人《にん》の中《なか》で每年《まいねん》六人《にん》づゝ鬮《くじ》びきで出掛《でか》けます。所《ところ》が寒《かん》三十日《にち》は山人《さんじん》に取《と》りて大切《たいせつ》な行《ぎやう》の時《とき》で、一年《ねん》の寒行《かんぎやう》を勤《つと》むればそれ丈位《だけくらゐ》が進《すゝ》むべき所《ところ》を、讃岐《さぬき》行《ゆ》きの爲《た》めに一年《ねん》フイニなるので皆嫌《みなきら》ひます。師匠《しゝやう》が鬮《こじ》に當《あた》られた時《とき》は決《けつ》して代人《だいにん》を出《だ》すやうなことはありません。が、他《ほか》の人《ひと》はよく代理《だいり》でごまかします。

『師匠《しゝやう》は一見《けん》四十歳《さい》ばかりで、髪《かみ》は生《はへ》なりに腰《こし》の邊《へん》まで垂《た》れ、それに眞鍮《しんちう》の鉢《はち》巻《まき》をし、山伏《やまぶし》の着《き》る緋《ひ》の衣服《きもの》や袴《はかま》を着《つ》けて居《を》られます。身材《みのたけ》は五尺《しやく》七八寸《すん》、平《へい》生《ぜい》は座《ざ》を組《く》み、ナイの印《いん》を結《むす》び、呪文《じゆもん》を唱《とな》へ、腰《こし》には太刀《たち》を佩《は》かれます。すべて山人《きんじん》の衣服《きもの》は、人間界《にんげんかい》に住《す》んで居《ゐ》た時代《じだい》に用《もち》ゐたものを年久《としひさ》しく着用《ちやくよう》し、それを着古《きふる》した時《とき》には、人間《にんげん》の古着《ふるぎ》をも着《き》ますが、しかし女子《そんな》の着《き》たものは用《もち》ゐません。私《わたし》は師匠《しゝやう》が人間界《にんげんかい》に居《ゐ》た頃《ころ》の衣服《きもの》といふものを見《み》ましたが、龐《ちき》のやうに見《み》えて柔《やわら》かなもので、割合《わりあひ》に朽《く》ちて居《を》りませんでした。』

三十四　左司馬《きしま》と古呂明《ころめい》

杉山組正《すぎやまそせう》についではお馴致《なじみ》の左司馬《きしま》、古呂明《ころめい》の二人《ふたり》が殘《のこ》つて居《を》ります。平田《ひらた》翁《おう》も二人《ふたり》の事《こと》が氣《き》にかゝつたものと見《み》えまして、之《これ》に關《くわん》する質問《しつもん》をして居《を》ります。寅吉《とらきち》が左司馬《きしま》に關《くわん》する說明《せつめい》は左《さ》の通《とほ》りです。

『白石左司馬《しらいしきしま》は元《もと》は妙義《めうぎ》の社人《しやじん》とかで、元祿《げんろく》十三年《ねん》三月《ぐわつ》三日《か》、二十歲《さい》の時《とも》に彼《か》の界《かい》に入《はい》つたときいて居《を》ります。以前《もと》は佛法《ぶつほふ》が好《す》きであつたといひますが、道《みち》に入《はい》つてからはすつかり佛《ぶつ》を棄《す》てゝ了《しま》つたさうです。』

杉山組正《すぎやまそせう》の弟《おとゝ》古呂明《ころめい》に關《くわん》する寅吉《とらきち》の說明《せつめい》は一層詳《そうくは》しく且《か》つ一層面白《そうおもしろ》ろいものです。——

『古呂明《ころめい》といふ人《ひと》は至《いた》つて溫厚《おんこう》な人《ひと》で、常《つね》に師《し》の業《げふ》を佐《たす》け、師《し》の爲《な》す事《こと》、思《おも》ふ事《こと》を以心傳心《いしんでんしん》で悟《さと》ります。師《し》の許《もと》に居《ゐ》る時《とき》は常《つね》に机《つくゑ》に凭《もた》れて記錄《きろく》を爲《な》し、又《また》いろ〳〵の細工物《さいくもの》を作《つく》つたり、或《あるひ》は國々《くに〴〵》山々《やま〴〵》へ行《い》つて用《よう》を辨《べん》じたりしますが、いつも師命《しめい》を待《た》たず、さつさと形《かた》づけて了《しま》ひます。私達《わたしだち》のやうな未熟《みじゆく》な弟子《でし》もよく此人《このひと》のお世話《せわ》になります。私達《わたしたち》が悪戯《いたづら》でもしますと、此後《このゝち》はそんな事《こと》をしては可《い》けない。師匠《しゝやう》から叱《しか》られるぞと、内密《ないみつ》に誨《をし》へてくれたことが何遍《なんべん》あつたか知《し》れません、しかし師匠《しゝやう》をさし越《こ》して私達《わたしたち》に事物《ものごと》を敎《をし》へることなどはなく、師匠《しやう》から敎《をし》へろと言《い》はれてから初《はじ》めて敎《をし》へます。師匠《しゝやう》はきびしい人《ひと》で、一度《ど》習《なら》つたことを忘《わす》れると、ウンといふほどお目玉《めだま》を頂戴《ちやうだい》するからよく覺《おぼ》えますが、古呂明《ころめい》さんは、忘《わす》れたら又敎《またをし》へてくれるだらうと油斷《ゆだん》をするせいかよく覺《おぼ》えません。

『この古呂明《ころめい》さんは多分《たぶん》師匠《しゝやう》の分身《ぶんしん》ではなからうと思《おも》ひます。第《だい》一二人《ふたり》の面《おも》ざしが違《ちが》ひます。師匠《しゝやう》は四十餘《あま》りと見《み》えますが、古呂明《ころめい》さんは四十足《た》らずに見《み》えます。折《を》り〳〵師匠《しゝやう》と議論《ぎろん》の合《あ》はない事《こと》があつて、諫言《かゝけん》されたりします。それを師匠《しゝやう》が用《もち》ゐないと、古呂明《ころめい》さんは怒《おこ》つて、それなら自分《じぶん》はこれからお暇《いとま》をいたゞいて他《ほか》へまゐりますと言《い》つて出掛《でか》けて行《ゆ》きます。ある時《とき》などは、書《か》きものゝ事《こと》につきて兄弟互《きやうだいたがひ》に言《い》ひ爭《あらそ》ひ、古呂明《ころめい》さんは自分《じぶん》の書《か》いた數卷《すうくわん》の書物《しよもつ》を殘《のこ》らず燒棄《やきす》てたこともありました。しかし離《はな》れて居《ゐ》るのはホンの當座丈《たうざだけ》で、互《たがひ》に戀《こひ》しくなるものと見《み》えまして、やがて又歸《またかへ》つて來《き》て、舊《もと》の通《とほ》り師匠《しゝやう》を助《たす》け、少《すこ》しの隔意《へだて》も見《み》えません。誠《まこと》に不思議《ふしぎ》な間柄《あひだがら》です。

『さう〳〵私《わたし》は一度實《どじつ》に合點《がてん》の行《ゆ》かない事《こと》を見《み》せられました。何《な》んでも師匠《しゝやう》が手放《てはな》し難《がた》き仕事《しごと》にかかつて居《を》りますと、古呂明《ころめい》さんが師匠《しゝやう》の代理《だいり》に小便《せうべん》してやつたのです！この事《こと》ばかりは今《いま》でも腑《ふ》に落《お》ちません……』

三十五　手《て》柄《がら》話《はなし》

寅吉《とらきち》が曾《かつ》て空中飛行《くうちうひかう》の際《きい》、師匠《しゝやう》から妙義《めうぎ》の奧《おく》なる小西山中《こにしさんちう》に棄《す》てられ、困《こま》り果《は》てゝ其土地《そのとち》の大家《たいか》に泊《と》めて貰《もら》つた話《はなし》は本文《ほんぶん》の中《なか》に書《か》いてありますが、其晩寅《そのはんとら》吉《きち》は偶然《ぐうぜん》にも盗人《ぬすびと》を追《お》ひ散《ち》らしました。序《つい》でにその手柄話《てがらばなし》を左《き》に紹介《せうかい》して置《お》きます。――

『私《わたし》の泊《とま》つた家《うち》は相應《さうおう》の身上《しんじやう》と見《み》えまして、男女《だんぢよ》十四五人《にん》も居《を》りました。私《わたし》は側《わき》の一と間《ま》に寢《ね》かされ、次《つ》ぎの間《ま》には亭主《ていしゆ》をはじめ、家内《かない》の者《もの》どもが休《やす》み、臺《だい》所《どころ》には男《をとこ》どもが寢《ね》て居《ゐ》ました。

『すると夜更《よふけ》になつて、拔刀《ぬきみ》を持《も》つた凄《すご》い男《をとこ》どもが六七人《にん》ばかり家《いへ》の内《なか》に入《はい》り庭《には》の竈《かまど》の前《まへ》に火《ひ》を燃《とも》して、二本《ほん》の長火箸《ながひはし》をわたし、その上《うへ》に四ッ五ッ茶椀《ちやわん》を置《お》いて赤《あか》く燒《や》き、互《たがひ》に私語《さゝや》き合《あ》つて物《もの》を盜《と》る相談《さうだん》です。家内《かない》の者《もの》はそれとも知《し》らず、皆高鼾《みなたかいびき》で寢入《ねい》つて居りますから、私《わたし》は耐《たま》り兼《か》ねて、そつと起《お》き出《い》で、拔足《ぬきあし》して亭主《ていしゆ》の枕元《まくらもと》に至《いた》り、耳《みゝ》に口寄《くちよ》せ、一心《しん》をこめて、盜人《ぬすびと》が這入《はい》つた、起《お》きろ〳〵と低《ひく》い聲《こゑ》で言《い》ひました。すると亭主《ていしゆ》はむつくとばかり起《た》ちながら、盜人《ぬすびと》の姿《すがた》を見《み》つけて、忽《たちま》ち大音《おほごゑ》に、男《をとこ》ども起《お》きろ！盗人《ぬすびと》が入《はい》つた！と呶鳴《どな》り立《た》てましたので、家内中《かないぢう》が一度《ど》にどつとびつくりして眼《め》をさましました。

『こりァ叶《かな》はぬ、』とでも思《おも》つたものか、幸《さいは》ひ盗人《ぬすびと》どもは一物《もつ》も取《と》らずに逃《に》げ失《う》せましたので、後《あと》で亭主《ていしゆ》の悦《よろこ》びは一と通《とほ》りでありません、散々《さん〴〵》私《わたし》を讃《ほ》めた上《うへ》に御馳走《ごちそう》をして呉《く》れました。

『朝《あさ》になつて門口《かどぐち》に出《で》て見《み》ますと、汚物《をぶつ》が五ヶ所《しよ》ばかりにしてあつて、其上《そのうへ》に草履《ざうり》が伏《ふ》せてありました。後《のち》にこの事《こと》を山《やま》の師匠《しゝやう》に訊《たづ》ねますと、斯《か》うするのは人《ひと》の眼《め》を覺《さ》まさせぬ邪法《じやはふ》だといふことでした。又《また》入《はい》つてから茶椀《ちやわん》を燒《や》いた理由《わけ》は、いよ〳〵品物《しなもの》の捜索《そうさく》に着手《ちやくしゆ》する時《とき》、それに汚物《をぶつ》を入《い》れて煮立《にた》てる爲《た》めださうです。その不淨《ふじやう》の臭氣《しうき》が家《いへ》の内《なか》に充《み》ち亘《わた》ると、守護《しゆご》の神《かみ》もたまり兼《か》ねて逃《に》げ出《だ》しますから、それで家内《かない》の者《もの》は眼《め》が覺《さ》めず、その間《ま》に物《もの》を奪《と》る魂膽《こんたん》だといひます。――すべて神様《かみさま》といふものは穢《けが》れをきらはれるから、家《いへ》の内《なか》は常《つね》に清淨《せいじやう》にして置《お》くべきであると、よくさう師匠《しやう》は私《わたし》に申《まを》されました。』

三十六　器量《きりやう》だめし

俚諺《ことわざ》にも可愛兒《かあいこ》には旅《たび》をさせよとある通《とほ》り、寅吉《とらきち》は時々《ときぐ》師匠《しやう》から酷《ひど》い器量《きりやう》だめしに逢《あ》つて居《ゐ》るのでした。或《あ》る日《ひ》平田翁《ひらたをう》が寅吉《とらきち》に向《むか》ひ、

『何《なん》ぞ危《あぶな》い、恐《おそ》ろしい目《め》に逢《あ》つたことはないか』

と訊《たづ》ねますと、寅吉《とらきち》はいろ〳〵の難儀談《なんぎだん》を試《こゝろ》みました。

『一番危《はんあぶな》い目《め》に逢《あ》はされたのはある岩山《いはやま》の頂點《てつぺん》での事《こと》でした。其所《そこ》には宛然舌《てうどした》を出《だ》したやうにツル〳〵する岩《いは》が二尺《しやく》ばかり突《つ》き出《だ》して居《ゐ》ましたが、師匠《しやう》は日《ひ》暮頃《くれごろ》に私《わたし》を其岩《そのいは》の上《うへ》に捨《す》てたまゝ歸《かへ》りかけるのです。私《わたし》は大變《たいへん》だと思《おも》つて泣《な》き乍《なが》ら師匠《しやう》の手《て》にしがみつきましたが、とう〳〵突《つ》き放《はな》されて了《しま》ひました。仕方《しかた》がないから岩《いは》にかぶり附《つ》いて、不圖下方《ふとした》を瞰《み》ると巖石《がんせき》はまるで刄《やいば》を植《う》えた如《ごと》く

谷底《たにそこ》までは何《なん》百丈《ぢやう》あるか分《わか》りません。私《わたし》は眼《め》はぐらつく、胴慄《どうぶる》ひはする、斯《こ》んな苦《くる》しい目《め》を見《み》るよりは、一と思《おも》ひに落《お》ちて死《し》んだ方《はう》がマシだと思《おも》ひましたが、まア待《ま》て！　明日《あす》の朝《あさ》まで待《ま》つても迎《むか》ひに來《き》てくれなければ、その時《とき》に死《し》んでも遲《おそ》くはないと肚《はら》を据《す》えて眼《まなこ》を閉《と》ぢ、一心《しん》に伊勢《いせ》太神宮《だいじんぐう》を念《ねん》ずる氣《き》になりました。すると師匠《しゝやう》は果《はた》して翌朝《よくてう》迎《むか》ひに來《き》てくれましたが、其時《そのとき》の氣持《きも》ちは今《いま》に忘《わす》れられません。

『日光山《につくわうさん》の奥山《おくやま》に捨《す》てられた時《とき》も大變《たいへん》でした、何故《なぜ》と言《い》つて狼《おほかみ》が後《うしろ》から私《わたし》を追《お》ひかけて來《く》るのですもの…。私《わたし》は命限《いのちかぎ》り根限《こんかぎ》り迯《にげ》まして、最後《さいご》に一本《ぽん》の樹《き》の上《うへ》に登《のぼ》りました。そして一生懸命《しやうけんめい》に師匠《しゝやう》から教《をし》へられた九字《じ》を切《き》りましたが、ドーいふものか其時《そのとき》に限《かぎ》りて九字《じ》はさつぱり利《き》かず、狼《おほかみ》は牙《きば》を剝《む》き出《だ》し、樹《き》の根元《ねもと》に來《き》て、私《わたし》を恐《おそ》ろしい眼《め》で瞋《にら》み乍《なが》ら、夜通《よどほ》し土《つち》を掘《ほ》るのです。すると時刻《とき》が經《た》つに従《したが》つてだん〳〵樹《き》がグラつき出《だ》すのですから氣味《きみ》の悪《わる》いこと一と通《とほ》りではありません。今《いま》にもグラリと横倒《よこたふ》しに倒《たふ》れるのではないかしら——私《わたし》はその事《こと》ばかりに氣《き》を奪《と》られましたが、幸《さいは》ひ掘《ほ》り終《をは》らざる中《うち》に夜《よ》が明《あ》けて狼《おほかみ》は立《た》ち去《さ》りました。その時《とき》なども隨分困《ずゐぶんこま》りました』

平田翁《ひらたおう》は寅吉《とらきち》の話《はなし》をきいてひどく感心《かんしん》し、

『イヤ汝《おまへ》の師匠《しゝやう》は心《こゝろ》に思《おも》ふ旨《むね》があつて、ワザと汝《おまへ》をさま〴〵の辛《つら》い目《め》に逢《あ》はせたのに相違《さうゐ》ない。外面《うはべ》はいかにも情《なさけ》ないヤリ方《かた》のやうだが、實《じつ》は形《かたち》を隱《かく》して側《わき》で見張《みは》つて居《ゐ》て呉《く》れたのかも知《し》れない』

『さう言《い》へば私《わたし》も思《おも》ひ當《あた》る事《こと》があります』と寅吉《とらきち》もしみ〴〵とした句調《くてう》で『私《わたし》が捨《す》てられたのは毎時《いつも》空《そら》を飛《と》んで居《ゐ》る時《とき》ですから無論履物《むろんはきもの》も何《な》にも穿《は》いては居《ゐ》ません。その癖足《くせあし》には少《すこ》しも土《つち》が附《つ》かず、何時《いつ》も土《つち》から二寸《すん》ばかり上《うへ》を歩《ある》く氣《き》持《もち》がして居《ゐ》ました。捨《す》てられた當座《たうざ》はたゞ悲《かな》しいのと恨《うら》めしいのが先《さ》きに立《た》つて、そんな事《こと》は深《ふか》く氣《き》にもとめませんでしたが、先生《せんせい》からさう言《い》はれて見《み》れば成程《なるほど》師匠《しゝやう》は私《わたし》の蔭身《かげみ》に添《そ》ひて守護《しゅご》して居《ゐ》てくれたのかも知《し》れません』
日頃《ひごろ》の腕白《わんぱく》なのに似《に》ず、寅吉《とらきち》は涙《なみだ》ぐみて師恩《しおん》の辱《かたじけ》なさを心《こゝろ》から感《かん》じた様子《やうす》でした。

三十七　山《やま》の師匠《ししやう》の折檻《せつかん》

平田翁《ひらたおう》は平生《へいぜい》成《な》るべく寅吉《とらきち》に叱言《こごと》を言《い》はぬ方針《はうしん》で、氣儘《きまゝ》放題《はうだい》にさせてありましたが、或《あ》る日《ひ》御神水《ごしんすゐ》の汲《く》み方《かた》が餘《あま》りに不謹愼《ふきんしん》であつたので、とう〱寅吉《とらきち》をきびしく叱《しか》りました。

『汝《おまへ》の師匠《しゝやう》は御神事《ごしんじ》といへば飽《あく》まで嚴《おごそ》かに取扱《とりあつか》ふといふのに、汝《おまへ》は何故《なぜ》師匠《しゝやう》の眞似《まね》をせぬのだ。また平常《へいぜい》のアノいたづらは什《ど》うしたものだ。山《やま》に居《ゐ》る時《とき》とは違《ちが》つて、此世《このよ》に居《ゐ》れば、少《すこ》しは此世《このよ》の禮《れい》も知《し》らなくてはならぬ。曩《さき》には思《おも》ふ旨《むね》ありて、ワザと汝《おまへ》を打《う》ち棄《す》てゝあつたが、少《すこ》し考《かんが》へる事《こと》があるから、俺《おれ》は山《やま》の師匠《じゝやう》に遠方《ゑんぽう》かち謝《ことは》つて、今後《こんご》は少《すこ》しづゝ叱言《こゞと》を言《い》ふぞ。——一體《たい》悧恰《りかう》な割合《わりあひ》に汝《おまへ》は些《ち》つとも俺《おれ》の教《をしへ》を守《まも》らないのはドウしたものか。山《やま》の師匠《しゝやう》は汝《おまへ》を叱《しか》らなかつたのか。山《やま》で見《み》たり聞《き》いたりしたことはよく覺《おぼ》えて居《ゐ》る汝《おまへ》が俺《おれ》から習《なら》つたことを一つも覺《おぼ》えて居《ゐ》ないといふのは不思議《ふしぎ》でならぬ！……』

諄々《じゆん〴〵》と説《と》き諭《さと》されますと、寅吉《とらきち》もひどく耻入《はぢい》り、日頃《ひごろ》に似氣《にげ》なく殊勝《しゆしよう》らしく答《こた》へました。

『先生《せんせい》からさう言《い》はれて見《み》ると、つく〴〵自分《じぶん》の缺點《あら》が判《わか》ります。實《じつ》は山《やま》に居《ゐ》た時《とき》も、師匠《しゝやう》の言葉《ことは》を守《まも》らぬ爲《た》めに叱《しか》られたことが幾度《いくど》あつたか知《し》れません。さういふ折《をり》には、尻《しり》ペタを綱《つな》で打《ぶ》たれたり、唾液《つは》を吐《は》きかけられたり、又《また》いろ〱の難題《なんだい》を申《まを》しつけられたりします。私《わたし》が彼地此地《あちこち》に捨《す》てられたのも詰《つ》まり吩咐《いひつけ》を守《まも》らぬからの懲罰《しおき》です。それが恐《おそろ》しいばかりに師匠《しゝやう》の言葉《ことは》を守《まも》るやうになりましたが、こちらでは今迄《いまゝで》それがありませんから、何《なに》も悪意《わるぎ》があつての事《こと》ではないのですが、ツイ油《ゆ》斷《だん》して惡戲《いたづら》をやるのです。』

『山《やま》の師匠《しゝやう》から　大體《だい〳〵》什麼《どんな》懲罰《しおき》をされたか。後日《ごじつ》の爲《た》めに聞《き》いて置《お》かう』と平《ひら》田《た》翁《おう》から促《うなが》されて、寅吉《とらきち》は次《つ》ぎのやうな思出語《おもひでがた》りを致《いた》しました。

『私《わたし》は小供《こども》の時分《じぶん》から衣服《きもの》の袂《たもと》を嚙《か》み切《き》る惡《わる》い癖《くせ》がありました。山《やま》の師匠《しゝやう》はそれを直《なほ》せと所中叱言《しよちうこゞと》を言《い》はれましたが、ツイ忘《わす》れて又嚙《またか》み切《き》るので、いつの間《ま》にやら師匠《しゝやう》は蕃椒《たうがらし》をどつさり袂《たもと》に附《つ》けて置《お》かれました。さうとは知《し》らず、平生《いつも》の通《とほ》り又嚙《またか》んだのですから耐《たま》りません、眼《め》の球《たま》の飛《と》び出《で》る程《ほど》幸《から》い目《め》に逢《あ》つたものですから、とう〳〵一度《ど》で懲《こ》り〴〵して惡《わる》る癖《くせ》は止《や》みました。

『それから又私《またわたし》の惡《わる》い癖《くせ》は雪隱《せついん》に入《はい》つて、鼻唄《はなうた》などを謠《うた》ひ乍《なが》ら長居《ながゐ》することでした。これなども言葉《くち》だけの訓戒《くんかい》では直《なほ》りませんので、師匠《しゝやう》は飛《と》んでもない方法《はうはふ》を考《かんが》へ出《だ》されました。或《あ》る日私《ひわたし》が例《れい》の通《とほ》り雪隱《せついん》の内《なか》で蹲《しやが》んで居《を》りますと、爪《つめ》の長《なが》い、毛《け》がモジャ〳〵した化物《ばけもの》の手《て》が穴《あな》から出《で》て來《き》て私《わたし》の尻《しり》を撫《な》でるのです。私《わたし》は膽《きも》を潰《つぶ》してそれからは長雪隱《ながせつゐん》を止《やめ》ました。その當時《たうじ》はホンモノの化物《ばけもの》とばかり思《おも》ひつめて居《ゐ》ましたが、無論《むろん》さうではありません。それも師匠《しゝやう》の懲罰《しおき》の一つなのです。私《わたし》の事《こと》をよく面倒《めんだう》も見《み》るかはりに叉《また》きびしく叱《しか》るのは左司馬《さじま》でした。私《わたし》は例《れい》の僻《ひが》み根性《こんじやう》で、彼奴《あいつ》師匠《しゝやう》の眞似《まね》ばかりしやがつて生意氣《なまいき》だ。何《なに》か一つ缺點《あら》をさがして、師匠《しゝやう》に告口《つげくち》してお目玉《めだま》を頂戴《ちやうだい》させたいものだと待《ま》ち構《かま》へて居《を》りますと、或《あ》る時《ときさ》左司馬《じま》は戯《たはむ》れに百姓《しやう》の田《た》に仕掛《しか》けてあつた水車《みづぐるま》を外《はづ》しました。善《よ》い鹽梅《あんばい》だと思《おも》つて、その事《こと》を師匠《しゝやう》に告《つ》げますと、師匠《しゝやう》は私《わたし》の言葉《ことば》を聞《き》き損《そこ》ねた風《ふう》をして、ナニツ汝《おまへ》は百姓《しやう》の水車《みづぐるま》を外《はづ》したといふのか。人《ひと》の難儀《なんぎ》になる事《こと》を爲《な》すとは不埒《ふらち》な奴《やつ》だと云《い》つて、お門違《かどちが》ひに私《わたし》を叱《しか》りつけますので、私《わたし》は躍起《やつき》となりて辯解《べんかい》しましたが什《ど》うしても耳《みゝ》に入《い》れてくれません。左司馬《さじま》は穏《おと》和《な》しいが、汝《おまへ》は惡戯好《いたづらず》きで困《こま》る。それに自分《じぶん》の惡事《あくじ》を人《ひと》の事《こと》にして告口《つげくち》するなどは以《もつ》ての外《ほか》だ。此樣《こん》な奴《やつ》は封《ふう》じ込《こ》めるに限《かぎ》るといふので、私《わたし》の事《こと》をまる〲

一日間筐《こちかんはこ》のやうな物《もの》の中《なか》に檻禁《かんきん》しました。これなども人《ひと》の告口《つけぐち》はせぬものだといふ事《こと》を實地《じつち》に示《しめ》したものだと判《わか》りましたから、それ以來《いらい》私《わたし》は告口《つけぐら》はパッタリ致《いた》しません。

『師匠《しゝやう》は平生《へいぜい》柔和《にうわ》な顔《かほ》をして居《ゐ》ますが、怒《おこ》つて叱《しか》らるゝ時《とき》は、額《ひたひ》に赤《あか》い竪筋《たてすぢ》が二三本《ぼん》持《も》ち上《あ》がつて二た目《め》と見《み》られぬ恐《おそ》ろしい顔《かほ》になります。又今日《またけふ》は師匠《しゝやう》が居《ゐ》ないから大丈夫《だいぢやうぶ》だなどゝ油斷《ゆだん》して、惡戯《いたづら》でも行《や》つて居《を》らうものなら、突然脊《とつぜんせ》中《なか》をピシャリと撲《ぶ》たるゝことなどもあります。びつくりして振《ふ》り返《かへ》つて見《み》ても影《かげ》も形《かたち》もありません。そんな時《とき》の氣味《きみ》の惡《わ》るさ！　こりア滅多《めつた》に惡戯《いたづら》はできないとつく〴〵身《み》に滲《し》みます。

『その外懲罰《ほかしおき》の種類《しゆるゐ》は澤山《たくさん》あります。此方《こつち》へ來《こ》いと言《い》つて、耳《みゝ》を引《ひ》つ張《は》られたり、惡《わ》るい奴《やつ》だと言《い》つて尻《しり》をまくりて打《う》たれたり、つめられたり、又唾《またつば》をかけられたりします。尻《しり》に唾《つば》をひつかけられるのは氣色《きしよく》の惡《わ》るいものですが、中《なか》でも鹽《しほ》を嚙《が》んで、その唾《つば》をかけられるのは、ひり〳〵しみて、そしてイヤにねば〳〵して、斯《こ》んなに困《こま》ることはありません。時《とき》とすると俺《おれ》の前《まへ》に坐《すわ》つて居《を》れッ！と言《い》つて、一日《にち》も据《す》え置《お》き、いさゝかでも身《み》を動《うご》かさずに居《ゐ》ることもあり、又時《またとき》とすれば左手《ひだりて》に並々《なみなみ》と水《みづ》を注《つ》いだ茶碗《ちやわん》を持《も》たされ、右手《みぎて》に火《ひ》をつけた線香《せんかう》を握《にぎ》らされ、火《ひ》の消《き》えるまで置《お》かれることもあります。ある時私《ときわたし》は拇指《おやゆび》で線香《せんかう》の下《した》の所《ところ》をこつそり折《を》つて澄《す》まして居《ゐ》ますと、師匠《しゝやう》はいつの間《ま》にか勘《かん》づいて、憎《にく》い奴《やつ》だ！　線香《せんかう》を折《を》つた罰《ばつ》として今《いま》一本線香《ほんせんかう》を持《も》てッ！　と言《い》はれたには弱《よは》りました。』

三十八　人間《にんげん》には人間《にんげん》の道《みち》

ある日《ひ》誰《たれ》かゞ冗談半分《じようたんはんぶん》に寅吉《とらきち》に向《むか》ひ、

『俺《おれ》はこの世《よ》の中《なか》が厭《いや》になつたから、一つこれから山人《さんじん》にでもならうかと思《おも》ふ。

汝《おまへ》が山《やま》に歸《かへ》る時《とき》に、是非《ぜひ》俺《おれ》の事《こと》を連《つ》れて行《い》つてくれないか』と申《まを》しました。すると寅吉《とらきち》はそれを眞《ま》に受《う》け、居《ゐ》ずまゐを正《たゞ》して其人《そのひと》を說諭《せつゆ》しました――。

『山人《さんじん》になりたいなどゝは以《もつ》ての外《ほか》の惡《わる》い了簡《れうけん》だ。神樣《かみさま》を置《お》いてはこの世《よ》の中《なか》に人間《にんげん》ほど貴《たふと》い物《もの》はない。山人天狗《さんじんてんぐ》などの境界《きやうかい》を聞《き》き嚙《かじ》つて自由自在《じいうじざい》に空《そら》でも飛《と》び步《ある》くことばかり考《かんが》へるのは、大變《たいへん》な鼻元思案《はなもとしあん》といふもので、人間《にんげん》はこの世《よ》に居《ゐ》て、此世《このよ》の人《ひと》の當《あた》り前《まへ》の事《こと》を務《つと》めねばならぬ。山人天狗《さんじんてんぐ》などは出《で》入《はい》りが身《み》輕《がる》で自在《じいう》だといふばかり、山人《さんじん》には日々《ひゞ》の行《ぎやう》がありて苦《くる》しく、天狗《てんぐ》とても同樣《どうやう》なか〳〵骨《ほね》の折《を》れるものである。それ故山《ゆゑやま》の人達《ひとたち》は却《かへ》つて人間《にんげん》を羨《うらや》み、人間《にんげん》といふものは樂《らく》なものだと云《い》つて居《ゐ》る位《くらゐ》である。此方《こちら》からは彼方《あちら》を羨《うらや》み、彼方《あちら》からは又此方《またこちら》を羨《うらや》む。兎角《とかく》さうしたものかも知《し》れないが、その道《みち》に入《はい》つて見《み》れば、何事《なにごと》でも樂《らく》なものではない。私《わたし》の師匠《しゝやう》にしろ、其他山人《そのほかさんじん》となり、天狗《てんぐ》となれる人達《ひとたち》にしろ、何《なに》かの深《ふか》い因縁《いんねん》があるから成《な》つたまでの事《こと》で、自《みづ》から好《す》き進《この》んで成《な》つた譯《わけ》では決《けつ》してない。さういふ私《わたし》なども、小兒《こども》の時分《じぶん》からの事《こと》を考《かんが》へて見《み》るに、とても不思議《ふしぎ》な事《こと》ばかり、これが因縁《いんねん》といふものであらうと思《おも》ふ。自分《じぶん》の體《からだ》であり乍《なが》ら自分《じぶん》の勝手《かつて》にもならず、今日《けふ》にも明日《あす》にも迎《むか》ひが來《き》て連《つ》れて行《ゆ》かれるのか、それともこのまゝ此地《こつち》に居《ゐ》ることになるのか、何《なに》が何《なに》やら薩張《さつぱ》り見當《けんたう》も取《と》れはしない。それ故時《ゆゑとき》には心細《こゝろぼそ》くなつて身《み》の毛《け》のよだつこともある。ドー考《かんが》へたところでまるで夢《ゆめ》だ。しかし兎《と》も角《かく》も、一旦斯《たんか》う成《な》つたからは、天道樣《てんたうさま》のお指圖《さしづ》次第《しだい》、又山《またやま》の師匠《しゝやう》の思召次第《おぼしめしゝだい》、自分《じぶん》ではドーにもコーにも仕《し》やうがない。それに、あなた方《がた》が自分《じぶん》から好《この》んで山《やま》に入《い》りたいなどゝは入《い》らざる好事《ものずき》といふものだ。それよりは人間相應《にんげんさうおう》の勤《つと》めを第《だい》一とし、身《み》の行《おこな》ひを正《たゞ》しくして、死後《しご》には神樣《かみさま》にまでも成《な》るように心《こゝろ》を堅《かた》めるが肝腎《かんじん》だ。

『一體《たい》この一事《じ》に限《かぎ》らず、すべて他《よそ》の事《こと》を羨《うらや》ましがるのは感心《かんしん》しない。佛法《ぶつはふ》を信仰《しんかう》したがるなどもその流儀《りうぎ》だ。日本《にほん》といふ國《くに》は佛《ほとけ》の國《くに》ではなく神《かみ》の國《くに》で、我《われ》も人《ひと》も貴《たふと》き神《かみ》の末裔《すゑ》であるから、何《なん》でも神《かみ》に成《な》らうと心掛《こゝろが》くべきだと思《おも》ふ。方《はう》々《はう》の社《やしろ》に祀《まつ》つてある神様《かみさま》だとて、元《もと》は人間《にんげん》であつたものが澤山《たくさん》ある。それに佛《ほとけ》になりたがるのは、丁度山人《ちやうどさんじん》や天狗《てんぐ》に成《な》りたがるのと同様《どうやう》な話《はなし》で、實《じつ》に惡《わ》るい心掛《こゝろがけ》だ。坊主《ばうず》がいくら戒名《かいみやう》などをくつつけたとて、天竺《てんぢく》の佛《ほとけ》の末裔《すゑ》でないから佛《ほとけ》に成《な》れるものではない。神《かみ》の末裔《すゑ》だから、善《よ》くても惡《わる》くても神《かみ》となるのだ。これは桃《もゝ》の實《み》から桃《もゝ》の木《き》が生《は》え、梅《うめ》の實《み》から梅《うめ》の木《き》が生《は》えると同《おな》じ理由《わけ》だ。何《ど》所《こ》までも人間《にんげん》は一生涯《しやうがい》を通《つう》じて善念《ぜんねん》を立《た》て通《とほ》し善神《ぜんしん》となるのが蹈《ふ》むべき道《みち》だ。世間《せけん》ではよく、最後《さいご》の一念《ねん》で、善惡《ぜんあく》の生《せい》を引《ひ》くなどゝ言《い》つて居《ゐ》るが、なか〳〵最後《さいご》の一念丈《ねんだけ》ではさうは行《ゆ》かない。矢張《やは》り生涯《しやうがい》の一念《ねん》のかためによりて神《かみ》にでも何《なに》にでもなれるものださうな。物事《ものごと》は常《つね》に成就《じやうじゆ》するものと心得《こゝろえ》て、思《おも》ひ詰《つ》めて行《や》りさへすれば能《でき》ぬことはない——これは、師匠《しゝやう》から毎日《まいにち》のやうにきいて居《ゐ》ることが全《まった》くそれに相違《さうゐ》ない。』

三十九　天狗《てんぐ》への手紙《てがみ》

寅吉《とらきち》が岩間山《いはまやま》へ戻《もど》る時《とき》、平田翁《ひらたおう》が其著《そのちょ》『靈《たま》の眞柱《まはしら》』に添《そ》へて一通《つう》の手紙《てがみ》を山人《さんじん》に送《おく》つたことは物語《ものがたり》の中《うち》にも書《か》いてありますが、左《さ》に其手紙《そのてがみ》の原文《げんぶん》を紹介《せうかい》することに致《いた》します。——

今般不慮《こんぱんふりよ》に貴山《きざん》の侍童《じどう》に面會《めんくわい》いたし、御許《おんもと》の御動靜《ごどうせい》ほゞ承《うけたまは》り、年來《ねんらい》の疑惑《ぎわく》を晴《は》らし候事《こと》どもこれあり、實《じつ》に千載《ざい》の奇遇《きぐう》と辱《かたじけな》く奉存候。それにつき、失禮《しつれい》を顧《かへり》みず、侍童《じどう》の歸山《きざん》に付《ふ》して一箇呈上《かんていじやう》いたし候。先《ま》づ以《もつ》てその御衆中《おんしうちう》ます〳〵御壯盛《ごさうせい》にて、御勤行《ごきんぎやう》の由《よし》、萬々恐祝《ばんくきようしゆく》奉り候。そも〳〵神世《かみよ》より顯幽隔別《けんいうかくべつ》の規定有之《きだまりこれあり》候ことゆゑ、幽境《いうきやう》の事《こと》は現世《げんせ》より窺《うかゞ》ひ知《し》り難《がた》き儀《ぎ》に候へども、現世《げんせ》の儀《ぎ》は御許《おんもと》にて委曲御承知《いきよくごしようち》これある趣《おもむき》に候へば、定《さだ》めて御存《ごぞん》じくだされ候儀《ぎ》と存《ぞん》じ奉り候。拙者儀《せつしやぎ》は天神地祇《てんじんちぎ》の古道《こだう》を學《まな》び明《あき》らめ、普《あま》ねく世《よ》に說《と》き弘《ひろ》めたき念願《ねんぐわん》にて、不肖《ふしやう》ながら先師《せんし》本居翁《もとをりおう》の志業《こゝろざし》をつぎ、多年《たねん》その學問《がくもん》に刻苦精勵《こくくせいれい》いたし罷《まか》りあり候。併《しか》しながら、現世《げんせ》凡夫《ぼんぷ》の身《み》としては、幽界《いうかい》の事《こと》はなか〳〵窺《うかゞ》ひ辨《わきま》へ難《がた》く、疑惑《ぎわく》に亘《わた》り候事《こと》ども數多《あまた》これあり、甚《はなは》だ難澁《なんじふ》仕り候間、この以後《いご》は御境《おんさか》へ相願《あひねが》ひ、御教誨《ごけうくわい》を受《う》け候て疑惑《ぎわく》を晴《はら》し度存《たくぞん》じ奉り候。この儀《ぎ》何分《なにぶん》にも御許容《ごきよよう》くだされ、時々《ときぐ》疑問《ぎもん》の祈願《きぐわん》仕候節《せつ》は、御教示《ごけうじ》くだされ候儀《ぎ》相成《あひな》るまじく候や。相成《あひな》るべくは、侍童下山《じどうげざん》の砌《みぎり》に、右御答成《みぎおんこたへな》しくだされ度《たく》候樣《やう》偏《ひとへ》に願《ねが》ひあげ奉り候。此儀《このぎ》もし御許容《ごきよよう》くだされ候はゞ、賽禮《さいれい》として生涯毎月《しやうがいまいつき》に拙者相應《せつしやさうおう》の祭事勤行《さいじきんぎやう》つかまつるべく候。さて又先達《またせんだつて》　著述《ちよじゆつ》いたし候靈《たま》の眞柱《まはしら》と申《まを》す書御覽《しよごらん》に入《い》れ候。これは神代《かみよ》の古傳《こでん》によつて、及《およ》ばず乍《なが》ら天地間《てんちかん》の眞理《しんり》、又幽界《またいうかい》の事《こと》をも考記《かうき》仕り候ものに御座候。凡夫《ぼんぷ》のつたなき覺悟《かくご》を以《もつ》て考《かんが》へ候事故《ことゆゑ》、貴境《ききやう》の電覽《でんらん》を經《へ》候はゞ相應《さうおう》の考說《かうせつ》もこれあるべきかと存《ぞん》じ奉り候。もし御《ご》一覧《らん》なし下《くだ》され、相違《さうゐ》の事《こと》ども御教示《ごけうじ》も下《くだ》され候はば現世《げんせ》の大幸《だいかう》、勤學《きんがく》の餘慶《よけい》と、生涯《しやうがい》の本懐《ほんくわい》これに過《す》ぎずと存じ奉り候間、尊《そん》師《し》へ宜《よろ》しく御執成《おとりな》し下《くだ》され、御許容《ごきよよう》これあるやう、偏《ひとへ》に頼《たの》みたてまつり候。一向《ひたすら》に古道《こだう》を信《しん》じ學《まな》び候凡夫《ぼんぷ》の誠心《まごゝろ》より。貴界《きかい》の御規定《ごきてい》如何《いかん》といふことも辨《わきま》へず、書簡《しよかん》を呈《てい》し候不敬《ふけい》の罪過《ざいくわ》は、幾重《いくへ》にも御容恕《ごようじよ》の程《ほど》仰《あふ》ぎ願《ねが》ふところに候

恐惶謹言。

平田大角

十月十七日　平　篤　胤　花押

常陸國岩間山幽界

雙岳山人御侍者衆中

以上《いじやう》が手紙《てがみ》の全文《ぜんぶん》ですが、天狗《てんぐ》さんに直接手紙《ちよくせつてがみ》を送《おく》つたといふのは誠《まこと》に痛快《つうくわい》極《きは》まる仕業《しわざ》と存《ぞん》じます。平田翁《ひらたおう》の面目《めんもく》は文中到《ぶんちういた》る所《ところ》に躍動《やくどう》して居《を》ります。曰《いは》く

『拙者儀《せつしやぎ》は天神地祇《てんじんちぎ》の古道《こだう》を學《まな》び明《あき》らめ、普《あま》ねく世《よ》に說《と》き弘《ひろ》めたき念願《ねんぐわん》』曰《いは》く『この以後《いご》は御境《おんきやう》へ相願《あひねが》ひ、御教誨《けうくわい》を受《う》け候て疑惑《ぎわく》を晴《はら》し度《た》く』曰《いは》く『若《も》し御一覽成《らんな》しくだされ、相違《さうゐ》の事《こと》ども御教示《けうじ》もくだされ候はゞ現世《げんせ》の大幸《だいかう》、勤學《きんがく》の餘慶《よけい》』……何《なん》といふ熱誠《ねつせい》、何《なん》といふ篤學《とくがく》、何《なん》といふ氣慨《きがい》でせう。今日《こんにち》われ〳〵が平田《ひらた》翁《おう》から學《まな》ぶところは決《けつ》して尠少《せんせう》ではないと存《ぞん》じます。

尙《な》ほ平田《ひらた》翁《おう》が歸山《きざん》に際《さい》し寅吉《とらきち》に贈《おく》つた數首《すうしゆ》の和歌《わか》がありますから、それを採《さい》錄《ろく》して本篇《ほんぺん》の終《おは》りと致《いた》します。――

寅吉《とらきち》が山人《さんじん》の道《みち》を修行《しゆぎやう》に山《やま》に入《い》るに詠《よ》みておくる

とら吉《きち》が山《やま》にし入《い》らばかくり世《よ》の
　知《し》らえぬ道《みち》を誰《たれ》にか問《と》はむ。

いく度《たび》も千里《ちさと》の山《やま》よありかよひ
　言《こと》をしへてよ寅吉《とらきち》の子《こ》や。

神習《かんなら》ふわが萬齢《よろづよ》を祈《いの》りたべと
山人達《やまひとたち》に言傳《ことづて》をせよ。
神《かみ》の道《みち》惜《お》しくこそあれさもなくば
さしも命《いのち》のをしけくもなし。

終

三尺坊と才一郎

一 はしがき

仙界眞語《せんかいしんご》は尾張藩醫《をはりはんい》たりし柳田泰治《やなぎだたいち》と申《まう》す人《ひと》の記録《きろく》にかゝります。同家《どうけ》の邸《てい》宅《たく》は今以《いまもつ》て名古屋市《なごやし》宮町《みやまち》二丁目《ちやうめ》にありますが、中々《なか〳〵》廣《ひろ》い邸《やしき》で、その東北隅《とうほくぐう》に秋《あき》葉《は》山大權現《さんだいごんげん》を奉祀《ほうし》してあります。右《みぎ》の社殿《しやでん》の奉祀《ほうし》に關係《くわんけい》して爰《こゝ》に人間界稀《にんげんかいまれ》に見《み》る一大奇蹟《だいきせき》が起《おこ》つて居《ゐ》る。他《ほか》でもない同氏《どうし》の門人淺井《もんじんあさゐ》才《さい》一郎《らう》なるものが慶應《けいおう》三年《ねん》十月《ぐわつ》九日《か》以來《いらい》靈界《れいかい》との交通《かうつう》を開《ひら》き、しば〳〵現幽《げんいう》の境《きやう》を突破《とつぱ》して往來《わうらい》を重《かさ》ねやがて翌《あ》くる年《とし》(明治元年《めいぢぐわんねん》)十二月《ぐわつ》十三日《にち》の曉《あかつき》に尸解仙去《しげせんきよ》したことであります。本書《ほんしよ》は右《みぎ》の顚末《てんまつ》を記述《きじゆつ》したもので、最近《さいきん》まで門外不出《もんぐわいふしゆつ》の重寶書《ちゆうほうしよ》として濫《みだ》りに他《た》見《けん》を許《ゆる》さなかつたのでありますが、大正《たいしやう》十三年《ねん》十月名古《ぐわつなご》屋市《やし》の熱心《ねつしん》なる心靈研《しんれいけん》究者《きうしや》にして本會《ほんくわい》の會員《くわいゐん》たる河目《かけめ》妻藏氏《つまざうし》は、かねて泰治《たいち》の二男卓齋《なんたくさい》と親交《しんかう》ありし關係《くわんけい》から、柳田家《やなぎだけ》に就《つ》きて同書《どうしよ》の披見《ひけん》を許《ゆる》され、同時《どうじ》に長男太郎馬《ちやうなんたらうま》未亡人《みばうじん》より右《みぎ》に關《くわん》するさまぐ〳〵の逸話《いつわ》等《とう》をきゝ取《と》りました。

原本《げんぽん》は漢字《かんじ》混《まぢ》りの文章體《ぶんしやうたい》で、決《けつ》して讀《よ》みにくいほどのものではありませんがこの際《さい》廣《ひろ》く大方《おほかた》の繙讀《はんどく》を願《ねが》ひたいと存《ぞん》じ、之《これ》を平易《へいゐ》なる口語體《こうごたい》に直《なほ》し、同時《どうじ》に家人《かじん》の實話《じつわ》によりて能《でき》る丈《だけ》補充《ほじう》して紹介《せうかい》することにしました。この種《しゆ》の記錄《きろく》としては珍《めづ》らしく要領《えうりやう》を得《え》て居《を》り、心靈材料《しんれいざいれう》としてたしかに世界有數《せかいいうすう》のものたるを失《うしな》はぬと信《しん》じます。之《これ》を平田篤胤翁《ひらたあつたねをう》の仙境異聞寅吉物語《せんきやういぶんとらきちものがたり》に比《ひ》するに、記事《きじ》の精《くは》しさに於《おい》て一歩《ぽ》を讓《ゆう》る所《ところ》がありますが、眞面目《まじめ》に材料《ざいれう》を取扱《とりあつか》ひ、當時《たうじ》の往復《わうふく》文書《ぶんしよ》までも挿入《さふにふ》して一字《じ》一句《く》を忽《ゆる》がせにせざる點《てん》に於《おい》ては却《かへ》つて一日《にち》の長《ちやう》を認《みと》め得《う》るやう感《かん》じられます。

因《ちな》みに本書《ほんしよ》の筆錄者《ひつろくしや》柳田泰治《やなぎだたいち》氏《し》は維《ゐ》新後《しんご》も永《なが》らく存命《ぞんめい》し、明治《めいち》二十四年《ねん》を以《もつ》て宮町《みやまち》の自邸《じてい》に易簀《えきさく》されたさうであります。本書中《ほんしよちう》にもしば〳〵出《で》て來《く》る長男《ちやうなん》の太郎馬《たらうま》氏《し》は後《のち》に政寛《まさひろ》と改名《かいめい》し漢洋《かんやう》の醫學《いがく》を兼修《けんしう》して父業《ふげふ》を亟《つ》ぎ、東京《とうきやう》で開業《かいげふ》したこともあり、老《お》いて歸里《きやうり》に歸《かへ》り、大正《たいしやう》九年《ねん》三月《ぐわつ》宮町《みやまち》の自宅《じたく》にて病歿《びやうぼつ》されたさうですが、其未亡人《そのみばうじん》は今尚《いまな》ほ健在《けんざい》で、自宅《じたく》に居《を》られます。次男《じなん》の卓齋《たくさい》といふ人《ひと》は幼名《えうめい》を次郎馬《じらうま》と呼《よ》び、後内藏三《のちくらざう》と改名《かいめい》し、出《い》でゝ笠寺村《かさでらむら》の眞野家《まのけ》を嗣《つ》ぎ、大正《たいしやう》十三年《ねん》三月岐阜市《ぐわつぎふし》にて長逝《ちやうせい》、三男《なん》の三郎氏《らうし》は陸軍々醫《りくぐんぐんい》として三等軍醫正《とうぐんいせい》まで進《すゝ》み、この人《ひと》も大正《たいしやう》十三年《ねん》三月《ぐわつ》名古屋市《なごやし》宮町《みやまち》の分家《ぶんけ》で病死《びやうし》したさうであります。

二　棟瓦《むねぐわら》のお札《ふだ》

物語《ものがたり》の發端《はつたん》は慶應《けいおう》三年丁卯《ねんひのとう》十月九日《ぐわつか》の事《こと》であります。――慶應《けいおう》三年《ねん》といふと正《まさ》に舊幕《きうばく》から明治《めいぢ》への一大轉換期《だいてんくわんき》に屬《ぞく》し、人心《じんしん》は彌《いや》が上《うへ》に昂奮《こうふん》の極《きよく》に達《たつ》し、彼《あ》方此方《ちこち》に血腥《ちなまぐさ》い風評《うはさ》が聞《きこ》え、又《また》いろ〳〵の不思議《ふしぎ》な現象《げんしやう》も頻發《ひんぱつ》しました。現《げん》に其前年《そのぜんねん》の慶應《けいおう》二年《ねん》といふ年《とし》は日本全國《にほんぜんこく》、就中關西地方《なかんづくくわんさいちはう》では空中《くうちう》からお札《ふだ》が降《ふ》つた年《とし》なのであります。

さて爰《こゝ》に尾張藩醫《をわりはんい》柳田泰治《やなぎだたいぢ》といふ人《ひと》の内門人《うちもんじん》に淺井《あさゐ》才《さい》一郎《らう》といふ十七歳《さい》の青《せい》年《ねん》が居《を》りました。澤井町《さはゐちやう》に住《す》む町醫《まちい》淺井才亮《さはゐさいりやう》と申《まう》す人《ひと》の悴《せがれ》でありましたが、十七歳《さう》にもなつて時々寢《ときぐ〵ね》小便《せうべん》をする位《くらゐ》ですから性質《せいしつ》は餘程《よほど》ぼんやりした方《はう》であります。十月九日《ぐわつか》の夜《よ》は自宅《じたく》に赴《おもむ》き曉近《あけぢか》くなつてから宮町《みやまち》二丁目《ちやうめ》の柳田邸《やなぎだてい》に戻《もど》つたのでありますが、何《ど》ういふ譯《わけ》かこの日《ひ》終日《ひねもす》才《さい》一郎《らう》は食事《しよくじ》を致《いた》しません。

『其方《そのはう》何所《どこ》か體《からだ》の加減《かげん》でも惡《わ》るいのか。』師匠《ししやう》の泰治《たいぢ》は心配《しんぱい》して尋《たづ》ねました。『何《な》故《ぜ》食事《しよくじ》を致《いた》さんのぢや？』

しばらくモジ〳〵して居《ゐ》た才《さい》一郎《らう》は漸《やうや》くにして口《くち》を切《き》りました。

『實《じつ》は昨晩夢《さくばんゆめ》を見《み》たのでム《ござ》います。夢《ゆめ》の中《なか》に一人《ひとり》の見知《みし》らぬ方《かた》が現《あら》はれ、明日《あす》は終日《ひねもす》火《ひ》の物斷《ものだ》ちして水《みづ》を浴《あ》び、柳田家《やなぎだけ》の東《ひがし》の土藏《どざう》の屋根《やね》へ登《のぼ》つて來《こ》いと吩咐《いひつ》けられたので厶《ござ》ります。何《な》んだか氣味《きみ》が惡《わる》う厶《ござ》いますから私《わたくし》は能《よ》う食事《しよくじ》を致《いた》しませんので……』

之《これ》をきいて泰治《たいぢ》は笑《わら》ひ出《だ》しました。

『何《なに》かと思《おも》へば夢物語《ゆめものがたり》ぢやナ。其方《そのはう》は日頃《ひごろ》天狗《てんぐ》の話《はなし》をきくのが好《す》きなので、左《さ》樣《やう》の夢《ゆめ》を見《み》たのであらう。この頃《ころ》は天狗《てんぐ》さんにさらはれる者《もの》があるといふ風評《うはさ》もあるから、繁昌院《はんじやうゐん》の秋葉宮《あきはのみや》へ參詣《さんけい》して、頑愚《ぐわんぐ》の私《わたし》なればお連《つ》れくださる事《こと》は偏《ひとへ》に御免《ごめん》くださいとお願《ねが》ひして來《く》るがよい。さうすれば自然《しぜん》心《こゝろ》も落付《おちつ》くであらう。早《はや》う行《い》つてまゐれ。』

『かしこまりました。』

才一郎《さいいちらう》はおとなしく師匠《ししやう》の命令《めいれい》どほり伊勢町《いせちやう》の修驗者《しゆげんじや》繁昌院《はんじやうゐん》へ出懸《でか》けたのでした。

が、歸《かへ》つて來《き》た十日《か》の晝頃《ひるごろ》、才一郎《さいちらう》はこツそりと土藏《どざう》の家根《やね》へ登《のぼ》つて行《ゆ》きました。すると不思議《ふしぎ》にも秋葉大權現《あきはだいごんげん》の御札《おふだ》が石《いし》を重《おも》しにして棟瓦《かねがはら》の上《うへ》に置《お》いてあつたのであります。

『矢張《やは》りあの夢《ゆめ》は正夢《まさゆめ》だツた！』

急《いそ》いで其札《そのふだ》を持《も》つて來《き》て家人《かじん》に示《じめ》したので人々《ひとぐ》も不思議《ふしぎ》の眼《め》を見張《みは》りました。

『天《てん》からお札《ふだ》が降《ふ》るといふ話《はなし》はかねぐ〵きいて居《ゐ》たが成程事實《なるほどじつ》かも知《し》れない。たしかにこれは秋葉樣《あきはさま》のお札《ふだ》に相違《さうゐ》ない……』

『全《まつた》くどうも勿體《もつたい》ない話《はなし》だ。早《はや》くお燈明《あかり》でもあげ、お神酒《みき》でも供《そな》へることだ……………。』

近隣《きんりん》の人達《ひとたち》もきゝつけて神酒燈明《みきとうみやう》の準備《じゆんび》はもとよりのこと、門《かど》に青竹《あをだけ》を立《た》てて七五三《しめ》を張《は》るやら、燎《かゞり》をたくやら、大變《たいへん》な騷《さわ》ぎになりました。泰治《たいぢ》もこの時《とき》初《はじ》めて、成程《なるほど》神《かみ》の不思議《ふしぎ》といふ事《こと》は無視《むし》されぬものだといふ事《こと》を感《かん》じ出《だ》したさうであります。

三　氣絶《きぜつ》して七五三《しめ》に

兩《りやう》三日《にち》は別段變《べつだんかわ》つたこともなく打過《うちす》ぎましたが、十三日《にち》未《み》の刻《こく》(午後《ごご》四時《じ》)と覺《おぼ》しき頃《ころ》、そよとの風《かぜ》も無《な》かつたのに東裏《ひがしうら》に立《た》てた青竹《あをだけ》が中程《なかほど》からぽツきと折《を》れました。それを目撃《もくげき》した人々《ひと〴〵》は心配《しんぱい》で耐《たま》りません。

『神樣《かみさま》の御心《みこゝろ》に叶《かな》はないから竹《たけ》が折《を》れたのかも知《し》れない……』

さう思《おも》つて、今度《こんど》は周圍《まはり》七八寸《すん》の太《ふと》い竹《たけ》を千賀屋敷《ちがやしき》(後《の》ち監獄跡《かんごくあと》)から伐《き》つて來《き》て新《あら》たに立《た》てかへ、尙《な》ほ神樣《かみさま》の御心《みこゝろ》を慰《なぐさ》める爲《た》めだと言《い》つて、作《つく》り物《もの》などして、多勢集《おほぜいあつ》まつて賑《にぎや》かに遊《あそ》び戯《たはむ》れて居《ゐ》たのでしたが、夜《よ》もやゝ更《ふ》け行《ゆ》くまゝに燎《かゞり》を消《け》し、いざ就寢《やす》まうとして見《み》ると才《さい》一郎《らう》の姿《すがた》が見《み》えません。

『さア大變《たいへん》なことに成《な》つた！　こりヤ神樣《かみさま》がお怒《いか》りになつて神隱《かみかく》しをされたに相違《さうゐ》ない……。』

『燎火《かゞりび》でも焚《た》いて衆《みんな》でお詫《わ》びすることだ。寢《ね》るどころの話《はなし》でない……』

一方泰治《ばうたいぢ》の二男卓齋《なんたくさい》は下僕《しもべ》の利助《りすけ》を連《つ》れて才一郎《さいらう》の搜索《そうさく》に出懸《でか》ける。他方《たはう》では門《もん》の向側《むかふがは》の中島屋《なかじまや》甚助《じんすけ》の番頭助七《ばんとうすけ》、助七《すけ》の妻《つま》、長男《ちやうなん》の太郎馬《たらうま》などが燎火《かゞりび》を焚《た》く。次第《しだい》に夜《よ》はしん〳〵と更《ふ》けて行《ゆ》きました。

やがて卓齋利助《たくさいりすけ》の二人《ふたり》が才一郎《さいらう》を尋《たづ》ね當《あ》てずボンヤリ歸《かへ》つて來《き》ましたので、燎《かゞり》の傍《そば》に居《ゐ》た人々《ひとゞ》が聲《こゑ》をかけようとする瞬間《しゆんかん》、忽然《こつぜん》として東《ひがし》に立《た》てたる竹《たけ》がさや〳〵と音《ふと》して忽《たちま》ちパキンと折《を》れました。太郎馬《たらうま》は覺《おぼ》えず拜伏《はいふく》して一心《しん》に神號《しんがう》を稱《とな》へつゝそッと向《むか》ふを窺《のぞ》いて見《み》ると、こはそもいかに！　七五三《しめ》の眞中邊《まんなかへん》に才一郎《さいらう》が氣絕《きぜつ》して引《ひ》ツ掛《かゝ》つて居《を》るのです！　そして才一郎《さいらう》が携《たづさ》へて來《き》たものと覺《おぼ》しく、何《なに》やら靑竹《あをだけ》に挿《はさ》んだものが地面《ぢべた》に落《お》ちて居《を》ります。

物音《ものおと》をきゝつけて泰治《たいぢ》をはじめ家内《かない》の者《もの》は何《いづ》れも素足《すあし》で走《はし》り出《い》で、ブル〳〵慄《ふる》へ乍《なが》ら燎《かゞり》の前《まへ》に拜伏《はいふく》しました。

『才《さい》一郎《らう》は神樣《かみさま》に裂《さ》き殺《ころ》されたに相違《さうゐ》ない。兎《と》も角《かく》衆《みんな》でお詫《わ》びをすることだ！』泰治《たいぢ》は一心不亂《しんふらん》になつて神號《しんがう》を稱《とな》へる間《あひだ》に太郎馬《たらうま》は水《みづ》を浴《あ》び、かの落《お》ちたるものを拾《ひろ》ひ上《あ》げ、御神前《ごしんぜん》に立《た》てかけました。

『これ！　才《さい》一郎《らう》！　氣《き》をたしかに！』人々《ひと〴〵》が試《こゝろ》みに大《おほ》きな聲《こゑ》で呼《よ》んで見《み》ても何《なん》の返事《へんじ》もありません。乃《そこ》で梯子《はしご》を掛《か》けて降《おろ》さうとしましたがそれも高《たか》いので容易《ようい》に降《お》ろすことも能《で》きません。人々《ひと〴〵》はたゞ〳〵あわて騷《さわ》ぐのみでした。

すると其場《そのば》へ立《た》ち出《い》でたのが芙山《ふさん》といふ老禪僧《らうぜんそう》でした。この人《ひと》は駿州清見寺《すんしうせいけんじ》の隱居《ゐんきよ》さんで、泰治《たいぢ》の再從兄《いとこ》に當《あた》り折《をり》から柳田家《やなぎだけ》に逗留《とうりう》して居《ゐ》たのでしたが、『まア待《ま》たツしやい俺《わし》が降《おろ》してあげる……。』

と言《い》つて、六十四歳《さい》の老體《らうたい》にもかゝはらず、する〳〵と梯子《はしご》に登《のぼ》り、いと輕《かる》やかに才《さい》一郎《らう》を抱《いだ》き取《と》り、御神前《ごしんぜん》の荒菰《あらごも》の上《うへ》に寢《ね》かせました。この離《はな》れ業《わざ》が又《また》一方《かた》ならず人々《ひとびと》をびツくりさせました。元來《ぐわんらい》が極《きは》めて非力《ひりき》の老人《らうじん》、とてもこんな力業《ちからわざ》に適《てき》せぬ身《み》であり乍《なが》ら、別《べつ》に重《おも》さうな樣子《やうす》も見《み》せず、才《さい》一郎《らう》を抱《いだ》きおろしたのですから不思議《ふしぎ》と言《い》はうか奇妙《きめう》と申《まを》さうか、全《まつた》く常識《じやうしき》では說明《せつめい》のつかぬ事《こと》柄《がら》なのでした。

『神樣《かみさま》の御力添《おちからぞ》へに相違《さうゐ》ない。勿體《もつたい》ない話《はなし》だ……。』見聞《みき》く人何《ひといづ》れも舌《した》を捲《ま》かざるはないのでした。

四　銀紙《ぎんがみ》の御幣《ごへい》

さて荒菰《あらごも》の上《うへ》に寢《ね》かされた才《さい》一郎《らう》はと見《み》ると、別《べつ》に怪我《けが》もして居《を》りません。が、手足氷《てあしこほり》の如《ごと》く冷《ひ》え切《き》つて、氣息《いき》がすツかり絕《た》えて居《を》ります。町内《ちやうない》の人々《ひとびと》もきゝつけて才《さい》一郎《らう》の爲《た》めに水垢離《みづごり》を取《と》るやら、又修驗者《またしゆげんじや》の繁昌院《はんじやうゐん》を呼《よ》びに行《ゆ》くやら、いろ〳〵奔走《ほんそう》してくれました。

やがて繁昌院《はんじやうゐん》がやつて來《き》て、先《ま》づ彼《か》の落《お》ちて居《ゐ》たものを開《ひら》いて見《み》ると、二枚《まい》の銀紙《ぎんがみ》に四枚《まい》のお札《ふだ》が包《つゝ》んであります。繁昌院《はんじやうゐん》はそのお札《ふだ》に向《むか》ひ、何《なに》やら口《くち》の内《なか》で唱《とな》へつゝ、大麻《おほぬさ》を才《さい》一郎《らう》の頭上《づじやう》に打《う》ち振《ふ》つて祈《いの》りますと、忽然《こつぜん》として才《さい》一郎《らう》は眼《め》を開《ひら》き、水《みづ》を求《もと》めてそれを呑《の》み、しきりに眼《め》を磨《こす》つて居《を》ります。

『これ〳〵才《さい》一郎《らう》、其方《そち》は何所《どこ》へ行《い》つてまゐつたのぢや？』

師《し》の泰治《たいち》がさう尋《たづ》ねますと、才《さい》一郎《らう》は、

『秋葉樣《あきばさま》へ行《い》つて參《まゐ》りました。』

と答《こた》へたまゝ再《ふたゝ》び昏々《こん〳〵》と寢入《ねい》つて了《しま》ひました。

其翌朝《そのよくてう》才《さい》一郎《らう》は平常《ふだん》の通《とほ》り眼《め》をさまし、手水《てうづ》をつかひ、別《べつ》に變《かは》つた模樣《もやう》も見《み》えません。やがて、

『鋏《はさみ》を貸《か》していたゞきます。』

といふ注文《ちうもん》であります。

『鋏《はさみ》はこれでよいか。』

さう言《い》つて一挺《ちやう》の鋏《はさみ》を渡《わた》してやると、今度《こんど》は

『あの銀紙《ぎんがみ》に包《つゝ》んだ物《もの》は何《ど》うなりました。』

といふ質問《しつもん》です。

『銀紙《ぎんがみ》ならこゝにある……』

昨日《きのふ》竹《たけ》に挿《はさ》んで落《おと》してあつた銀紙《ぎんがみ》を取《と》り出《だ》して渡《わた》すと、彼《かれ》は落付《おちつ》き拂《はら》つて右《みぎ》の銀紙《ぎんがみ》を四《よ》つに切《き》り、巧《たく》みな手《て》つきで、あたかも平常《ふだん》手馴《てな》れし業《わざ》の如《ごと》く、いと手輕《てがる》に御幣《ごへい》を刻《きざ》み、昨日《きのふ》の折《を》れた竹《たけ》を切《き》つて來《き》て串《くし》を削《けづ》り、それに御幣《ごへい》を挿《はさ》みました。側《わき》で見物《けんぶつ》して居《ゐ》た泰治《たいち》はつく〴〵感心《かんしん》して、

『その方《はう》御《ご》幣《へい》を刻《きざ》むことは何時《いつ》覺《おぼ》えたのぢや？』

『昨夜《ゆうべ》御山《おやま》にて敎《おし》えて貰《もら》ひました』

『シテその御幣《ごへい》はいかに致《いた》すのぢや？』

『これは柳田家《やなぎだけ》に一つ、町内《ちやうない》に一つ、私宅《わたくしたく》に一つ、それから親類《しんるゐ》へ一つ、お札《ふだ》に添《そ》へて配分《はいぶん》するやう御山《おやま》で仰付《おほせつ》かつたので厶《ござ》ります。これで私《わたし》の用事《ようじ》が濟《す》みましたからモ少《すこ》し寢《ね》かしていたゞきます。莫迦《ばか》に睡《ねむ》くてしようがない……』

『これ〳〵ちよつと待《ま》つた。このお札《ふだ》は幾日程奉祭《いくにちほどほうさい》すればよいのぢや？』

『御山《おやま》で尋《たづ》ねましたが、祭《まつ》るのは日數《につすう》には拘《かゝ》はらんさうです。信心次第《しんじんしだい》で一日《にち》でも差閊《さしつかへ》ないと申《まを》すことで……。』

『成程《なるほど》な……。では七日《か》間奉祭《かんほうさい》することに致《いた》さう。』

さういふ間《ま》にも才《さい》一郎《らう》は早《は》やぐッすり寢込《ねこ》んで了《しま》ひました。

五　三尺《じやく》坊《ばう》

十三日《にち》の午後《ごご》四時《じ》になつて才《さい》一郎《らう》は再《ふたゝ》び眼《め》を覺《さ》ましました。そしてお腹《なか》が空《す》いたと言《い》つて平常《ふだん》の通《とほ》り食事《しよくじ》を濟《す》ませ、燈明《とうみやう》を神壇《かみだな》に供《そな》へて少《すこ》しも平生《へいぜい》と變《かは》つた模様《もやう》が見《み》えません。乃《そこ》で泰治《たいぢ》は才《さい》一郎《らう》を呼《よ》んで質問《しつもん》を始《はじ》めました。

『才《さい》一郎《らう》、其方《そち》は何《ど》うしてお山《やま》へ行《い》つたのぢや？　逐《ちく》一事情《じじやう》を物語《ものがた》つてきかしてくれ……。』

才《さい》一郎《らう》は落付《おちつ》いて巨細《こさい》の物語《ものがたり》をはじめました。

『實《じつ》は私《わたし》は夜前《やぜん》小用《こよう》に起《お》きて裏《うら》へ出《で》たのでムいます。すると母屋《おもや》の屋根《やね》の上《うへ》に周圍《まはり》七八寸《すん》の金《きん》の光物《ひかりもの》があるのです。大曾根《おほそね》（名古屋《なごや》東北《とうほく》の町《まち》）では黄金《わうごん》の大黒《だいこく》天《てん》が降《ふ》つたといふ話《はなし》ですから、若《も》しやそんなものではないか知《し》ら……。さう思《おも》ひましたので高塀《たかべい》へ登《のぼ》りますとそのまゝ行《ゆ》くともなしに大屋根《おほやね》の上《うへ》へ出《で》て了《しま》ひました。オヤッ！　と思《おも》ふ間《ま》もなく私《わたし》の體《からだ》はそのまゝ空中《くうちう》へ舞《ま》ひ上《あが》つて了《しま》ひましたので……。』

『フム隨分雲《ずゐぶんくも》をつかむやうな話《はなし》ぢやナ。して其時《そのとき》は其方《そち》單獨《ひとり》か？』

『イヤふと氣《き》がついて見《み》ると誰《たれ》やら右《みぎ》と左《ひだり》に一人《ひとり》づゝ居《を》りまして私《わたし》の左右《さいう》の手《て》を引《ひ》ッ張《ぱ》つてくれ、又後《またうしろ》からも兩手《りやうて》で腰《こし》を押《お》してくれて居《ゐ》るものがあるのですその迅《はや》さと言《い》つたら誠《まこと》に眼《め》にもとまらぬ位《くらゐ》、ブーッ！　といふ風《かぜ》の音《おと》で耳《みゝ》がちぎれさうで、頭髮《かみのけ》などはバラ〳〵に吹《ふ》き下《さ》げられました。試《こゝろ》みに空《そら》を仰《あふ》ぎまするると、お月様《つきさま》も、お星様《ほしさま》も地面《ちべた》で見《み》るよりずつと大《おほ》きい……。』

『そんなこともあるかも知《し》れない。それから……。』

『それから間《ま》もなく頭髮《かみのけ》が下《した》から上《うへ》へ吹上《ふきあ》げらるゝやうに覺《おぼ》えますと、忽《たちま》ち私《わたし》の體《からだ》は御山《おやま》の御神前《ごしんぜん》の石《いし》の上《うへ》へ降《お》りて居《を》ります。その時前《ときまへ》に居《ゐ》た御方《おかた》が、これは秋葉山《あきはさん》の御神前《ごしんぜん》である、參詣《さんけい》せよ、と仰《あふ》せられますので、早速禮拜《さつそくれいはい》しやうと致《いた》しますと、再《ふたゝ》びグイ！　と空中《くうちう》へ引張《ひつぱ》り揚《あ》げられ、やがて燎《かゞり》の光《ひかり》白晝《はくちう》をあざむく所《ところ》へ降《お》ろされました。見《み》れば親玉《おやだま》の三尺坊様《じやくばうさま》をはじめ奉《たてまつ》り、その左右《さいう》には大勢《おほぜい》の方々《かた〴〵》が威儀《ゐぎ》堂々《だう〴〵》と並《なら》んで居《を》られます。そしてその大勢《おほぜい》の中《なか》から一人《ひとり》の方《かた》が現《あら》はれて私《わたし》の前《まへ》に參《まゐ》り、先夜《せんや》夢《ゆめ》に姿《すがた》を見《み》せたのは某《それがし》であるとの仰《あふせ》、成程《なるほど》其《その》お顔《かほ》には見覺《みおぼ》えがありました。』

『成程《なるほど》な……。』

と泰治《たいぢ》は感心《かんしん》して膝《ひざ》を進《すゝ》めました。

『さうする中《うち》に親玉樣《おやだまさま》が、白紙《けくし》で御幣《ごへい》を切《き》り枯木《かれき》の枝《えだ》に挾《はさ》んで私《わたし》に渡《わた》されました。そして汝《そち》が柳田家《やなぎだけ》の代參《だいさん》に來《き》た印《しるし》に之《これ》を授《さづ》くるのであると仰《あふ》せられて、三寶《ぼう》の上《うへ》から御札《おふだ》四枚《まい》、銀紙《ぎんがみ》二枚《まい》を取《と》り、この銀紙《ぎんがみ》でこの手本《てほん》の通《とほ》りに御幣《ごへい》を切《き》つて、しか〴〵の人《ひと》に配《くば》れとの仰《あふ》せで厶《ござ》りました。何《な》んでもそれを信心《しんじん》すれば長《なが》く火難《くわなん》を免《まぬが》れるさうに厶《ござ》ります。お手本《てほん》の御幣《ごへい》は頂《いたゞ》いて來《き》て其所《そこ》の荒菰《あらごも》の上《うへ》に置《お》きました。』

才《さい》一郎《らう》は外《ほか》にもいろ〳〵の物語《ものがたり》をしました。可笑《をかし》かつたのは彼《かれ》が天狗《てんぐ》さんに向《むか》つて寝《ね》小便《せうべん》の癖《くせ》を癒《なほ》してくれと頼《たの》んだことで、天狗《てんぐ》さんは、それには何《なん》とも答《こたへ》がなかつたさうです。神罰《しんばつ》の恐《おそ》ろしい話《はなし》も出《で》ました。『今度《こんど》世間《せけん》に御札《おふだ》が降《ふ》り出《だ》してから八人《にん》ほど裂殺《さきころ》してやつた』さう天狗《てんぐ》さんが言《い》ひますので、才《さい》一郎《らう》が『どういふ者《もの》をお殺《ころ》し遊《あそ》ばされました』と質問《しつもん》すると『神《かみ》を粗末《そまつ》にする者《もの》、人《ひと》の憎《にく》しみを受《う》けて居《ゐ》る悪人《あくにん》どもを裂殺《さきころ》したのぢや。』と答《こた》へたさうです。

才《さい》一郎《らう》が嚴達《げんたつ》されたのは、親玉《おやだま》の三尺坊《じやくばう》をはじめ、一統《とう》の姿《すがた》を決《けつ》して人《ひと》に噺《はな》す事《こと》は相成《あひな》らぬといふことで、この禁《きん》を破《やぶ》れば忽《たちま》ち八ツ裂《ざ》きにされるといふのでした。併《しか》し、その他《た》の事柄《ことがら》に關《くわん》しては相當《さうたう》に寛大《くわんだい》で、多少《たせう》の道樂味《だうらくみ》と言《い》つたやうなものも加味《かみ》されて居《を》りました。彼《かれ》は斯《こ》んな事《こと》を物語《ものがた》りました。——

『三尺坊様《じやくばうさま》は、御手《おて》づから私《わたし》にお神酒《みき》を賜《たま》わり、これは柳田家《やなぎだけ》にて供《そな》へた酒《さけ》である。其方《そのはう》はたべぬ故少《ゆゑすこ》し量《りやう》にして置《お》けと仰《あふ》せられました。お肴《さかな》には七間程《けんほど》の魚《さかな》の切身《きりみ》を頂《いたゞ》きましたが、イヤ其風味《そのふうみ》は誠《まこと》に結構《けつかう》で厶《ござ》りました。』

才《さい》一郎《らう》の物語《ものがたり》の終《をは》りの方《はう》は甚《はなは》だボンヤリして居《ゐ》ました。今朝《けさ》目《め》を明《あ》けると、いつの間《ま》にやら歸《かへ》つて居《ゐ》たといふまでゞ、途中《とちう》の事《こと》は一切《さい》記《き》憶《おく》に殘《のこ》つて居《ゐ》ないのでした。

六　三尺坊《じやくばう》の來臨《らいりん》

十月《ぐわつ》の十四日《か》には何事《なにごと》も起《おこ》らずに濟《す》みましたが、翌《あ》くる十五日《にち》早朝《さうてう》才《さい》一郎《らう》は泰治《たいぢ》に向《むか》ひ、夜前夢《やぜんゆめ》の中《なか》に天狗界《てんぐかい》からの使者《ししや》が現《あら》はれたことを告《つ》げました。

『昨晩《さくばん》お出《い》でになられたお使者《つかひ》も矢張《やは》り先日《せんじつ》のお方《かた》でした。そのお言葉《ことば》は、今《こん》晩《ばん》三尺坊樣《じやくばうさま》が御來臨《ごらいりん》になるから、神前《しんぜん》は固《もと》より邸内《ていない》を淸《きよ》らかに掃除《さうぢ》し、人《ひと》の踏《ふ》まぬ新菰《あらごも》を敷《し》きかへよ。町内《ちやうない》の者《もの》で拜禮《はいれい》を顧《おも》ふものがあるなら、二本《ほん》の竹《たけ》の兩《りやう》脇《わき》に菰《こも》を敷《し》いて其所《そこ》で拜《をが》ませるがよい。御來臨《ごらいりん》の時《とき》は何《なに》かのお知《し》らせがある。その時《とき》篝火提灯《かゞりちやうちん》一つも殘《のこ》らず消《け》し、往來《わうらい》も雜人《ざつじん》の通行《つうかう》を禁《きん》じねばならぬ……。

大體《だいたい》斯樣《かやう》の仰《あふ》せで厶《ござ》ります。』

『それは又大變《またたいへん》なことぢや！』

泰治《たいぢ》は且《か》つ驚《おどろ》き且《か》つ喜《よろこ》び、早速《さつそく》右《みぎ》の旨《むね》を町代《ちやうだい》(現今《げんこん》の町長《ちやうちやう》)に屆《とゞ》け、町代《ちやうだい》からは更《さら》に奉行所《ぶぎやうしよ》に申達《しんたつ》しましたので、程《ほど》なく奉行所《ぶぎやうしよ》からは才《さい》一郎《らう》を呼出《よびだ》し、始終《しうじう》の儀《ぎ》を聽《き》き取《と》つたのでした。才《さい》一郎《らう》が歸宅《きたく》したのはモー夕刻《ゆうこく》でしたが、其時《そのとき》まででには町奉行《まちぶぎやう》の命《めい》により、町内通行嚴禁《ちやうないつうかうげんきん》の命令《めいれい》が降《くだ》つて居《ゐ》ました。

柳田家《やなぎだけ》の人達《ひとたち》は一同《どう》齋戒沐浴《さいかいもくよく》の上《うへ》で衣服《いふく》を更《あらた》め、町内《ちやうない》の者《もの》も皆身《みなみ》を淨《きよ》め、日頃《ひごろ》の如《ごと》く燈明《とうみやう》をかゝげ、才《さい》一郎《らう》と太郎馬《たらうま》其外《そのほか》二三人《にん》は御神前《ごしんぜん》の次《つぎ》の間《ま》に坐《ざ》し、泰治《たいぢ》は燎火《かゞりび》の前《まへ》に蹲踞《そんきよ》し、今《いま》や遲《おそ》しと時刻《じこく》を待《ま》ちました。

二更近《かうちか》く成《な》りたる頃《ころ》泰治《たいぢ》はそつと才《さい》一郎《らう》の方《はう》を窺《うかゞ》ひ見《み》ると、睡氣《ねむけ》を催《もよほ》せる樣《やう》にて、首《くび》を垂《うなだ》れて居《を》ります。太郎馬《たらうま》もこれに氣《き》がついて手眞似《てまね》で知《し》らせますので、泰治《たいぢ》はいよ〳〵時刻《じこく》であると察《さつ》し、燎火《かゞりび》は更《さら》なり、家々《いへ〳〵》の提灯《ちやうちん》の火《ひ》を消《け》すべく觸《ふ》れまはりました。たゞ向側《むかひがは》の中島屋《なかしまや》の提灯《てうちん》一つだけ消《け》すことを忘《わす》れて居《を》りますと、右《みぎ》の提灯《てうちん》は獨《ひと》り手《で》にクル〱と廻《まは》り出《だ》し、三四度《たび》上下《じやうげ》へ動搖《どうえう》してやがてボタリと地《ち》に落《お》ちました。その實況《じつきやう》を目撃《もくげき》したものは皆蒼《みなあを》くなつて慄上《ふるへあが》りました。後《のち》になつて査《しら》べて見《み》ると蠟燭《らうそく》は二つに折《を》れて居《ゐ》たさうです。

さて一統火《とうひ》を消《け》し終《をは》り、平伏《へいふく》して拍手《かしはで》を打《う》ち、秋葉《あきは》三尺坊大權現樣《じやくはうだいごんげんさま》といふ御《ご》神號《しんがう》を稱《とな》へつゞけました。才《さい》一郎《らう》も他《た》の人々《ひとぐ》と同樣《どうやう》にさうして居《ゐ》ましたが、やがて才《さい》一郎《らう》が

『皆樣《みなさま》最早《もはや》相濟《あひす》みました。』

と申《まを》しますので、神號《しんがう》の奉唱《ほうしやう》を中止《ちうし》し、再《ふた》びお燈明《とうみやう》を照《とも》したり、又御神前《またごじんぜん》の提《てう》灯《ちん》に火《ひ》を點《つ》けたりしました。

『何《ど》うぢやその方《はう》は神樣《かみさま》の御姿《みすがた》を拜《をが》んだのか。』

泰治《たいぢ》は早速《さつそく》才《さい》一郎《らう》に向《むか》ひ質問《しつもん》を開始《かいし》しました。

『ハア私《わたし》は最前《さいぜん》坐睡《ゐねむ》りして不圖《ふと》眼《め》を開《ひら》きますと、御神前《ごしんぜん》の燈明《とうみやう》が消《き》えると同時《どうじ》に御五方《おいつかた》が御來臨遊《ごらいりんあそ》ばされました。コリア大變《たいへん》だと存《ぞん》じまして急《いそ》いで殘《のこ》りの提《てう》灯《ちん》の火《ひ》を消《け》し盡《つく》し、門前《もんぜん》の竹《たけ》の脇《わき》へ走《はし》り出《い》て拜伏《はいふく》して居《を》りましたが、何《どう》やら御《ご》神前《しんぜん》の方《はう》で音《おと》が聞《きこ》えますので、首《くび》を上《あ》げて仰《あふ》ぎ見《み》れば、早《は》やお立遊《たちあそ》ばされ御五《おいつ》方《かた》御揃《おそろ》ひで南《みなみ》を指《さ》して御出立《ごしゆつたち》になられました。』

『シテ御五方《おいつかた》のお姿《すがた》は？』

『お姿《すがた》の儀《ぎ》はかねてお話《はな》し致《いた》した通《とほ》り申上《まをしあ》げる譯《わけ》にはまゐりませんので……』

と才一郎《さいらう》はその點丈《てんだけ》はどうしても口《くち》を緘《つぐ》みて何事《なにごと》も漏《もら》しません。『御五方《おいつかた》の中《なか》で五番目《ばんめ》の御方《おかた》は私《わたし》を御山《おやま》に連《つ》れて行《ゆ》かれたお方《かた》です。四番目《ばんめ》のお方《かた》が毎度夢《まいどゆめ》にお出《い》でなさる御方《おかた》、中《なか》の御方《おかた》が御山《おやま》の親玉様《おやだまさま》で厶《ござ》ります。他《た》のお二方《ふたかた》は私《わたくし》の存《ぞん》ぜぬお方《かた》でありました。』

『他《ほか》に何《なん》ぞ變《かわ》つた話《はなし》はないか。』

と泰治《たいち》が迫《せま》りましたが、才《さい》一郎《らう》は

『それ丈《だけ》でム《ござ》ります。この外《ほか》には別《べつ》にお話《はな》し申《まを》すべき事《こと》はム《ござ》いません。』

と答《こた》へました。

それから御《ご》神前《しんぜん》へ出《で》て見《み》ると、上段《じやうだん》に供《そな》へてあつた神酒《みき》一壺《つぼ》、柑子《かんし》一個《こ》、しめじ茸《だけ》一個《こ》が菰《こも》の上《うへ》に降《お》ろしてあり、壺《つぼ》を見《み》れば一ぱいつめた神酒《みき》が過半減《くわうんげん》じて居《ゐ》ました。

『神様《かみさま》が召上《めしあが》つてくださつたのぢや。何《なん》と有難《ありがた》いことではないか！　一統《とう》お餘《あま》りを頂戴《ちやうだい》することに致《いた》さう。』

さう言《い》つて泰治《たいち》は壺《つぼ》を取《と》りあげ、敬《うやま》ひ愼《つゝし》みて、一滴《てき》づゝ衆《みな》の者《もの》に頂《いたゞ》かせました。

不圖《ふと》氣《き》がついて見《み》ると新菰《あらごも》の上《うへ》には白紙《しろかみ》黒木《くろき》の御幣《ごへい》が置《お》いてありました。才《さい》一郎《らう》はそれを見《み》ると、

『これは御山《おやま》で、お手本《てほん》にとて切《き》つて私《わたし》に賜《たま》はりし御幣《ごへい》であります。』

と申《まを》しました。

七　神授《しんじゆ》の御幣《ごへい》

其夜《そのよ》は町内《ちやうない》の人々《ひとびと》が全部《ぜんぶ》柳田家《やなぎだけ》に集《あつ》まり、御來臨《ごらいりん》の御神徳《ごしんとく》の有難《ありがた》いことを語《かた》り合《あ》ひ、燎《かゞり》を焚《た》いて夜《よ》を徹《とほ》しました。話《はなし》は公儀《おかみ》へも聞《きこ》えて居《お》りますので、國家《くにが》老渡邊對馬守《らうわたなべつしまのかみ》から使者《ししや》があつて、今宵《こよひ》の一條《いちじやう》は明早朝屋敷《みやうそうちやうやしき》まで申出《もをしで》よとの命令《めいれい》がさがる。イヤなかなかの大騷《おほさわ》ぎであります。

翌朝泰治《よくちやうたいち》が國家老《くにがらう》の屋敷《やしき》へ出頭《しゆつとう》の支度《したく》を致《いた》して居《お》りますところへ、ひよつこり才一郎《さいいちろう》が起《お》き出《だ》して來《き》ました。

『先生樣《せんせいさま》、あれから私《わたく》は又夢《またゆめ》にお告《つ》げを受《う》けました。』

『してそれは何《ど》んなお告《つげ》で……。』

『實《じつ》は夜前《やぜん》の御幣《ごへい》でム《ござ》りまするが、あれは勿體《もつたひ》ないから燎《かゞり》の中《なか》へ入《い》れて燒《や》けとの事《こと》でム《ござ》ります。さう致《いた》しませうか。』

『そりア飛《と》んだことぢや。一體昨夜《たいさくや》のやうな奇瑞《きずい》は二度《ど》と世《よ》にあるべき事《こ》とも覺《おぼ》えない。況《ま》して彼《あ》の御幣《ごへい》は、神樣《かみさま》が御親《おんみづ》から切《き》らせ給《たま》へる品《しな》ぢや。二つと人間界《にんげんかい》に見出《みいだ》さるゝ物《もの》ではない。ついては子々孫々《しゝそん〴〵》大切《たいせつ》に祭祀《さいし》し奉《たてまつ》るにより、燒《や》き棄《す》てる事《こと》は御免《ごめん》くださるやうに、才《さい》一郎《ろう》その方《はう》からひたすら神樣《かみさま》にお願《ねが》ひして見《み》てくれい。若《も》しその儀叶《ぎかな》はざる時《とき》は、お上《かみ》へ差上《さしあ》げ、御城《おしろ》のお守《まも》りに致《いた》してもよい。兎《と》にも角《かく》にも燒《や》き棄《き》てる事《こと》は幾重《いくえ》にも御免恕《ごめんじよ》を頂《いたゞ》きたい。勿論彼《もちろんか》の御幣《ごへい》を奉祀《ほうし》するについては新《あら》たに社壇《しやだん》を設《まう》け力《ちから》の及《およ》ぶ限《かぎ》り鄭重《ていちやう》に致《いた》すつもりぢや。くれ〴〵も才一郎《さいいちろう》その方《はう》から神樣《かみさま》にお願《ねが》ひして呉《く》れ……。』

泰治《たいぢ》は才《さい》一郎《ろう》をつかまへて熱心《ねつしん》に口說《くど》き立《た》てます。才《さい》一郎《ろう》もこれにはいさゝか當惑《とうわく》して、

『私《わたくし》はたゞ夢《ゆめ》で右《みぎ》のお告《つげ》を受《う》けた丈《だけ》のことですから、このまゝ祈《き》願《がん》してもすぐに験《しるし》が有《あ》らうとも思《おも》はれません。これから水《みづ》を浴《あ》び、一生懸命《いつしやうけんめい》になつて祈願致《きがんいた》して見《み》ませう。』

『是非《ぜひ》さうして貰《もら》ひたい。兎《と》に角《かく》私《わたくし》は對馬守殿《つしまのかみどの》へ出頭《しゆつとう》せにやならぬ……。』

御幣《ごへい》は神壇《しんだん》深《ふか》く奉納《ほうのう》して置《お》いて泰治《たいぢ》は國家老《くにがらう》の邸《やしき》に出頭《しゆつとう》し、夜前《やぜん》の事柄《ことがら》を初《はじめ》から終《しまひ》まで事《こと》こまやかに申上《まをしあ》げたのでした。十六日《にち》はそんな事《こと》で終《をわ》り、翌《あ》くる十七日《にち》の暁《あかつき》才《さい》一郎《ろう》は、又《また》も夢《ゆめ》で神告《しんこく》を受《う》けました。それは

『御幣奉祀《ごへいほうし》の儀《ぎ》はたやすからぬ事《こと》なれど、篤《とく》と相談《さうだん》し、十八日迄《にちまで》に返答《へんとう》すべし。』

といふのでした。で、十八日《にち》の夜《よ》は一同《いちどう》右《みぎ》の返事《へんじ》を待《ま》ちましたがついに何等《なんら》のお告《つげ》も降《くだ》りませんでした。芙山老師《ようざんらうし》は心配《しんぱい》して、泰治《たいじ》に向《むか》ひ、

『あれは柳田家《やなぎだけ》へ賜《たまわ》はり、焼《や》けと命《めい》ぜられた物《もの》ぢや。それをお前《まへ》が殿様《とのさま》へさげ

てくれなど〻願《ねが》ふのは筋道《すじみち》が違《ちが》つて居《ゐ》る。必《かな》らず神様《かみさま》のお心《こゝろ》に背《そむ》いて居《ゐ》るに相《そう》違《ゐ》ない。急《いそ》いで神様《かみさま》へお詫《わ》びを申上《まをしあ》げるがよい。』と說《と》きましたので、泰治《たいち》も俄《にわ》かに恐《をそ》ろしくなり、水《みづ》を浴《あ》びてお詫《わび》びしたのでした。

十九日《にち》はお祭《まつり》の最終《さいしゆう》の日《ひ》でありますから皆々《みなく》早天《さうてん》から起《を》き出《い》で食事《しよくぢ》にか〻らうとすると、才《さい》一郎《らう》も起《を》き出《だ》して來《き》て、

『難有《ありがた》い夢《ゆめ》のお告《つげ》がありました。』

と申《まをし》します。

『ナニ有難《ありがた》いお告《つげ》……。何《ど》……何《ど》ういふお告《つ》げぢや？』

泰治《たいち》をはじめ一同才一郎《どうさいいちらう》の身邊《しんぺん》に寄《よ》り集《あつま》りました。

『昨晩《さくばん》お出《い》でのお方《かた》も例《れい》のお方《かた》でしたが』と才一郎《さいいちらう》はやがて語《かた》りはじめました。『あの御幣《ごへい》は折角柳田家《せつかくやなぎだけ》へ持來《もちきた》りしものであるのに殿様《とのさま》へ差上《さしあ》げたいとは

いかなる了簡《りようけん》ぢやとひどいお叱《しか》りで厶《ござ》りました。私《わたくし》も困《こま》り入《い》り、だん〳〵お詫《わ》びを申上《まをしあ》げますと、神様《かみさま》は柳田家《やなぎだけ》に社頭《しやとう》を建《た》て大切《たいせつ》に祭《まつ》れ！　社頭《しやとう》は別《べつ》に華美《かび》にするには及《をよ》ばぬ、たゞ清淨《せいじやう》を第《だい》一に心懸《こゝろが》けよとの仰《おほ》せで厶《ござ》ります。』

『有難《ありがた》い事《こと》ぢや！』

と泰治《たいじ》は肺肝《はいかん》から叫《さけ》びました。才《さい》一郎《らう》は言葉《ことば》をつゞけ、

『尙《な》ほ一旦奉祀《たんほうし》せる御幣《ごへい》は必《かな》らず人《ひと》に拜《おが》ますべからず、若《も》しこの命令《めいれい》を破《やぶ》れば極《きわ》めて祟《たゝ》りあり、きびしく愼《つゝし》めよとの神様《かみさま》の仰《おほ》せで厶《ござ》ります。乃《そこ》で私《わたくし》は不圖《ふと》心《こゝろ》附《づ》き、家内《かない》のもので未《ま》だ御幣《ごへい》を拜禮《はいれい》せぬものが厶《ござ》りますから、一度《ど》御許《おゆる》しくだされたいと願《ねが》ひましたところ、神様《かみさま》は暫時《しばらく》お考《かんが》へになられ、左樣《さよう》ならば一遍拜禮《ぺんはいれい》を許《ゆる》すと仰《おほ》せられました。』

之《これ》をきいて並《な》み居《ゐ》る人達《ひとたち》は何《いで》れも感涙《かんるい》を催《もよう》しました。才《さい》一郎《ろう》の物語《ものがたり》は尙《な》ほもつゞきました。

『神様《かみさま》の仰《おほ》せには、この御幣《ごへい》を大切《たいせつ》に祭《まつ》る時《とき》は當家《とうけ》は勿論《もちろん》親類《しんるい》に至《いた》る迄《まで》長《なが》く火《か》難《なん》を免《のが》れるとの儀《ぎ》に厶《ござ》ります。乃《そこ》で私《わたくし》が又《また》ふと心付《こゝろつ》き、凡夫《ぼんぷ》の事《こと》でお祭《まつり》其他何《そのたなに》かにつけて御心《みこゝろ》に協《かな》はぬ事《こと》も厶《ござ》りませうその節《せつ》は私《わたくし》にお告《つ》げくだされ、祟《たゝり》の儀《ぎ》は偏《ひとへ》に御免《ごめん》くだされいと申上《まをしあ》げまするど、承知致《しやうちいた》した、との御返事《ごへんじ》で厶《ござ》りました。神様《かみさま》は先生《せんせい》をはじめ皆様《みなさま》のお年齢《とし》を一人《ひとり》々々にお尋《たづ》ねで厶《ござ》りました……。』

『勿體《もつたい》ない事《こと》ぢや。』

一同《どう》は神前《しんぜん》に集《あつ》まつて衷心《ちうしん》から御禮《おれい》を申《まを》し上《あ》げたのでした……。』

門前《もんぜん》の飾《かざ》りを撤《と》つたのは其日《そのひ》の夕方《ゆふかた》でした。そして家内《かない》一同《どう》御幣《ごへい》を奉拝《ほうはい》の上《うへ》、厚《あつ》く封《ふう》じて御酒《おみき》を供《そな》へ恭《うや》しく神壇《しんだん》に納《おさ》めたのでした。

八　巻物《まきもの》の燒棄《やきすて》

越《こ》えて十月《ぐわつ》二十八日《にち》には長男《ちやうなん》の太郎馬《たらうま》、當人《たうにん》の才《さい》一郎《らう》、町内《ちやうない》の大阪屋《おほさかや》彦助《ひこすけ》の三人が同道《どうだう》で名古屋《なごや》を立出《たちい》で十一月朔日《ぐわつついたち》には秋葉山《あきはさん》に登《のぼ》りて御本殿《ごほんでん》を拜《はい》し、其《その》夜《よ》はお山籠《やまごも》りをなし、二日《か》早朝《そうちやう》下山《げさん》、同《ど》四日《か》無事《ぶじ》歸宅《きたく》しました。豫《か》ねて邸《やしき》の鬼門《きもん》の空地《あきち》に建築中《けんちくちう》であつた祠堂《しどう》がこの程《ほど》出來《しゆつらい》しましたので同《どう》八日《か》にはお宮遷《みやうつ》しを行《おこな》ひ、其夜《そのよ》は家内《かない》打寄《うちよ》り、餅《もち》など投《な》げて祝意《しゆくい》を表《へう》し、その後《ご》も引續《ひきつゞ》いて御酒《おみき》を供《そな》へることにしました。かくて數日《すうじつ》は何事《なにごと》もなく打過《うちす》ぎましたが同《どう》十七日《にち》に不圖《ふと》したことから大失策《おほしくじり》をやりました。

その前々日《ぜんぜんじつ》に才《さい》一郎《らう》は何《なん》と思《おも》つたか新《あた》らしい筆《ふで》を一本《ぽん》求《もと》めて來《き》てそれを自分《じぶん》の卓《つくゑ》の抽出《ひきだ》しに藏《しま》つて置《お》きました。三男《なん》の三郎《らう》がそれをきゝつけ、十七日《にち》の午《うま》時《どき》、小供心《こどもごゝろ》の好奇心《ものずき》から右《みぎ》の抽出《ひきだ》しを開《あ》けて見《み》ると、何《なに》やら紙《かみ》に包《つゝ》んだものがあつて、それに『秋葉宮《あきはのみや》』と書《か》いてあります。

『才《さい》一さん』と何心《なにごゝろ》なく三郎《らう》は尋《たづ》ねました。『今《いま》お前《まへ》の卓《つくゑ》の抽出《ひきだ》しを開《あ》けて見《み》ると秋葉宮《あきはのみや》と書《か》いた包物《つゝみもの》があつたが、あはれ一體何《たちなに》かい……。』

それを聞《き》くと同時《どうじ》に才《さい》一郎《らう》はびつくり仰天《ぎやうてん》したさまで、物《もの》をも言《い》はず、馳《は》せ行《ゆ》きて右《みぎ》の紙包《かみづゝみ》を取《と》るより早《はや》く急《いそ》いで焚火《たきび》の中《なか》に放《はう》り込《こ》んで了《しま》ひました。

愕《おどろ》いたのは三郎《らう》をはじめ、側《はた》に居合《ゐあ》はせた人々《ひと〴〵》です。

『これ〳〵才《さい》一郎《らう》、お前《まへ》は全體何《ぜんたいど》うしたといふのぢや？』さう言《い》つたのは兄《あに》の太郎馬《たらうま》でした。『三郎《らう》はたゞ上書《うはがき》を見《み》た丈《だけ》で、中身《なかみ》は何《なん》だか知《し》りはしない。燃《もや》さなくてもよかりさうなものだが……。』

『ナニ中身《なかみ》はまだ見《み》ない……。それなら燃《もや》すのではなかつた！ 飛《と》んだことをして了《しま》つた！』

才《さい》一郎《らう》は忽《たちま》ち其場《そのば》にワツと泣《な》き崩《くづ》れて了《しま》ひました。

太郎馬《たらうま》も心配《しんぱい》して、重《かさ》ねて訊《たづ》ねました。

『一體《たい》あれは何品《なにしな》なのかい？』

『あれは秋葉山《あきはさん》の御眷族樣《ごけんぞくさま》から戴《いたゞ》いた大事《だいじ》の〳〵のお手本《てほん》です。十四日《か》の晩《ばん》に私《わたし》の枕元《まくらもと》へお出《い》でになり、其方《そのはう》がお山《やま》で願《ねが》つた手本《てほん》、今爰《いまこゝ》で書《か》いて遣《つか》はすと仰《お》つしやつて、書《か》いてくだすつたお卷物《まきもの》です……。勿體《もつたい》ないことをして了《しま》つた……。』

オロ〳〵聲《こゑ》で掻《か》き口說《くど》きます。

『そいつは全《まつた》く勿體《もつたい》ないことをしたものだ。中身《なかみ》は何《なに》が書《か》いてあるのかい？』

『中身《なかみ》は大小《だいせう》二卷《くわん》に分《わか》れ、大《だい》の方《はう》は眞行草《しんぎやうさう》の三體《たい》、小《せう》の方《はう》は楷書《かいしよ》で、細字《ほそじ》で御《ご》文章《ぶんしやう》が書《か》いてあります。大變《たいへん》六ケ敷《し》いものだから、私《わたし》には讀《よ》めませんと申上《まをしあ》げたところ、神樣《かみさま》は二三遍《べん》敎《をし》へてくだされ、私《わたし》はすぐに讀《よ》み覺《おぼ》えましたが、只今《たゞいま》では所々《ところ〴〵》忘《わす》れて了《しま》ひました。右《みぎ》のお手本《てほん》を下《くだ》すッた時《とき》に神樣《かみさま》は、この頃《ごろ》は大勢《おほぜい》よく參詣致《さんけいいた》したナ、と仰《あふ》せられました。思《おも》へば〳〵大切《たいせつ》の寶物《はうもつ》を灰《はひ》にして了《しま》つて、殘念《ざんねん》で耐《たま》りません。何《ど》うしたらいゝでせう……。』

『さア何《ど》うしたらいゝかしら……。』

一同《どう》弱《よわ》り切《き》つて居《ゐ》る所《ところ》へ、主人《しゆじん》の泰治《たいぢ》が外《そと》から戻《もど》つて來《き》て一伍《ぶし》一什《じう》の顚末《てんまつ》をきゝました。

『フムソリア三郎《らう》の惡《わる》いことは申《まを》すまでもないが、才《さい》一郎《らう》も宜《よろ》しくない。それほど大切《たいせつ》の品物《しなもの》ならば、われ等《ら》も神様《かみさま》にお禮申上《れいまをしあ》げ、又小供等《またこどもら》にも言《い》ひきかせて置《お》くところであつた。物事《ものごと》を隱《かく》し置《お》くから斯樣《かやう》の不都合《ふつがふ》も出來《しゆつたい》する。が――濟《す》んだことは何程歎《なにほどなげ》いたとて詮《せん》なき事《こと》ぢや。水《みづ》を浴《あ》びて神樣《かみさま》にお詫《わ》びをするがよからう。』

諄々《じゆんじゆん》と說法《せつぽふ》しましたので才《さい》一郎《らう》も漸《やうや》く淚《なみだ》を收《をさ》め、言《い》はるゝ通《とほ》り水《みづ》を浴《あ》びてお詫《わ》びをしたのでした。

すると其夜《そのよ》又例《またれい》の天狗《てんぐ》さんが才《さい》一郎《らう》の枕元《まくらもと》に現《あら》はれ、

『燒《や》き棄《す》てた上《うへ》は致方《いたしかた》なし、別《べつ》に一本書《ぽんか》いてつかはす。但《たゞ》し以後手本《いごてほん》は當方《たうはう》に預《あづ》かり置《お》く……。』

と言《い》はれたさうで、十八日《にち》の朝《あさ》の才《さい》一郎《らう》は前日《ぜんじつ》とは打《う》つてかはつた上機嫌《じやうきげん》のニコ〳〵ものでした。

九　偉《えら》いものにしてやる

その朝長男《あさちやうなん》の太郎馬《たらうま》は才《さい》一郎《らう》に向《むか》ひ、

『昨晩《さくばん》は外《ほか》にも何《なに》か神様《かみさま》から伺《うかゞ》つた事《こと》があるだらう。今朝《けさ》のお前《まへ》の顏《かほ》は莫迦《ばか》に嬉《う》れしさうではないか。』

と訊《たづ》ねました。それは獨《ひと》り笑壺《えつぼ》に入《はひ》て居《ゐ》る才《さい》一郎《らう》の樣子《やうす》が尋常《じゆんじやう》でないと見《み》たからでした。すると果《はた》して

『無《な》いこともありません……。』

といふ返答《へんたふ》です。

『矢張《やはり》さうだツたのだネ。差閊《さしつかへ》がないなら、われ〳〵もその吉報《きつぽう》のお裾分《すそわ》けに

預《あつか》り度《た》いものだネ……。』

『實《じつ》は神様《かみさま》が、あなたをはじめ他《ほか》の人々《ひとびと》を皆守護《みなしゆご》してやると仰《お》ツしやいました……。』

『それは難有《ありがた》いが、外《ほか》にも何《な》にかあるだらう。』

『わたくしの事《こと》を偉《えら》いものにしてやると仰《おふ》せられましたので……。』

『成程《なるほど》それで讀《よ》めた！　お前《まへ》の今朝《けさ》のニコ〳〵する樣子《やうす》は、ドーも只事《たゞごと》ではないと思《おも》つた。偉《えら》い者《もの》とは奥御醫師《おくごいし》にでも出世《しゆつせい》することなのかね？』

『さうではないのです。殿樣《とのさま》よりも偉《えら》いものになるのださうで……。』

『こいつアドーも驚《おどろ》いた！　ぢや神様《かみさま》にでもなるのかね？』

『さうださうです。』と飽《あく》まで眞面目《まじめ》に『しかし、この事《こと》は何卒御内々《どうぞごないない》に願《ねが》ひまする……。』

『あゝいゝとも。――めツたにお喋《しやべ》りはしないから安心《あんしん》するがいゝ。』

右《みぎ》の天狗《てんぐ》さんはその後《ご》引《ひ》きつゞいて、ちよい〳〵現《あら》はれて色々《いろ〳〵》の事《こと》を才《さい》一郎《らう》に指圖《さしづ》するのでした。

二十日《か》の夜《よ》の託宣《たくせん》は、

『その方《はう》もいよ〳〵秋葉大權現《あきばだいごんげん》のお附《つき》になされ、十二月朔日《ぐわつついたち》にはお山《やま》へ連《つ》れて行《ゆ》かれる。』

といふのでした。二十五日《にち》の夜《よる》のは、

『太郎馬《たらうま》と卓齊《たくさい》と師匠《ししやう》の泰治《たいぢ》とその方《はう》の父《ちゝ》とには三尺坊樣《じやくばうさま》のお姿《すがた》を拜《をが》ませることになつた。家内《かない》のものに拜《をが》ませるか拜《をが》ませぬかは一應相談《おうさうだん》の上《うへ》で返事《へんじ》する。一體《たい》その方《はう》をこれまで難澁致《なんじふいた》させたのは、身《み》を堅《かた》めさせせんが爲《た》めに俺《おれ》がした業《わざ》である。最《も》う寢小便《ねせうべん》もせんであらう。その方《はう》のことは實《じつ》は赤兒《あかご》の內《うち》から見込《みこ》んで居《ゐ》たのである。それ故今般《ゆゑこんぱん》お附《つき》になれる……。』

次《つ》いで二十七日夜《にちや》半過《はんす》ぎに姿《すがた》を現《あら》はして才《さい》一郎《らう》に告《つ》げた言葉《ことば》は、

『家内《かない》の者《もの》どもに三尺坊様《じやくばうさま》のお姿《すがた》を拜《をが》ませたいといふ願《ねがひ》の趣《おもむ》きは叶《かな》ひたれども僕利助《しもべりすけ》のみは不信心《ぶしんじん》もの故其儀《ゆゑそのぎ》不相叶《あひかなはず》……。』

この託宣《たくせん》につきて太郎馬《たらうま》が、『お供物《そなへもの》は如何《いかゞ》致《いた》すべきや』と才《さい》一郎《らう》を經《へ》て尋《たづ》ねますと、次《つ》ぎのやうな答《こたへ》を得《え》ました。

『供物《そなへもの》は何《なに》も要《い》らぬ。たゞ清淨《せいじやう》なる水《みづ》を桶《をけ》に入《い》れ、八足臺《そくだい》に載《の》せて鳥居《とりゐ》の外《そと》へ据《す》え、棗《なつめ》の木《き》の所《ところ》より竹《たけ》を横《たこ》たへて仕切《しきり》を致《いた》し、それより内《うち》へ何人《なんびと》も入《はい》れぬ様《やう》にせよ。若《も》し入《はい》ると大《だい》なる怪我《けが》をするぞ。惣《そう》じて當日《たうじつ》は夕方《ゆうがた》より裏《うら》へ出《で》てはならぬ。御來臨《ごらいりん》の刻限《こくげん》は正《しやう》五ツ時《どき》、時刻《じこく》來《きた》らば何《いづ》れも裏《うら》へ出《で》て禮拜《れいはい》し奉《たてまつ》るべし。御眷族《ごけんぞく》の内《うち》にはお手荒《てあら》なるお方《かた》もあれば、事《こと》によると家《うち》の内《なか》へお這入《はい》りなさると同時《どうじ》に地震《ちしん》のやうな事《こと》が出來《しゆつたい》せぬとも限《かぎ》らぬ。されど人間《にんげん》に怪我《けが》はさせぬから安心《あんしん》するがよい。そして其際《そのさい》一同《どう》は一心《しん》にオンヒラヒラケンノウソワカ――この眞言《しんごん》を唱《とな》へて居《を》れ。才《さい》一郎《らう》は明日《みやうにち》より斷食《だんじき》すべし……。』

十　神《かみ》の姿《すがた》

才《さい》一郎《らう》は命令《めいれい》を固《かた》く守《まも》り、その日《ひ》より何物《なにもの》も食《た》べずに居《を》ります内《うち》に、早《はや》くも約束《やくそく》の二十八日《にち》になりました。乃《そこ》で才《さい》一郎《らう》は桶《をけ》に水《みづ》を汲《く》み入《い》れて八足臺《そくだい》に載《の》せる、竹竿《たけざほ》で仕切《しきり》をつける——指圖《さしづ》された通《とほ》りの準備《じゆんび》を致《いた》しました。但《たゞ》し、命令《めいれい》なれば御燈明《おとうみやう》も供《そな》へず、お燎《かゞり》も焚《た》かず、何《いづ》れも鎭《しづ》まり返《かへ》つて地《ち》に伏《ふ》して時刻《じこく》を待《ま》ちました。三尺坊《じやくばう》に拜顔《はいがん》の許可《きよか》を得《え》て居《ゐ》る面々《めん〳〵》は才《さい》一郎《らう》の父《ちゝ》淺井才亮《あさゐさいりやう》、師匠《ししやう》柳田泰治《やなぎだたいぢ》、同妻《どうつま》、惣領太郎馬《そうりやうたらうま》、二男卓齋《なんたくさい》、三男三郎《なんらう》、泰治《たいぢ》の再從兄《いとこ》に當《あた》る駿州《すんしう》清見寺隱居芙山老師《せいけんじゐんきよふざんらうし》の七人《にん》でした。

と、忽《たちま》ち一同《どう》の眼前咫尺《がんぜんしせき》の所《ところ》にあり〳〵と現《あら》はれましたのが三尺坊《じやくばう》並《ならび》に其《その》眷族達《けんぞくたち》の神々《かう〴〵》しい姿《すがた》……。

(神姿《しんし》を物語《ものがた》ることは嚴禁《げんきん》で、若《も》し之《これ》を犯《をか》せば生命《いのち》を奪《うば》はれると言《い》はれて居《ゐ》ますので、之《これ》に關《くわん》することは一言半句《げんはんく》も書《か》き殘《のこ》してありません。大正《たいしやう》九年《ねん》に物故《ぶつこ》した太郎馬《たらうま》の政寛氏《まさひろし》は、日頃家族《ひごろかぞく》の者《もの》に向《むか》ひ、自分《じぶん》がいよ〳〵死《し》ぬ時《とき》には、御《ご》神姿《しんし》を物語《ものがた》らうと言《い》つて居《ゐ》たさうですが、さて病《やまひ》が重《おも》くなると、それにつれて意識《いしき》が朦朧《もうろう》となり、とう〳〵何《なに》も言《い》はずに長逝《ちやうせい》したさうです。二男《なん》の卓齋《たくさい》、三男《なん》の三郎兩人《らうりやうにん》の場合《ばあひ》にも皆同様《みなどうやう》であつたと申《まを》します。されば神姿《しんし》の記錄丈《きろくだけ》は永《えい》久《きう》に失《うしな》はれた譯《わけ》であります。)

眼《ま》のあたり神姿《しんし》に接《せつ》した七人《にん》の人達《ひとたち》は何《いづ》れも感極《かんきは》まつてうれし淚《なみだ》に咽《むせ》んだと申《まを》しますが、さもあるべき事《こと》でありませう。するとやがて才《さい》一郎《らう》が側《わき》から、

『御拜禮《ごはいれい》が濟《す》んだなら早々《さう〳〵》家《うち》の内《なか》へお這入《はい》りください……。』

と申《まを》しますので皆々座敷《みな〳〵ざしき》へ歸《かへ》り一心《しん》に眞言《しんごん》を唱《とな》へて居《を》りますと、間《ま》もなく才《さい》一郎《らう》も後《あと》からやつて來《き》て、

『神様達《かみさまたち》は最早《もはや》お立《た》ちになられました。――御三方《ごさんぽう》の傍《そば》に斯《こ》んなものが置《お》いて

ありましたが、大方今晩《おほかたこんばん》のお土産《みやげ》でム《ござ》いませう。』

さう言《い》つて才《さい》一郎《らう》は割松《わりまつ》一把《ば》を差出《さしだ》しました。

『ヤレ〳〵有難《ありがた》いことだ！』

感涙《かんるゐ》に咽《むせ》びつゝ一同《どう》再《ふたゝ》び神前《しんぜん》へまかり出《い》で御禮《おれい》を申上《まをしあ》げ、さて桶《をけ》を檢《しら》べて見《み》ると、最初《さいしよ》二斗《と》ばかりあつた水《みづ》が纔《わづ》かに二合《がふ》ほどに減《へ》つて居《を》ります。其附近《そのふきん》を見《み》ても何所《どこ》にも水《みづ》のこぼれた痕跡《こんせき》がありません。

『神様《かみさま》が召《め》し上《あが》つてくだすつたのだ。勿體《もつたい》ない話《はなし》だ。』

一同《どう》たゞ〳〵感涙《かんるゐ》に咽《むせ》んで拜謝《はいしや》し奉《たてまつ》るより外《ほか》ありませんでした。

この夜《よ》一同《どう》をびツくりさせたのは才《さい》一郎《らう》が太郎馬《たらうま》に一通《つう》の書置《かきおき》の手紙《てがみ》を渡《わた》したことでした。その文言《ぶんげん》は斯《こ》うです――。

『私儀今般秋葉大權現様《わたくしぎこんぱんあきばだいごんげんさま》お附《つき》に相成候《あひなりさふらふ》に就《つ》きては、慶應《けいおう》三年《ねん》十二月朔日夜御《ぐわつついたちよみ》山《やま》へ參《まゐ》り申候《まをしさふらふ》。歸宅《きたく》は早《はや》くて來年《らいねん》遲《おそ》くて再來年中《さいらいねんちう》に成《な》り申候《まをしさふらふ》。皆様《みなさま》には近《きん》近《きん》の中歸《ちゆうき》宅致《たくいた》し候《さふらふ》と申《まをし》候《さふら》へども、あなたさまには鳥渡申上《ちよつとまをしあげ》候《さふらふ》。以上《いじやう》』

狀袋《じやうぶくろ》の表《おもて》には『柳田太郎樣《やなぎだたらうさま》。才一郎《さいいちらう》』と認《したゝ》めてありました。

『いよ〱飛《と》んでもない事《こと》になつて來《き》た……。』

あぶなツかしいやうな、しかし何《なに》やらうれしくもあり、かなしくもなるやうな複雜《ふくざつ》な感《かん》が人々《ひとびと》の胸《むね》に漲《みなぎ》りました。

十一　三寸角《すんかく》の餅《もち》

二十九日《にち》には御神酒《おみき》を供《そな》へ、燎《かゞり》をたきてお禮《れい》を申上《まをしあ》げたのでしたが、丁度《ちやうど》正午《ひる》時分《じぶん》に三郎《らう》が不圖《ふと》社壇《しやだん》の背後《うしろ》へ行《ゆ》きますと、三寸角許《ずんかくばかり》の餅《もち》が幾《いく》つも落《お》ちて居《ゐ》ました。

『どうして斯《か》んなところに餅《もち》が置《お》いてあるのかしら……鼠《ねずみ》でも引《ひ》いて來《き》たのかナ。』

深《ふか》くは氣《き》にもとめず、それなりに忘《わす》れて居《ゐ》ました。

翌《あ》くれば晦日《みそか》、二男《なん》の卓齋《たくさい》が才《さい》一郎《らう》に向《むか》ひ、

『一體《たい》何《ど》うすれば御神慮《ごしんりよ》に叶《かな》ふものかしら……。』

といふ質問《しつもん》を發《はつ》しました。それに對《たい》する才《さい》一郎《らう》の答《こたへ》はなか〳〵十七八歳《さい》の青年《せいねん》の口《くち》から出《で》さうに思《おも》はれぬ程《ほど》すぐれたものでした。即《すなは》ち

『人《ひと》の爲《し》ともながる事《こと》は人《ひと》にさせず、自身《じしん》に爲《す》るやうに心懸《こゝろが》け、又人《またひと》を誹《そし》ることをやらぬやうに心懸《こゝろが》くれば神《かみ》の御心《みこゝろ》に協《かな》ひまする。』

といふのでした。無論《むろん》判《わか》り切《き》つたことではありますが、その實行《じつかう》が能《で》きればなか〳〵大變《たいへん》なことに相違《さうゐ》ありません。

いよ〳〵其翌日《そのよくじつ》は十二月《ぐわつ》の朔日《ついたち》であります。才《さい》一郎《らう》は其日《そのひ》まで斷食《だんじき》でしたが、その起居動作《ききよどうさ》を見《み》るに少《すこ》しも平常《ふだん》と變《かは》つたところがありません。この一事《じ》は當時《たうじ》柳田家《やなぎだけ》に宿泊《しゆくはく》して居《ゐ》た芙山老師《ふざんらうし》の特《とく》に感歎《かんたん》せる點《てん》でした。老師《らうし》は雲水《うんすゐ》の

頃《ごろ》七日《か》間斷食《かんだんじき》し、清水《せいすい》を飲《の》んで修行《しうぎやう》したことがあるのです。所《ところ》で、その經驗《けいけん》によれば三日目《かめ》といふ時《とき》は格別困難《かくべつこんなん》な時《とき》で、苦《くる》しくて耐《たま》らぬものなのださうですが、才《さい》一郎《らう》は三日《か》間水《かんみづ》一滴《てき》だに飲《の》まずして、別《べつ》に困《こま》つた樣子《やうす》を見《み》せません。不審《ふしん》の餘《あま》り老師《らうし》が其理由《そのりいう》をたゞしますと、才《さい》一郎《らう》の答《こたへ》に、具合惡《ぐあひあ》しくならぬこともありませんが、そんな時《とき》には暫時《ざんじ》眠《ねむ》ると元《もと》の通《とほ》りになり、歩行《ほかう》なども樂《らく》になるといふのです。それをきいて芙山和尙《ふさんおしやう》はます〳〵愕《おどろ》き、一たい三日《か》も斷食《だんじき》すれば手足倦《てあしだる》く、なか〳〵歩行《ほかう》などの能《でき》たものでない。それがさうでないのはたしかに神樣《かみさま》の御守護《ごしゆご》のお蔭《かげ》である。才《さい》一郎《らう》は最早凡境《もはやぼんきやう》の人間《にんげん》では厶《ござ》らぬ、と申《まを》したのでした。

何《な》にしろ今日《こんにち》はお別《わか》れの日《ひ》であるといふので、才《さい》一郎《らう》は清淨《せいじやう》なる湯《ゆ》に浴《よく》し、午《ご》餐後《さんご》は神樣《かみさま》からの差圖《さしづ》だと言《い》つてお土産物《みやげもの》を買調《かひとゝの》へて荷《に》づくろひを致《いた》し、

『これですツかり準備《したく》が出來《でき》ましたから少《すこ》し休《やす》ませて貰《もら》ひます。』

と言《い》つてうつら〱眠《ねむ》りに就《つ》きました。

が、程《ほど》なく彼《かれ》は目《め》を覺《さ》まして泰治《たいぢ》の側《わき》へ參《まゐ》り斯《く》んな物語《ものがたり》をしました――。

『只今《たゞいま》私《わたし》が眠《ねむ》つて居《を》りますと、神様《かみさま》がお現《あらは》れになり、二十九日《にち》に社壇《しやだん》の背後《うしろ》へ餅《もち》を置《お》いてあつたのを三郎《らう》に見《み》られた。一體《たい》社壇《しやだん》の背後《うしろ》へは行《ゆ》くこと成《な》らぬとかね〲申付《まをしつ》けてあるに、その方《はう》がその旨《むね》を申傳《まをしつた》へることを怠《おこた》つて居《ゐ》たばかりに斯様《かやう》な失禮《しつれい》が出來《しゆつたい》したのだ。早《はや》く水《みづ》を浴《あ》びてお斷《ことわ》り申《まを》せ。今後《こんご》決《けつ》して社壇《しやだん》の背後《うしろ》へ行《い》つてはならぬ。若《も》し掃除《さうぢ》でもする時《とき》は、前日《ぜんじつ》にその旨《むね》をお斷《ことわ》り申上《まをしあ》げ夜分《やぶん》五ツ時《どき》より以後《いご》は御《ご》神前《しんぜん》へも行《い》つてはならぬ。今日《こんにち》から爰《こゝ》が神様《かみさま》の御《ご》休息《きうそく》所《じよ》となつたのであるから、何時《いつ》神様《かみさま》が入《い》らせられることがあるかも知《し》れぬ。大《おほ》屋根《やね》、土《ど》藏屋根《ざうやね》等《とう》も同様《どうやう》である。左《さ》り乍《なが》ら據《よんどころ》なき節《せつ》は苦《くる》しからず。この旨《むね》屹《きつ》度《と》心得《こゝろえ》よ、――斯《こ》ういふ仰《あふ》せで厶《ござ》ります。何分《なにぶん》にも向後《かうご》は御《ご》注意《ちうい》を願《ねが》ひます。又《また》三郎様《らうさま》には御《お》氣《き》の毒《どく》でも水《みづ》を浴《あ》びてお詫《わ》びをしていたゞきます……。』

泰治《たいち》も驚《おどろ》いて早速《さつそく》三郎《らう》に命《めい》じ、水《みづ》を浴《あ》び神前《しんぜん》に拜伏《はいふく》してお詫《わ》びを申上《まをしあ》げさせたのでした。

十二　秋葉山入《あきばさんい》り

その日《ひ》もやがて暮方《くれがた》になる。神樣《かみさま》の御掟《ごちやう》だといふので誰一人《たれひとり》裏《うら》へ出《で》るものがありません。すると初更《しよかう》の頃《ころ》、うつら〳〵と玄關《げんくわ》で假睡《うたゝね》をして居《ゐ》た才《さい》一郎《らう》が、忽《たちま》ち大聲《おほごゑ》で

『ハイ〳〵只今《たゞいま》……。』

と怒鳴《どな》ると同時《どうじ》に、ムツクリ起《お》きて裏《うら》の方《はう》へ走《はし》り行《ゆ》きました。

他《ほか》の人達《ひとたち》には別段何《べつだんなん》の呼《よ》び聲《ごゑ》も聞《きこ》えないのですから、何《なん》の事《こと》やらさツぱり譯《わけ》が分《わか》りません。たゞ眼《め》を圓《まる》くして呆氣《あつけ》に取《と》られて居《を》りますと、間《ま》もなく才《さい》一郎《らう》は戻《もど》つて來《き》ました。

『只今裏《たゞいまうら》で神様《かみさま》にお目《め》にかゝつて參《まゐ》りました。』

さう言《い》つて彼《かれ》は其所《そこ》へ坐《すは》り、神《かみ》の言葉《ことば》を傳《つた》へるのでした。

『實《じつ》はこの間社壇《あひだしやだん》の背後《うしろ》に置《お》いてあつた角餅《かくもち》ですが、あれは今晩皆様《こんはんみなさま》と御別《おわか》れのしるしに神様《かみさま》から下《くだ》されたものなさうに厶《ござ》ります。先《ま》づ一つは父上《ちゝうへ》、一つは太郎馬《たらうま》さま、一つは卓齋様《たくさいさま》、一つは三浦信次郎様《うらしんじらうさま》、一つは鈴木岩助様《すゞきいはすけさま》——それぞれに配分《はいぶん》せよとの仰《あふ》せで厶《ござ》ります。それから今晩爰《こんはんこゝ》に居合《ゐあ》はせたる者《もの》には後《ご》刻《こく》お姿《すがた》を拜《をが》ませてくださるとの仰《あふ》せであります。お梅《うめ》どんにも神様《かみさま》の言傳《ことづて》があるのだが……。』

お梅《うめ》といふのは柳田家《やなぎだけ》の下女《げぢよ》なのです。お梅《うめ》はこれをきいてびツくりして、

『それは飛《と》んでもねえことだ。何《なに》かわたしが神様《かみさま》に御無禮《ごぶれい》でもしたのかしら…』

と言《い》つて蒼白《まつさを》になりました。才《さい》一郎《らう》は微笑《びせう》しながら、

『そんなことではないから心配《しんぱい》しなさるな。下女梅《げぢようめ》はその方世話《はうせわ》に成《な》りたるも

のなり。清《きよ》からねども拜《をが》ませよ。去《さ》り乍《なが》ら人《ひと》よりは遠慮《ゑんりよ》して拜《をが》め。――さう神樣《かみさま》が仰《あふ》せられたのです。私《わたし》には何《なん》の事《こと》だかよく分《わか》らぬ節《ふし》もあるが、兎《と》に角《かく》神樣《かみさま》のお姿《すがた》を拜《をが》まして貰《もら》へるのだから安心《あんしん》するがよい。』

『まアー！』

と言《い》つてお梅《うめ》は顏《かほ》を火《ひ》のやうに眞紅《まつか》にしました。彼女《かのぢよ》は當時《たうじ》月經中《げつけいちう》であつたのです。

それから才《さい》一郎《らう》は一旦《たん》寢床《ねどこ》へ入《はい》つて横《よこ》になりましたが、九《こゝの》ツ時《どき》に起《お》き出《い》で、他《ほか》の一同《どう》を引連《ひきつ》れて裏《うら》へ行《い》つて、そして神《かみ》のお姿《すがた》を拜《はい》したのでした。

『何《いづ》れも御神《おんかみ》の御姿《みすがた》を拜《はい》し奉《たてまつ》り、難有《ありがた》さ心魂《しんこん》に徹《てつ》したり。直《たゞち》に別《わか》れの暇乞《いとまごひ》を申《まを》し、さすが名殘《なごり》惜《を》しき樣《さま》にて涙《なみだ》を流《なが》し、何《いづ》れも涕泣《ていきう》して内《うち》へ入《い》る……』

筆者《ひつしや》の泰治氏《たいぢし》は斯《か》う書《か》きつけて居《ゐ》る丈《だけ》で不相變《あひかはらず》神《かみ》の姿《すがた》の描寫《べうしや》はヌキにしてあります。遺《ゐ》憾《かん》千萬《ばん》ながら致《いた》し方《かた》がありません。

さてそれから才《さい》一郎《らう》は屋根《やね》へ登《のぼ》り、他《ほか》の人達《ひとたち》は一心《しん》に眞言《しんごん》を唱《とな》へて居《ゐ》ますと屋根《やね》の上《うへ》から才《さい》一郎《らう》が、

『先生《せんせい》！』

と呼《よ》びますので、泰治《たいぢ》は何事《なにごと》かと戸《と》を開《あ》けて見《み》ますと、

『甚《はなは》だ申兼《まをしか》ねますが何卒《なにとぞ》卓齋様《たくさいさま》の脇差《わきざし》と風呂敷《ふろしき》を一つお貸《か》しください。』

『承知致《しようちいた》した。』

すぐに右《みぎ》の二品《しな》を揃《そろ》へて渡《わた》しますと、

『難有《ありがた》う存《ぞん》じます。』

と言《い》つて受取《うけと》つたが、そのまゝ音《おと》もなくなりました。

一同《どう》は直《す》ぐ御神前《ごしんぜん》へ出《で》て御禮《おれい》を申上《まをしあ》げ、今《いま》はガランとして人影《ひとかげ》のない屋根《やね》を仰《あふ》ぎ見《み》て才《さい》一郎《らう》の前途《ぜんと》を祝福《しゆくふく》し、嚴肅《げんしゆく》な、しかし何《なに》やら物《もの》さびしい氣分《きぶん》で臥床《ふしど》に入《はい》りました。

翌朝《よくてう》御神前《ごしんぜん》を見《み》ると一封《ぷう》の手紙《てがみ》が置《お》いてありました。その文言《ぶんげん》は次《つ》ぎの通《とほ》りでありました。

『私儀《わたくしぎ》九ツ半《こゝのつはんどき》御山《みやま》へ着《つ》き申《まをし》候《さふらふ》。此段《このだん》御安心《ごあんしん》被下《くだされ》度《たく》候《さふらふ》。父上様《ちゝうへさま》、先生《せんせい》、太《た》郎様《らうさま》、卓齋様《たくさいさま》、其外各様《そのほかかくさま》。澤井家《さけゐけ》親類各様《しんるゐかくさま》。』

いよ〳〵才《さい》一郎《らう》は天狗様《てんぐさま》に連《つ》れられて秋葉山入《あきばやまい》りをしたことが明《あきら》かになりましたので、今更《いまさら》のやうに一同《どう》が驚愕《きやうがく》したのも無理《むり》はありません。そして直《たゞ》ちに右《みぎ》の手紙《てがみ》を添《そ》へて父《ちゝ》の才亮《さいりやう》から町奉行所《まちぶぎやうしよ》へ屆《とゞ》け出《いで》ました。その文言《ぶんげん》は左《さ》の通《とほ》りであります。

『私悴《わたくしせがれ》同姓才一郎儀《どうせいさいらうぎ》、先年《せんねん》より寄合御醫師《よりあひおんいし》柳田泰治様《やなぎだたいぢさま》へ寄宿入門《きしゆくにふもん》、醫術修業《いじゆつしうげふ》仕《つかまつ》らせ置《お》き候所《さふらふところ》、當《たう》十月九日《ぐわつこゝのか》同人宅《どうにんたく》に秋葉山御札天降《あきばさんおふだあまくだり》以來《いらい》、追々《おひ〳〵》奇異之事《きいのこと》有《あ》り、委細右節所町代《ゐさいみぎのせつしよちやうだい》より申上置《まをしあげおき》候《さふらふ》由《よし》に御座候處《ございさふらふところ》、今度《このたび》尚《な》ほ又秋葉山《またあきばさん》より御迎《おむか》への御印《おしるし》御座候由《ございさふらふよし》にて、才《さい》一郎事昨夜正九ツ時《らうことさくやしやうこゝのどき》泰治様宅屋根《たいぢさまたくやね》へ上《あが》り候《さふらふ》ままにて行衛《ゆくゑ》相知《あひし》れ申《まを》さず候《さふらふ》處《ところ》、今朝《こんてう》御同人宅裏《どうにんたくうら》に鎭守《ちんじゆ》これあり候《さふらふ》秋葉宮社《あきはぐうしや》の前《まへ》に、寫《うつし》の通《とほ》り書狀差置《しよじやうさしお》きこれあり候《さふらふ》由《よし》につき、右寫《みぎうつ》し一通《つう》相添《あひそ》へ御達《おたつ》し申上《まをしあげ》候《さふらふ》。十二月《ぐわつ》二日《か》。澤井才亮《さはゐさいりやう》。』

十三　五ケ月《げつ》振《ぶ》り

慶應《けいおう》三年《ねん》十二月《ぐわつ》二日《か》から翌慶應《よくけいおう》四年《ねん》(明治元年《めいぢぐわんねん》)戊辰《ぼしん》三月《ぐわつ》に至《いた》る足掛《あしかけ》四ケ月《げつ》、その間《あひだ》一度《ど》も才《さい》一郎《らう》から音信《たより》がありませんでした。雨《あめ》につけ、風《かぜ》につけ、柳田《やなぎだ》家《け》の人達《ひとたち》をはじめ、この事件《じけん》にかゝり合《あ》つたものはありし日《ひ》の事《こと》を想《おも》ひ出《だ》して風評《うはさ》をして居《ゐ》たのでしたが、同《どう》十六日《にち》の夜《よる》八ツ時《どき》過《す》ぎ、泰治《たいぢ》は裏《うら》の高塀《たかべい》の邊《あたり》で割竹《わりだけ》をたゝく樣《やう》な音《をと》をきいて不圖《ふと》眼《め》を覺《さ》ましました。

『コラ誰《たれ》ぢや騷々《さうぐ》しい！早《はや》う廢《よ》さぬか！』

大《おほ》きな聲《こゑ》で寢間《ねま》から咎《とが》めましたが、尙《な》ほ叩《たゝ》いて止《や》めないので、家内《かない》の人々《ひとぐ》は皆眼《みなめ》を覺《さ》まし、提燈《ちやうちん》をつけて裏《うら》へ出《で》て見《み》ると、何《ど》うやら其聲《そのこゑ》は御神前《ごしんぜん》に聞《きこ》えたので何《いつ》れもびツくりして慄《ふる》へ上《あが》りました。

『若《も》しや御神慮《ごしんりよ》に違《たが》つたことでもあつてお咎《とが》めを受《うけ》て居《ゐ》るのではあるまいか。何《なに》はともあれお詫《わ》びをすることぢや……。』

水《みづ》を浴《あ》びるやら、鹽《しほ》を振《ふ》り撒《ま》くやら、眞言《しんごん》を唱《とな》へるやら、皆《みな》〱一ツ所《ところ》に集合《しゆうがふ》し縮み上《あが》つて居《お》りますと忽《たちま》ちガラ〱ツ！と外《そと》から雨戸《あまど》が明《あ》きまして、ひよツくり入《はい》つて來《き》たのは思《おも》ひもよらず才《さい》一郎《らう》でありました。

『才《さい》一郎《らう》で厶《ござ》ります。神前《しんぜん》で父上《ちゝうえ》にお目《め》にかゝり度《た》い儀《ぎ》がありますから御面倒《ごめんだう》でもお呼《よ》び寄《よ》せ下《くだ》さい。』

さう言《い》つて才《さい》一郎《らう》はそのまゝ御神前《ごしんぜん》へ行《い》つて了《しま》ひました。

一同《どう》はいさゝか安心《あんしん》の胸《むね》を撫《な》でおろし、早速使者《さつそくししや》を立《た》てゝ才亮《さいりよう》を呼びにやりますと、才亮《さいりよう》は取《と》るものも取《と》り敢《あ》へずと云《い》つた樣《さま》で大急《おほいそ》ぎでやつてまゐりました。

が、何《な》にしろ先方《むかう》は靈界《れいかい》の人《ひと》なのですから、我兒《わがこ》ながらも今迄《いままで》のやうな亂暴《らんばう》な取扱《とりあつかひ》は能《で》きません。恐《おそ》る〲御神前《ごしんぜん》へまかり出《で》ますと、果《はた》して其所《そこ》には才《さい》一郎《らう》が控《ひか》へて居《ゐ》ました。

『父上《ちゝうへ》で厶《ござ》りますか。先生《せんせい》と太郎樣《たらうさま》もお召《よ》びください……。』

言葉《ことば》少《すく》なに、たゞそれ丈《だけ》を言《い》つたのみでした。

才亮《さいりよう》に呼《よ》ばれて右《みぎ》の兩人《りやうにん》がやがて參《まゐ》りました。そして拜殿《はいでん》の前《まへ》に手《て》をついて恭々《うや〲》しく禮拜《れうはい》しますと、才《さい》一郎《らう》は、

『もちとお進《すゝ》みなされませ、差上《さしあ》げるものが厶《ござ》ります。』

と言《い》つて、お供物《くもつ》だの、盃《さかづき》だのを差出《さしだ》しました。

『これは三尺坊樣《じやくぼうさま》の御供物《おくもつ》で厶《ござ》ります。又《また》このお盃《さかづき》はお山《やま》にて皆々樣《みな〲さま》お召上《めしあが》りのお盃《さかづき》でありますが、三尺坊樣《じやくばうさま》が持《る》つて行《い》つてやれと仰《あふ》せられましたので持參《ちさん》

仕《つかまつ》りました。どうぞ頂戴《ちようだい》してください……。』

『これは〱難有《ありがた》く頂戴致《ちようだいいた》しまする……。』

三人《にん》は一齊《せい》に頭《かうべ》をさげて厚《あつ》くお禮《れい》を申上《まをしあ》げたのでした。

『こゝのお宮《みや》の御普譜《ごふしん》のことについては』とやがて才一郎《さいいちらう》が語《かた》り出《だし》ました『先般私《せんはんわたくし》どもが大阪表《おほさかおもて》に出張《しゆちよう》の砌《みぎり》、眷族《けんぞく》の方《かた》から承知致《しようちいた》しました。何分大阪表《まにぶんおほさかおもて》の御用務《ごようむ》が多《おほ》く手《て》が離《はな》せませぬ爲《た》め、漸《ようや》く此頃《このごろ》お山《やま》へ戻《もど》ることが能《で》きたやうな次第《しだい》、従《したが》つて當所《こちら》へ參上《さんじやう》することが斯《こ》んなに延引《えんいん》して了《しま》ひました。三尺坊樣《じやくぼうさま》も、お宮《みや》を御覽《ごらん》になり、誠《まこと》に結構《けつかう》に出來《でき》たとお讃《ほ》めで厶《ござ》ります。』

泰治《たいち》は歡《よろこ》び、

『私《わたし》どもとしても、それを伺《うかゞ》ひましてまことに恐悦《きようえつ》に存《ぞん》じます。あなたも今後《こんご》ます〱お大切《たいせつ》に御修行《ごしうぎやう》なされませ。私《わたし》はじめ一統《とうゝ》深《か》く御信心申上《ごしんじんまをしあ》げまするにつきましては、今後《こんご》ます〱神樣《かみさま》の御守護《ごしゆご》の程《ほど》を願《ねが》ひ奉《たてまつ》りまする……。』

『その儀《ぎ》は心得《こゝろえ》まして厶《ござ》る……。』

泰治《たいぢ》が退《ど》くと今度《こんど》は卓齋《たくさい》が呼《よ》ばれて大阪表《おほさかおもて》の戰爭《せんさう》……伏見《ふしみ》、鳥羽《とば》、大阪落城《おほさからくじやう》などの戰爭談《せんさうだん》をきかされる。それから才《さい》一郎《らう》の知人《ちじん》で三浦《うら》信《のぶ》四郎《らう》といふ人《ひと》も呼《よ》ばれて面會《めんくわい》を遂《と》げる。其間父《そのかんちゝ》の才亮《さいりやう》が何彼《なにか》と世話《せわ》したのでした。

かくて一同座《どうざ》敷《しき》へ歸《かへ》つて御神號《ごしんがう》やら多羅尼《たらに》やらを稱《とな》へ、再《ふたゝ》び裏《うら》の神前《しんぜん》へ出《で》てお禮《れい》をしようとすると、モー其時《そのとき》は才《さい》一郎《らう》の姿《すがた》が見《み》えませんでした。

『あゝもう歸《かへ》られて了《しま》つた。何《なん》ともお名殘惜《なごりを》しいことだ……。』

皆々《みな〳〵》失《う》せたる人《ひと》の跡《あと》を伏《ふ》し拜《をが》みて感慨無量《かんがいむりやう》の面持《おももち》をしたのでした。

其夜《そのよ》は一同座《どうざ》敷《しき》へ集《あつ》まり、才《さい》一郎《らう》から聽《き》いたことどもをかたみに噺《はな》し合《あ》つて曉《あかつき》に達《たつ》しました。

十四　一問《もん》一答《たふ》

その夜《よ》卓齋《たくさい》、才亮《さいりやう》、太郎《たらう》、泰治《たいぢ》等《とう》に向《むか》つて才《さい》一郎《らう》が物語《ものがた》つたところは頗《すこぶ》る多《た》方面《はうめん》に亙《わた》り、研究者《けんきうしや》に取《と》りて餘程《よほど》參考《さんかう》の價値《かち》あるものも存在《そんざい》しました。

卓齋《たくさい》への物語《ものがた》りは

『皆々《みな〳〵》一心《しん》に祈念致《きねんいた》さるれば我方《わがはう》にて守《まも》り居《を》ります。此頃大阪表《このごろおほさかおもて》にて村瀬治右衞門《むらせぢゑもん》を見受《みう》けました。守《まも》りては居《を》れど方今《はうこん》の如《ごと》き物騒《ぶつさう》な時節《じせつ》には餘《あま》り他所《よそ》へは出《で》ぬが宜《よろ》しい……。』

父《ちゝ》の才亮《さいりやう》に向《むか》つては、

『今晩參《こんばんまゐ》りたるは別《べつ》の儀《ぎ》でも御座《ござ》りませぬ。三尺坊樣《じやくばうさま》から剃髪《ていはつ》の事《こと》を頼《たの》みて參《まゐ》れと仰《あふ》せられたので厶《ござ》いますが、いかゞ致《いた》せば宜《よろ》しいのでせうか。』

といふ問《とひ》でした。で、才亮《さいりやう》は剃髪《ていはつ》するもせぬも神樣《かみさま》の思召次第《おぼしめししだい》であるが、それにしてもこれまで髮月代《さかやき》は何《ど》うして居《ゐ》たかと試《こゝろ》みに訊《たづ》ねて見《み》ますと、

『この髮《かみ》は先達《せんだつ》てお山《やま》へ參《まゐ》つた時《とき》の儘《まゝ》で、一度《ど》も結《ゆ》い直《なほ》しませぬが、不思議《ふしぎ》な事《こと》

には一筋《ひとすぢ》も散《ち》りません。』

といふ意外《いぐわい》の返答《へんじ》でした。

　泰治《たいぢ》は、

『三尺坊様《じやくばうさま》その他《た》皆様《みなさま》の居《ゐ》らせられ候所《さぶらふところ》は如何《いか》なる所《ところ》で厶《ござ》るか？』

と訊《たづ》ねますと、才《さい》一郎《らう》の答《こたへ》、

『お山《やま》には善美《ぜんび》を盡《つく》したる廣大結構《くわうだいけつこう》なる御殿《ごてん》ありて、平生《へいぜい》それに在《ゐ》らせられます。又《また》空中《くうちう》にも大《だい》なる御殿《ごてん》ありて此處《ここ》にも多《おほ》くの御方々《おかたがた》が在《ゐ》らせられます。』

『左様《さやう》の御殿《ごてん》は秋葉様《あきばさま》ばかりで厶《ござ》るか。』

『他《ほか》の神々様《かみがみさま》の御殿《ごてん》や御宮等《おみやとう》も空中《くうちう》に御座《ござ》ります。其所《そこ》は雨《あめ》もなく雪《ゆき》もなく、暑《あつさ》もなく寒《さむさ》もなく、誠《まこと》に結構《けつかう》な所《ところ》に御座《ござ》りまする……。』

　太郎馬《たらうま》への物語《ものがたり》はなか〳〵詳《くは》しいもので、二人《ふたり》の間《あひだ》にこまかい問答《もんだふ》が繰《く》り返《かへ》されました。

『私《わたし》は大日本國《だいにほんこく》は申《まを》すに及《およ》ばず、外國《ぐわいこく》の山々島々《やまくしまく》までも殘《のこ》りなく一覧致《らんいた》しました。大阪表《おほさかおもて》にて去冬《きよとう》より今年早々《こんねんさうく》までの騒動《さうどう》はなかく大《たい》したもので、大納言《だいなごん》様《さま》(尾《を》張藩主《わりはんしゆ》)御危急《ごきゝふ》の節《せつ》は眷族《けんぞく》のお仲間様《なかまさま》と共《とも》にお助《たす》け申上《まをしあ》げました。大阪落城《おほさからくじやう》の時《とき》は皆様《みなさま》と一緒《しよ》に働《はたら》き、角櫓《かくやぐら》に澤山《たくさん》塡《つ》めてある烟硝《えんせう》、若《も》しも大砲《たいはう》の玉《たま》がそれに當《あた》りますと夥《おびたゞ》しく人命《じんめい》を損《そん》じますので、皆様《みなさま》と共《とも》に他《た》へ移《うつ》しましたので、幸《さいは》ひ死人《しにん》の數《すう》はさまで多《おほ》くもありませなんだ。その節薩摩《せつさつま》の陣《ぢん》より大砲《たいはう》を打出《うちだ》し最初《さいしよ》は玉《たま》は拂《はら》ひ除《の》けましたなれど、後《あと》の一丸《ぐわん》で落城致《らくじやういた》しました。時刻《じこく》は辰《たつ》の上刻《じやうこく》でムつたが、この表《おもて》へは何時頃《いつごろ》ひゞきましたか?』

『五ツ過《す》ぎの頃《ころ》かと覺《おぼ》えて居《を》ります。』

と太郎馬《たらうま》が答《こた》へますと、

『フム左様《さう》でムつ《ござ》たか――あの節《せつ》は盗賊《とうぞく》どもが澤山分捕《たくさんぶんど》りに出《で》ましたが、悪人《あくにん》は神《かみ》のお守《まも》りなき故獨《ゆゑひと》りでに玉《たま》に當《あた》りて死《し》ぬるものが多《おほ》いやうでした……。』

『神様《かみさま》は戰場《せんぢやう》へ御出張《ごしゆつちやう》遊《あそ》ばされますか？』

『そりア天照大神《あまてらすおほかみ》を始《はじ》め奉《たてまつ》り、日本國中《にほんこくちう》の諸神《しよしん》御出張《ごしゆちやう》に成《な》られまする。』

『軍中《ぐんちう》には秋葉山《あきばのさん》を信心《しんじん》するものも御座《ござ》りましたか？』

『それはありませう。一體《たい》神様《かみさま》は信心不信心《しんじんふしんじん》に係《かゝは》らず、人命《じんめい》を救《すく》つてくださるのが職分《しよくぶん》であらせられますから、戰爭《せんさう》となると空中《くうちう》の暗《くら》くなる位《くらゐ》にお集《あつま》り、お助《たす》け遊《あそ》ばされます。』

卓齋《たくさい》との間《あひだ》にも子供《こども》らしい問答《もんだふ》がありました。

『空《そら》は青《あを》く、水《みづ》のやうに見《み》えますが、一たいあれは如何《いかど》なるものです？』

『左様《さやう》、空《そら》は何所《どこ》まで昇《のぼ》つて見《み》ても、淡《あわ》い雲《くも》があるのみで別《べつ》に青《あを》いことはありません。大地《だいち》から遠《とほ》く隔《へだ》たるので青《あを》く見《み》ゆるまでゞす。』

『あなたは自由《じいう》に空《そら》を飛《と》ぶのですか？』

『近頃《ちかごろ》までは眷族様《けんぞくさま》に連《つ》れてもらひ、飛《と》ぶといふよりは歩《ある》く方《はう》でしたが、追々《おひ〳〵》

修行《しうぎやう》成就《じやうじう》し、今《いま》では自由自在《じいうじざい》に飛行《ひかう》が能《で》きます。但《たゞ》し今晩《こんばん》は御同道《ごどうだう》で參《まゐ》りました。』

父《ちゝ》の才亮《さいりやう》には奥州戰爭《あうしうせんさう》の豫言《よげん》をしました。

『私《わたくし》は當秋《たうしう》八九月頃《ぐわつごろ》にならなければこちらへ參《まゐ》る譯《わけ》にはまゐりません。それまでは奥州戰爭《あうしうせんさう》にて御用多《ごようおほ》く手《て》が引《ひ》けませぬ。西國方《さいこくがた》はやがて船《ふね》にて攻《せ》めて參《まゐ》ります……。』

十五　衣服《いふく》の奉納《ほうなふ》

その後又《のちまた》もや才一郎《さいらう》からの消息《せうそく》はしばらく絶《た》えましたが、その年《とし》の秋《あき》、九月《ぐわつ》三日《か》の夜《よ》に、果《はた》して約束《やくそく》の如《ごと》く才一郎《さいらう》は柳田家《やなぎだけ》に奉祀《ほうし》せる秋葉宮《あきはのみや》の神前《しんぜん》に現《あら》はれました。出現《しゆつげん》の模様《もやう》は大體以前《だいたいいぜん》の通《とほ》りで、その折才一郎《をりさいらう》は大變取急《たいへんとりいそ》いで居《を》りました。

『今晩《こんばん》は三尺坊様《じやくばうさま》伊勢《いせ》大神宮様《だいじんぐうさま》へお出《い》での御《お》道《みち》すがらちよつと立寄《たちよ》られたのですから、すぐにお暇乞《ひとまご》ひを致《いた》さねばなりませぬ。お仲間様《なかまさま》も大勢《おほぜい》お出《い》でになられて居《を》ります。私《わたし》は十一月《ぐわつ》十五日《にち》か二十八日《にち》かには歸《かへ》つてまゐります。あとでは以前《いぜん》の通《とほ》り御宅様《おたくさま》の御厄介《ごやくかひ》に預《あづか》り、醫學《いがく》の修行《しうぎやう》を致《いた》すやう三尺坊様《じやくばうさま》から仰《あふ》せつけられて居《を》ります。――それから今晩《こんばん》お依《たの》み致《いた》して置《お》きたいのは、私《わたし》の衣服《いふく》のことでム《ござ》ります。何卒《どうぞ》一《ひ》と襲《かさね》新調《しんてう》して戴《いたゞ》き度《た》う存《ぞん》じます。これまでの着古《きふる》した衣服《いふく》はお山《やま》にお預《あづ》け致《いた》しておきます……。』

大體《だいたい》これだけの事《こと》を言《い》ひ置《お》いて直《たゞ》ちに姿《すがた》を消《け》して了《しま》ひました。

國老《こくらう》渡邊《わたなべ》對馬守《つしまのかみ》は日《ひ》頃《ごろ》信心《しんじん》の厚《あつ》い人《ひと》なので、この噺《はなし》を泰治《たいぢ》からきくと、早速《さつそく》羽《は》織《おり》と帯《おび》とを新調《しんてう》して奉納《ほうなう》しました。又《また》柳田家《やなぎだけ》では綿入《わたいれ》、襦袢《じゆはん》を新調《しんてう》して約束《やくそく》の十五日《にち》を待《ま》つて居《ゐ》ましたが、その日《ひ》才《さい》一郎《らう》は姿《すがた》を見《み》せませんでした。

『それでは二十八日《にち》に延《の》びたのであらう。神様《かみさま》の御用《ごよう》が多《おほ》いと見《み》える……。』

さう風評《ふうひやう》をして二十八日《にち》を待《ま》ちました。

いよいよ當日《たうじつ》となると、御神前《ごしんぜん》に新菰《あらごも》を敷《し》き、淨水《じやうすゐ》を供《そな》へ、卓齋《たくさい》は護摩《ごま》を執《しつ》行《かう》し、鶴首《くわくしゆ》して神使《しんし》の出現《しゆつげん》を待《ま》ち受《う》けたのでしたが、この日《ひ》も到頭《たうとう》その事《こと》なしに濟《す》みました。

『ハテナ、何《ど》うしたのだらう……。』

不安《ふあん》と失望《しつばう》とが一同《どう》の顏《かほ》を曇《くも》らせました。

若《も》しも斯《こ》んな事《こと》が大正《たいしやう》の今日《こんにち》に起《おこ》りでもしやうものなら大變《たいへん》です。『十五日《にち》か二十八日《にち》かには必《かなら》ず來《く》ると言《い》つたからちやんと準備《したく》をして待《ま》つて居《ゐ》てやつたのだ！　それに無斷《むだん》で約束《やくそく》を違《たが》へるとは餘《あ》ンまり失敬《しつけい》だ！　あんな奴《やつ》はキツト詐《さ》欺師《ぎし》に相違《さうゐ》ない。神樣《かみさま》もへつたくれもあるものか！　今度《こんど》來《き》たら引《ひ》ツ捉《とら》へて警《けい》察署《さつしよ》へ渡《わた》してやる……。』まさかさうまでもないかも知《し》れませんが、相當懷疑《さうたうくわいぎ》の眼《まなこ》を光《ひか》らせることは明瞭《めいれう》であります。其所《そこ》へ行《ゆ》くと當時《たうじ》の人達《ひとたち》は遙《はる》かに寛容性《くわんようせい》に富《と》んで居《ゐ》ました。『これには何《なに》か仔細《しさい》があるに相違《さうゐ》ない。その内何《うちなん》とか音信《たより》があらう……。』さう言《い》つて、別《べつ》に不平《ふへい》も言《い》はず、ます〳〵信心《しんじん》をさゝげたのでした。

すると越《こ》えて二日《か》目《め》の晦日《みそか》夜《よる》五《いつ》ツ頃《ごろ》に果《はた》して御神前《ごしんぜん》に例《れい》のお知《し》らせがありました。出《で》て見《み》ると才《さい》一郎《らう》が來《き》て居《ゐ》ました。乃《そこ》で父《ちゝ》の才亮《さいりやう》を呼寄《よびよ》せ、一同《どう》裏《うら》へ出《で》て迎《むか》へると、案内《あんない》さるゝまゝに才《さい》一郎《らう》は座敷《ざしき》へ通《とほ》りましたが、他《ほか》の人《ひと》を退《しりぞ》かせ、泰治《たいぢ》、才亮《さいりやう》、才《さい》一郎《らう》とたゞ三人《にん》だけで面會《めんくわい》を遂《と》げました。

『一昨夜《きくや》は』と才《さい》一郎《らう》はにこやかに『大變《たいへん》御《ご》叮嚀《ていねい》なお準備《したく》に預《あづ》かり難有存《ありがたうぞん》じました……。』

泰治《たいぢ》は眼《め》を圓《まる》くして、

『何《ど》……何《ど》うしてそれを御《ご》存知《ぞんち》で……。』

『イヤ一昨夜《さくや》お仲間《なかま》と御同道《ごどうだう》にて當家《こちら》へ參《まゐ》ることは參《まゐ》つたので御座《ござ》ります。しかし三尺坊樣《じやくばうさま》がお不在《るす》故急《ゆゑいそ》いで戻《もど》りました。今晩《こんばん》は三尺坊樣出雲大社《じやくばうさまいづもおほやしろ》よりお歸《かへ》りにつき、これまでお迎《むか》へに出張《しゆつちやう》したので厶《ござ》ります。今晩《こんばん》は三尺坊樣御本格《じやくばうさまごほんかく》で厶《ござ》ります……。』

これをきツかけにいろ〳〵の物語《ものがたり》が主客《しゆきやく》三人《にん》の間《あひだ》に行《おこな》はれました。

十六　白牛《しろうし》とお札《ふだ》

才《さい》一郎《らう》の物語《ものがた》りは白牛《しろうし》の風評《うはさ》から始《はじ》まりました。

『私《わたくし》もその後追々修行《のちおひ〳〵しうぎやう》も積《つ》み、位《くらゐ》も上《あが》り、只今《たゞいま》では一頭《とう》の白牛《しろうし》を頂戴《ちやうだい》いたして居《を》ります。外出《ぐわいしゆつ》の折《をり》はこれに乘《の》つて飛行致《ひかういた》すのですから一向草臥《かうくたび》れるといふことを知《し》りません……。』

『それでは』と泰治《たいぢ》が感心《かんしん》して『今晩茲《こんばんこゝ》へ御出《おいで》になるのにも矢張《やは》りそれに召《め》し

てお出《いで》なので？』

『左様《さやう》で厶《ござ》ります。規則《きそく》から申《まを》しますと、すべて使《つか》ひものを頂《いたゞ》けば、凡家《ぼんけ》へはお下《さが》りにならぬことになつて居《ゐ》るのですが、格別《かくべつ》の思召《おぼしめし》で、わたくしども仲間《なかま》三人《にん》だけにお許《ゆる》しくだされました。この白牛《しろうし》と申《まを》すのは誠《まこと》に〳〵美《うつく》しい牛《うし》で厶《ござ》りまして自由《じいう》に言語《げんご》を使《つか》ひ、又力量《またりきりやう》も神變自在《しんぺんじざい》のもので厶《ござ》ります。』

泰治《たいぢ》はいよ〳〵感心《かんしん》して、

『シテ右《みぎ》の白牛様《しろうしさま》は只今何所《たゞいまどこ》に繫《つない》であります？』

『裏《うら》に居《を》ります。三尺坊様《じやくばうさま》出雲《いづも》よりお歸《かへ》りの様子《やうす》が判《わか》り次第《しだい》すぐ知《し》らせるやう申付《まをしつ》けてありますが、今以《いまもつ》て何《なん》とも合圖《あひづ》がないのは何《ど》うしたのでありませうか……。私《わたし》ちよつと裏《うら》へ行《いつ》て様子《やうす》を見《み》て參《まゐ》ります。』

言《い》ひすてゝ才一郎《さいらう》は席《せき》を外《はづ》しましたが、すぐに座敷《ざしき》へ引《ひ》き返《かへ》し、

『イヤ白牛《しろうし》はおかへりの遲《おそ》いのに退屈《たいくつ》して寢《ね》て居《を》りましたから、出雲《いづも》さいで状況《じやうきやう》

視《し》察《さつ》につかはしました。三十里位《りぐらゐ》御出掛《おでか》けになられたのを見《み》屆《とゞ》けた時《とき》に報告《はうこく》するやう申付《まをしつ》けてありますから安心《あんしん》です。』

『右《みぎ》の白牛《しろうし》の御名《おんな》は何《なん》と申《まを》します？』

『それは申《まを》し上《あ》げる譯《わけ》にはまゐりません。私《わたし》も御山《おやま》にて名《な》を頂戴《ちやうだい》して居《を》りますが、これも矢張《やは》り……。』

『では右《みぎ》の牛《うし》は單《たん》に白牛樣《しろうしさま》と申《まを》せば宜《よろし》いでせうか。』

『それで宜《よろ》しう厶《ござ》ります。』

『あなたの事《こと》は何《なん》と御呼《およ》びしませうかナ？』

『それは先生《せんせい》のお心任《こゝろまか》せに名《な》をつけて呼《よ》べばよいとの仰《おふ》せに厶《ござ》ります。』

『成程《なるほど》……。ではさう致《いた》しませう。』註。栁田家ではその後才一郎の尊稱を琢堂樣と稱へて居ります。

白牛《しろうし》の風評《うはさ》の外《ほか》にはお札《ふだ》の話《はなし》が出《で》ました。

『私《わたし》は今晩《こんばん》改《あらた》めて八枚《まい》のお札《ふだ》を頂戴《ちやうだい》しました』と才《さい》一郎《らう》は申《まを》しました。『この八枚《まい》の札《ふだ》で八ヶ所《しよ》に御路《おみち》がつきます。難有《ありがた》いと思《おも》つて御信心《ごしんじん》なされば右《みぎ》の八ヶ所《しよ》の事《こと》は明日申上《みやうにちまをしあ》げることに致《いた》しませう……。』

『その御札《おふだ》で思《おも》ひつきましたが』と泰治《たいぢ》が訊《たつ》ねました。『昨年日本國中《さくねんにほんこくちう》に數多《あまた》の御札《おふだ》が降《ふ》りましたのはあれは、一體《たい》いかなる譯《わけ》で厶《ござ》ります？。』

『あれは大方狐《おほかたきつね》の所行《しよぎやう》であります。尤《もつと》も中《なか》には神様《かみさま》がお降《ふ》らしの御札《おふだ》もあります。昨年《さくねん》といふ年《とし》は至《し》極凶年《ごくけうねん》であります。で、諸々方々《しよ〳〵はう〴〵》の神様方《かみさまがた》が御申合《おんまをしあは》せの上《うへ》お札《ふだ》を降《ふ》らしてくださいましたので、若《も》しもあの御札《おふだ》が降《ふ》らなかつたなら、五穀《こく》は不作《ふさく》にて天下《てんか》の人民餓死《じんみんがし》するもの大半《たいはん》に達《たつ》する筈《はず》であつたと承《うけたまは》ります。兎《と》も角《かく》これ位《くらゐ》の所《ところ》まで五穀《こく》の稔《みの》つたのは右《みぎ》の御札《おふだ》を見《み》て人民《じんみん》が信心《しんじん》を起《おこ》した所《せ》爲《ゐ》だと申《まをし》ます……。』

十七　合圖《あひづ》の鐘《かね》

次《つ》いで主客《しゆきやく》の間《あひだ》にはこんな問答《もんだふ》が行《おこな》はれました。

『明晩《みやうばん》のお供《そな》へものは何《ど》うすればよいでせう？』

『昨夜《ゆうべ》の通《とほ》りで構《かま》いません。たゞ浄水《じやうすゐ》だけ供《そな》へただけで一向《かう》差支《さしつかへ》ないので、その外《ほか》の義《ぎ》は先生《せんせい》の思召《おぼしめ》し通《どほ》りになさいませ。先生《せんせい》の思召《おぼしめし》は悉《ことごと》くお山《やま》に知《し》れます。』

『して』と泰治《たいぢ》は膝《ひざ》をすゝめ『秋葉山《あきばやま》では常《つね》に御精進《ごしやうじん》で厶《ござ》るか。』

『いゝえ左様《さやう》のことは厶《ござ》りません。お山《やま》には大《おほ》きな池《いけ》が御座《ござ》いまして、其所《そこ》で漁獵《すなどり》をなされ、獵《と》つた魚《さかな》は召上《めしあが》られます。ですからお供物《そなへもの》も御腥《おなまぐさ》で宜《よろ》しいのです。それについて想《おも》ひ出《だ》しますのは、お山《やま》へ初《はじ》めて參上《さんじやう》した節《せつ》私《わたし》が頂戴《ちやうだい》したお肴《さかな》は鯨《くぢら》で厶《ござ》りました。食物《しよくもつ》の儀《ぎ》はそれ〴〵お役儀《やくぎ》の者《もの》があつて、所々《しよ〳〵》へ殺生《せつしやう》に參《まゐ》ります……。』

『明晩《みやうばん》お出《い》でくださる時刻《じこく》は何時《なんどき》で厶《ござ》りませうナ。』

『サア世間《せけん》が寢鎭《ねしづ》まりてからが宜《よ》しいです。九ツ時《どき》といふことに致《いた》しませう。』

『護摩《ごま》執行《しつかう》はいかゞ致《いた》したものでせう？』

『護摩《ごま》は結構《けつかう》なものでム《ござ》います。お山《やま》でも護摩《ごま》をお用《もち》ゐに成《な》ります。當宅《こちら》で護《ご》摩《ま》執行《しつかう》の節《せつ》は、私《わたし》に限《かぎ》らずお山《やま》から參《まゐ》らぬ者《もの》はありませぬ。ツイこの二十八日《にち》の節《せつ》にも、明日《あす》は柳田《やなぎだ》にて護摩《ごま》執行《しつかう》ありと御沙汰《ごさた》でしたから私《わたし》も參《まゐ》りました。――あッ只今《たゞいま》白牛《しろうし》からの知《し》らせに三尺坊様《じやくばうさま》出雲《いづも》より三里《り》ほど入《い》らせられたから支度《したく》致《いた》せとのことにム《ござ》ります。私《わたし》はもう出懸《でか》けることに致《いた》しませう。明晩《みやうばん》參《まゐ》つた折《をり》は合圖《あひづ》を致《いた》します。その節《せつ》は先《ま》づ父上《ちゝうへ》だけが御神前《ごしんぜん》へお出《い》でください……。』

『その合圖《あひづ》は何《なん》の合圖《あひづ》でム《ござ》りますナ？』

『サア何品《なに》なりと御神前《ごしんぜん》へ出《だ》して置《お》いてください。それで知《し》らせることにしませう。』

問答《もんだう》は斯《こ》んなところで打切《うちき》つて、才《さい》一郎《らう》はそのまゝ裏《うら》へ出《で》て行《ゆ》きましたが、忽《たちま》ち行方《ゆくへ》知《し》れずになりました。

翌《あ》くれば十二月朔日《ぐわつついたち》、柳田家《やなぎだけ》では早朝《さうてう》から御神前《ごしんぜん》を飾《かざ》り、水《みづ》などを供《そな》へ、次《じ》男《なん》の卓齋《たくさい》が身《み》を潔《きよ》めて護摩《ごま》を執行《しつかう》しました。又夕方《またゆふがた》から燎《かゞり》を焚《た》き、五ツ時過《どきす》ぎには一同座敷《どうざしき》に集《あつま》りました。來客《らいきやく》は國家老《くにがらう》渡邊對島守《わたなべつしまのかみ》の御隱居《ごゐんきよ》やら、その惣領《そうりやう》の半九郎《はんくらう》といふ人《ひと》やら、丹《に》羽《わ》嘉《か》七といふ人《ひと》の惣領同姓永太郎《そうりやうどうせいえいたらう》、その弟《おとうと》の駒吉《こまきち》、又澤井才亮《またさはゐさいりやう》、柳田家《やなぎだけ》の親戚縁者等《しんせきえんじやとう》で、皆《みな》一心《しん》に信心《しんじん》を凝《こ》らしました。

これより先《さ》き、御神前《ごしんぜん》には豫《かね》ての約束通《やくそくどほ》り、合圖用《あひづよう》として喚鐘《よびがね》を出《だ》して置《お》きましたところ、良久《やや》ありて、その鐘《かね》が夜陰《やいん》の寂寥《せきりやう》を破《やぶ》りて、

『ゴーン！』

と鳴《な》りましたので、さてこそといふので父《ちゝ》の才亮一人《さいりやうひとり》だけが裏《うら》へ出《で》て行《ゆ》きました。

十八　拝領《はいりやう》の衝立《ついたて》

間《ま》もなく才亮《さいりやう》は裏《うら》から戻《もど》りまして、

『只今《たゞいま》三尺坊様《じやくばうさま》これへ入《い》らせられます。お姿《すがた》は拝《をが》めませぬが、拝禮致《はいれいいた》せとの儀《ぎ》に厶《ござ》ります。』

との事《こと》に、一同謹《どうつゝし》んで御神前《ごしんぜん》へ行《い》つて拝禮《はいれい》の上座敷《うへざしき》に歸《かへ》り、一心《しん》に眞言《しんごん》を唱《とな》へて居《を》りますと、暫《しばら》くして才亮《さいりやう》が又入《またい》り來《き》たり、

『只今皆様《たゞいまみなさま》をお見立申《みたてまを》し上《あ》げ、それ〴〵才《さい》一郎《らう》から進上致《しんじやういた》すべきものがあるさうで厶《ござ》ります。』

この吉報《きつぱう》に一同《どう》ます〳〵有難《ありがた》がり、いよ〳〵聲高《こゑたか》く眞言《しんごん》を唱《とな》へたのでした。

やがて才《さい》一郎《らう》は裏《うら》の御神前《ごしんぜん》の方《はう》から座敷《ざしき》へと入《はい》つて來《き》ました。そして泰治《たいぢ》の前《まへ》に行《い》つて兩手《りやうて》を突《つ》いて申《まを》しました――。

『先生《せんせい》には永々《ながなが》の間《あひだ》、私《わたくし》にお暇《ひま》を下《くだ》され、難有《ありがた》う厶《ござ》りました。三尺坊様《じやくばうさま》からもよく御禮《おれい》を申《まを》せとの仰《あふ》せで厶《ござ》ります。私《わたくし》の神位《しんゐ》は今晩《こんばん》からお山《やま》にお預《あづか》りに相《あひ》成《な》りましたから、以後《いご》は私《わたくし》は元《もと》の通《とほ》りたゞの門人《もんじん》と思召《おぼしめ》しくだされますするやうお願《ねが》ひ致《いた》します。今晩御《こんばんご》神前《しんぜん》に立《た》てゝある御衝立《おついたて》は三尺坊様御來臨《じやくばうさまごらいりん》のお印《しるし》に頂《ちやう》戴《だい》したので厶《ござ》いますから、何卒《どうぞ》そのおつもりで……。シテ今度《こんど》改《あらた》めて尾張國《をわりのくに》八ケ所《しよ》へお授《さづ》けになつた八枚《まい》のお札《ふだ》と御幣《ごへい》――これは柳田家《やなぎだけ》、澤井家《さはゐけ》、御城《おしろ》、澤《さは》井家《ゐけ》親類《しんるゐ》、三浦《うら》、鈴木《すゞき》、宮新田中島《みやしんでんなかじま》、傳馬町《でんまちやう》九丁目《ちやうめ》へお下《さ》げに厶《ござ》ります。又對《またつ》島守《しまのかみ》は信心故《しんじんゆゑ》お供《そなへ》一包《つゝみ》つかはすとの仰《あふ》せに厶《ござ》ります。このお供《そなへ》は、お山《やま》にて三尺坊様《じやくばうさま》から天照皇大神宮様《てんせうくわうだいじんぐうさま》へお供《そな》へのお下《さが》りで、私《わたくし》が頂戴《ちやうだい》してまゐりました。』

その夜《よ》はそれだけ述《の》べて才《さい》一郎《らう》は寢《しん》につきました。翌早朝眼《よくさうてうめ》がさめると才《さい》一郎《らう》はすぐに、

『昨夜《さくや》の御衝立《おついたて》は三尺坊様《じやくはうさま》が平日《へいじつ》お用《もち》ひの品《しな》を御持參《ごぢさん》して下《くだ》し置《お》かれたもので

す。』

と申《まを》しますので泰治《たいぢ》初《はじ》め一同《どう》は神前《しんぜん》へ行《いつ》て恭《うや〳〵》しく拝見《はいけん》すると、果《はた》して一個《こ》の見《み》事《ごと》な衝立《ついたて》が置《お》いてあつて松《まつ》に鶴《つる》の繪畫《くわいぐわ》がついて居《ゐ》ました。尚《なほ》その際《さい》八ケ所《しよ》のお札《ふだ》、金《きん》の御幣《ごへい》、お供物等《をなへものとう》も頂戴《ちやうだい》したのでした。

才一郎《さいらう》は徐《おもむ》ろに口《くち》を開《ひら》きました。

『昨夜《さくや》は澤山《たくさん》なお供《そなへ》にて、實物《じつぶつ》はそのまゝにしてありますが、何《いつ》れも氣《き》にてお持《も》たせになりました。中《なか》にも金柑《きんかん》は一番神様《ばんかみさま》のお思召《ぼしめし》に叶《かな》ひました。御《お》衝立《ついたて》は骨《ほね》は甚《はなは》だ古《ふる》く千年《れん》ほどを經《へ》て居《ゐ》るさうですが、繪《ゑ》が折々《をり〳〵》お取《とり》かへに成《な》りますから新《あた》らしいものであります。右《みぎ》の品《しな》は一年《れん》に一度位拝禮《どぐらゐはいれい》しても構《かま》ひませぬが度《たび》は成《なり》ませぬ……。』

『では』と泰治《たいぢ》が恐懼《きようく》の色《いろ》を浮《うか》べて『右《みぎ》の衝立《ついたて》は社壇《しやだん》に奉納《ほうなう》することに致《いた》しませうか。』

『さアそれが宜《よろ》しいと存《ぞん》じます。――又《また》この八枚《まい》のお札《ふだ》ですが、三尺坊様《じやくはうさま》の仰《あふ》せには、これは尾張《をわり》の國八所《くにやところ》に座《ゐま》します御神《おんかみ》の社《やしろ》と稱《しよう》して拜禮《はいれい》し奉《たてまつ》れとの儀《ぎ》に厶《ござ》ります……。』

泰治《たいぢ》の質問《しつもん》はそれからそれへとつゞきました。

『今度御山《このたびみやま》にお入《はい》りになるのはあなたお一人《ひとり》で厶《ござ》るか？』

『私《わたくし》より年上《としうへ》の人《ひと》と年下《としした》の人《ひと》と併《あは》せて三人《にん》で、今度《こんど》皆結構《みなけつかう》なことになりました。昨夜《さくや》は二十歳《はたち》になる一人《にん》の御方《おんかた》も當宅《こゝ》へお出《いで》になりました。』

『當宅《こゝ》へ御出《い》でになりましたか。何《ど》の邊《へん》に居《を》られましたか？』

才一郎《さいらう》は笑《わら》つて、

『神《かみ》の方《はう》からはよく見《み》えますが、人間《にんげん》の方《はう》からは見《み》えますまい。たゞ許《ゆる》しが出《で》ると見《み》えるだけです。今度《こんど》は三人《にん》とも皆國元《みなくにもと》へお返《かへ》しになりました。』

『その方々《かたぐ》は最初《さいしよ》から同時《どうじ》にお山《やま》へお出《い》でになりましたか？』

『左様《さやう》で厶《ござ》います。三人《にん》とも皆《みな》ほゞ同様《どうやう》な身《み》の上《うへ》です！』

『一體何地《たいどちら》のお方《かた》です？』

『何《いつ》れも西國《さいこく》のものです。只今申《たゞいままを》さずとも何《いつ》れその内《うち》に身元《みもと》が知《し》れませう。去年私《きよねんわたし》が竹《たけ》に引《ひ》ツかゝつて居《ゐ》ました時《とき》はお仲間様《なかまさま》が私《わたし》の身體《からだ》を持《も》つて來《き》てくれたのださうで、その風評《うはさ》はお山《やま》できゝました。その際先生《さいせんせい》が、たツた一人《ひとり》の門人《もんじん》故何卒《ゆゑどうぞ》生命《いのち》ばかりはお助《たす》けくださいとお願《ねが》ひくだすつたさうで、その御恩《ごおん》は決《けつ》して疎末《そまつ》に思《おも》ふなとお山《やま》で所中仰《しよつちうあふ》せつけられて居《を》ります。私《わたくし》の神通力《しんつうりき》は、當分《たうぶん》お預《あづ》けになつて居《を》りますが、萬一《まん》父師《ふし》の身《み》の上《うへ》に危難《きなん》でもある節《せつ》は、神通力《しんつうりき》を現《あら》はして助《たす》けても宜《よろ》しいが、その他《た》は何事《なにごと》ありても、それを出《だ》してはならぬときびしく仰《おほ》せられて居《を》ります……。』

十九　手《て》で大砲《たいはう》の丸《たま》を

明治元年《めいぢぐわんねん》十二月《ぐわつ》の二日《か》も暮《く》れ三日《か》になると早朝《さうてう》から才《さい》一郎《らう》の幽界實見譚《いふかいじつけんものがたり》が始《はじ》まりました。一問《もん》一答《たふ》の間《あひだ》に人間界《にんげんかい》では想《おも》ひもよらぬ不思議《ふしぎ》な物語《ものがたり》が後《あと》から後《あと》から繭《まゆ》を手繰《たぐ》るが如《ごと》く娓々《びゞ》として續《つゞ》きました。

先《ま》づ才《さい》一郎《らう》の物語《ものがたり》は奥州戰爭《あうしうせんさう》の實地《じつち》見聞談《けんぶんだん》から始《はじ》まりました。

『奥州《あうしう》にて私《わたくし》は千賀《ちが》與《よ》八郎殿《らうどの》(尾張藩隊長《をわりはんたいちやう》)を守《まも》つて居《ゐ》ました。三尺坊様《じやくはうさま》の仰《あふ》せに、與《よ》八郎《らう》の信心《しんじん》は薄《うす》いが、汝《そち》が生《うま》れた國《くに》の隊長《たいちやう》なれば守護《しゆご》してやれとのことでムり《ござ》ましたから始終影身《しうじふかげみ》に附《つ》いて居《を》りましたところが或《あ》る日《ひ》大砲《たいはう》の丸《たま》が千賀《ちが》のすぐ傍《そば》へ落《お》ちましたので、さすがの千賀《ちが》も大《おほい》に驚《おどろ》きました……。』

『その時《とき》何《ど》うなされました?』

と誰《たれ》かゞ質問《しつもん》すると、

『されば、その時《とき》は私《わたくし》と熱田《あつた》大神宮様《だいじんぐうさま》の御《ご》眷族《けんぞく》とで手《て》で砲彈《はうだん》をおさへて破裂《はれつ》させませんでした。又或《またあ》る時《とき》は敵軍《てきぐん》が千賀《ちが》の身邊《しんぺん》に大砲《たいはう》を向《む》けて正《まさ》に發射《はつしや》しようとして居《を》ります。若《も》しもそれが飛《と》んで來《き》た日《ひ》には官軍《くわんぐん》が大破《たいは》しますから、味方《みかた》の大砲《たいはう》の丸《たま》を敵《てき》の筒先《つゝさき》へ打込《うちこ》んでやりました。それが爲《た》めに敵方《かかふ》の大砲《たいはう》は忽《たちま》ち破裂《はれつ》し、隊長格《たいちやうかく》のものをはじめ、五人《にん》まで卽死《そくし》したやうな次第《しだい》……。小銃彈《せうじうだん》を手《て》で拂落《はらひおと》し味方《みかた》を助《たす》けたことは幾度《いくたび》あつたか知《し》れません。見受《みう》くる所《ところ》尾州兵《びしうへい》は格別信心《かくべつしんじん》の厚《あつ》いものが多《おほ》いやうでした。』

『御出張《ごしゆつちやう》の神々《かみ〳〵》は秋葉樣《あきばさま》と熱田樣《あつたさま》とだけで厶《ご》りましたか。』

『そんなことは厶《ござ》いません。日本《にほん》の神樣《かみさま》で大概御出張《たいがいごしゆつちやう》にならぬのはありません。熱田樣《あつたさま》と津島樣《つしまさま》とは御眷族《ごけんぞく》が少《すく》なく、秋葉樣《あきばさま》が一番多《ばんおほ》いので、何時《いつ》も早《はや》くお見《み》廻《まわ》りになります……。』

『津島樣《つしまさま》を信心《しんじん》するものもありますか。』

『そりア澤山御座《たくさんござ》ります。』

『東照宮樣《とうせうぐうさま》も御出張《ごしゆつちやう》になりましたか？』

『東照宮様《とうせうぐうさま》は御出張《ごしゆつちやう》になりません。』

『ナニ御出張《ごしゆつちやう》になられぬ……。何所《どこ》に居《を》られます？』

坐客《ざかく》一同《どう》は不審《ふしん》の眉《まき》をひそめました。

『イヤ』と才一郎《さいらう》は微笑《びせう》して『東照宮様《とうせうぐうさま》はお位《くらゐ》が低《ひく》い御神《みかみ》にて、日光《にっくわう》にお出《い》でに御座《ござ》います。』

『あなたはお拝《をが》みになりましたか。』

『左様《さやう》、逢《あ》ひました。』

ときつぱり答《こた》へたのでした。問答《もんだふ》はいよ〳〵興味《きようみ》を加《くは》へました。

『天子《てんし》よりの勅命《ちよくめい》は神界《しんかい》で必《かな》らずお用《もち》ゐになりますか。』

『されば必《かな》らず用《もち》ゆると申《まを》すことは厶《ござ》りませんが、一度《たび》は悪《あし》き事《こと》も善《よ》き事《こと》も通《つ》

例《れい》お用《もち》ゐになります。』

『御所《ごしよ》へは折々《をり〳〵》お出《い》でになりましたか。』

『天子《てんし》の御座邊《ごさへん》に御守護《ごしゆご》致《いた》して居《を》りました。』

『シテ御姿《おすがた》は……。』

と誰《たれ》やらが突込《つゝこん》だことを訊《き》きますと、才《さい》一郎《らう》は

『そんなことは無益《むえき》のこと故申《ゆゑまを》さぬことに致《いた》しませう。』

と語《ことば》をそらしました。

『御所《ごしよ》の内《うち》は悉《こと〴〵》く御存《ごぞん》じですか。』

『左樣《さやう》よく存《ぞん》じて居《を》りますが……。』

と、この問《とひ》にも詳《くは》しいことを答《こた》へませんでした。

二十　轉《ころ》がり落《お》つる鐵砲玉《てつぱうだま》

話題《わだい》は次第《しだい》に信仰上《しんかうじやう》の諸問題《しよもんだい》に移《うつ》つて行《ゆ》きました。

『御神前《ごしんぜん》へ婦女子《ふぢよし》が出《で》るのは憚《はゞか》るべきものでせうか。』

『イヤ禁制《きんせい》と申《まを》こすとはありませぬが、人心《じんしん》の敬《うやま》ひ故《ゆゑ》お山《やま》の御本宮《ごほんぐう》へは上《あが》ることはならぬとして御座《ござ》ります。月潮《げつけい》のけがれは七日《か》でよいとしてあります。同《どう》火《くわ》のけがれは御座《ござ》りませぬ。俗家《ぞくか》にては迚《とて》も細《こま》かに行屆《ゆくとゞ》くといふ譯《わけ》にはまゐりませぬ。神様《かみさま》は精進《しやうじん》では御座《ござ》りませぬ。魚類《おさかな》を供《そな》へても構《かま》へません。秋葉《あきば》の方《はう》丈《ちやう》が婦人《ふじん》魚類《さかな》などの戒《かい》を破《やぶ》りたる時《とき》は杜《もり》を燒《や》きます。若《も》し又不淨《またふじやう》の材木《ざいもく》をお宮《みや》などへ用《もち》ゐた時《とき》は燃《も》やします……。』

『天狗《てんぐ》様《さま》にさらはれて行《ゆ》くものもありますか。』

『私《わたくし》ども三人《にん》のやうに連《つ》れて行《ゆ》かれるものはありませんが、現心《うつゝごゝろ》なきものになつて居《ゐ》るものは一ケ月《げつ》に三四人《にん》づゝはあります。そんな場合《ばあひ》には大聲《おほごゑ》で富士淺間《ふじせんげん》の宮《みや》である、拜《をが》めと申《まを》して拜《をが》ませ、氣《き》のつくやうに致《いた》してその家《うち》に返《かへ》します。』

『お山《やま》へ參詣《さんけい》するには精進《じやうじん》して行《ゆ》くのが宜《よろ》しいですか。』

『大概《たいがい》精進《しやうじん》して參《まゐ》る方《はう》が宜《よろ》しいです。』

『雪駄《せつた》の革《かは》の裏附《うらつき》で參《まゐ》ることはいかゞなものでせう？』

『革《かは》は一統《とう》に忌《い》むものでありますから、その律《おきて》を破《やぶ》るのは惡《わる》いと思《おも》ひます。』

『會津《あひづ》の戰場《せんぢやう》にも、信心《しんじん》の者《もの》は御座《ござ》りましたか。』

『左樣《さやう》居《を》りました……。信心《しんじん》して居《ゐ》る者《もの》は皆助《みなたす》けてやりました。』

その日《ひ》の問答《もんだふ》はこんなところで終《をは》り、更《さら》に翌《あ》くる四日《か》に又御《またご》神德《しんとく》に關《くわん》する物《もの》語《がたり》が續《つゞ》きました。

師匠《ししやう》の柳田《やなぎだ》は用心深《ようじんぶか》く、

『若《も》しもあなたが餘《あま》りに神界《しんかい》の秘密《ひみつ》を漏《も》らされると神罰《しんばつ》のほどが恐《おそ》ろしくあります。何卒差支《どうぞさしつかへ》ない限《かぎ》りお聞《き》かせください。』

とあらかじめ注意《ちうい》すると才一郎《さいらう》は

『イヤ申《まを》してならぬことは初《ぬじ》めから聊《いさゝ》かも申《まを》しませんから、御安心《ごあんしん》を願《ねが》ひます。』

との答《こたへ》でした。

『では早速伺《さつそくうかゞ》ひますが、白牛様《しろうしさま》は古《ふる》くからお山《やま》にお出《い》でになりますか。』

『左様何百年《さやうなんねん》も前《まへ》から居《を》ります。従《したが》つてものも言《い》ひ、又力量《またちから》は、こちらの申付《まをしつけ》次第《しだい》で、お城《しろ》でも持《も》つてまゐります。形《かたち》なども、小《ちひ》さくも大《おほ》きくも、勝手次第《かつてしだい》でムいます。』

『お山《やま》にはそんな重寶《ちやうほう》なお使者《つかひ》が他《ほか》にもありますか。』

『左様《さやう》、いろ〳〵あるにはありますが、澤山《たくさん》は御座《ござ》りませぬ。世間《せけん》に澤山《たくさん》ある中《なか》から折節《をりふし》お山《やま》にお連《つ》れになるのです。』

するとこの時誰《ときたれ》やらが、

『空中《くうちう》から戦争《せんさう》を御覧《ごらん》になつたら、さぞ面白《おもしろ》いことでムりませうナ。』

と再《ふた》び戦争談《せんさうだん》を持《も》ち出《だ》しますと、

『イナなか〳〵面白《おもしろ》いどころか、づゝない事《こと》であります。歩人足《かちにんそく》など疲《つか》れ切《き》つて軍器《ぐんき》の運搬《うんぱん》が能《で》きぬ時《とき》には、當方《こちら》も歩人足《かちにんそく》と身《み》を變《へん》じ、自由自在《じいうじざい》に持運《もちはこ》び、火急《くわきふ》の間《ま》に合《あ》ふやうにさせねばなりませぬ。私《わたし》どもが助《たす》けた軍兵《ぐんぺい》どもが陣中《ぢんちう》へ歸《かへ》り、帶《おび》など解《と》きますと、コロ〳〵と鐵砲《てつぱう》の丸《たま》が轉《ころ》がり落《お》ちる時《とき》があります。そんな場合《ばあひ》には、これは神《かみ》のお蔭《かげ》であると心《こゝろ》づいて、御酒《おみき》を供《そな》ふるものもありますが、中《なか》には又《また》たゞ天運《てんうん》だと言《い》つて、一向《かう》お供物《そなへもの》もせぬのがあります。神樣《かみさま》達《たち》はそれを御覽《ごらん》になつて大《おほい》にお笑《わら》ひになられます。信心氣《しんじんけ》のないものは概《がい》して戰死《せんし》又《また》は手負《ておひ》となります。熱田樣《あつたさま》は中《なか》でも澤山《たくさん》お助《たす》けになりました。他《ほか》の神樣《かみさま》も相當《さうたう》お働《はたら》きでした。當家《こなた》のお宮《みや》はお山《やま》の神樣方《かみさまがた》の御休息所《ごきうそくじよ》となり、皆々樣《みな〳〵さま》お出《い》でになつて、一兩日《りやうじつ》御逗留《ごとうりう》になることも度々《たび〳〵》ム《ござ》います。』

『その節《せつ》は何所《どこ》にお出《い》でなされますか。』

『御社壇《ごしやだん》の内部《なか》に居《を》られます。』

『何所《どこ》から御入《おはい》りになります？』

『入《はい》らうと思《おも》へば何所《どこ》からといふことなしに直《たゞ》ちに入《はい》ります。こなたのお宮《みや》は尾張國第《をはりのくにだい》三番目《ばんめ》のお社《やしろ》に厶《ござ》ります。去年《きよねん》お頂《いたゞ》きの御幣《ごへい》は三尺坊様《じやくばうさま》お手《て》づからお切《き》りなされた御幣《ごへい》、それが納《をさ》まつて居《ゐ》るお宮《みや》ですから、段々《だん〴〵》御評議《ごひやうぎ》の上《うへ》、お宮《みや》のお位《くらゐ》が高《たか》うなつたのです。』

『その高《たか》い低《ひく》いと申《まを》すはどういふ譯《わけ》で御座《ござ》りますか。』

『されば．その御社《おやしろ》をお預《あづ》かりの御眷族様《ごけんぞくさま》の御位《おくらゐ》が高《たか》うなる故《ゆゑ》で厶《ござ》ります。』

『すると私方《わたくしかた》のは高《たか》い御方《おかた》で御座《ござ》りますか。』

『左様《さやう》羽休津《きうつ》島橋詰御社《しまはしづめごしや》の次《つ》ぎの御方《おかた》がお出《いで》になります。その御方《おかた》の御眷族様《ごけんぞくさま》も澤山《たくさん》な事《こと》であります。』

二十一　異國船《いこくぶね》やら月宮《げつきう》やら

『どなた様《さま》も』と坐客《ざきやく》の質問《しつもん》はそれからそれへと容易《ようい》に盡《つ》きません。『火《ひ》の玉《たま》になつたり何《なに》かして、人《ひと》を投《ほ》り又《また》は人《ひと》を裂《さ》くことも能《で》きますか？』

『そりアどんなことでも致《いた》しますが、三尺坊様《じやくばうさま》からお許《ゆる》しが出《で》ない時《とき》は何事《なにごと》も駄目《だめ》です……。』

『何時《いつ》か今度《こんど》大納言様《だいなごんさま》にお見参《めみへ》でもなさる場合《ばあひ》があれば、その時《とき》はしツかり神通力《じんつうりき》を顯《あら》はして殿樣《とのさま》の御覽《ごらん》に入《い》れるが宜《よろ》しいでせう。人間《にんげん》といふものは疑《うたが》ひ深《ぶか》いもので、さうでもして見《み》せぬことには、野狐《のぎつね》に誑《ばか》されて何所《どこ》かへ連《つ》れて行《ゆ》かれた位《くらゐ》にしか考《かんが》へません。是非《ぜひ》一つあなたの精《せい》一ぱいのお手並《てなみ》を見《み》せていたゞきたいもので……。』

『イヤ私《わたくし》の一了簡《れうけん》ばかりでも行《や》り兼《か》ねます。今晩《こんばん》はお山《やま》からお仲間《なかま》さまがお出《いで》になりますから一つ伺《うかゞ》つて見《み》ませう。』

『それもさうでムいますナ――時《とき》にあなた様《さま》は日本國《にほんこく》ばかりでなく外國《ぐわいこく》へもお

出《いで》になりましたか？』

『左様《さやう》、行《ゆ》きました。』

『外國《ぐわいこく》にも神《かみ》といふものはあるものですか？』

『有《あ》りますとも……。』

『御面會《ごめんくわい》になりましたか？』

『イヤ面會《めんくわい》は致《いた》しませぬ。しかし外國《ぐわいこく》にも高山《かうさん》があり、それへ衆《みんな》で行《ゆ》きます。』

『幾日間位《いくにちかんぐらゐ》で往來《わうらい》が能《でき》るのです？』

『左様《さやう》、夕方《ゆふがた》から出掛《でか》けて行《い》つて向《むか》ふの山《やま》に登《のぼ》り、そしてその夜《よ》の中《うち》に歸《かへ》ります。』

『その途中《とちう》で異國《いこく》の船《ふね》を御覽《ごらん》になりましたか？』

『ちよい〳〵見《み》ました。』

『それを覆《くつが》へすことが能《で》きますか。』

『能《で》きますとも……。』

『檣《ほばしら》でもヘシ折《を》るのですか？』

『いゝえ、あれを覆《くつがへ》すには外《ほか》に急所《きふしよ》がありますので……。』

『イヤ異人《いじん》といふものは悪者《わるもの》ですナ、平氣《へいき》で犬《いぬ》や牛《うし》の肉《にく》を喰《た》べる……。』

『異人《いじん》だとて同《おな》じ人間《にんげん》です』と才《さい》一郎《らう》の見解《けんかい》は質問者《しつもんしや》よりも遙《はるか》に寛大《くわんだい》でした。

『決《けつ》して悪《わ》る者《もの》といふべきものではありません。肉類《にくるゐ》が其《そ》の國《くに》の食物《しよくもつ》なのですから致《いた》し方《かた》がありませぬ。』

『肉類《にくるゐ》を日本人《にほんじん》が喰《た》べるのは何《ど》うでせうナ？』

『別《べつ》に悪《わ》るい事《こと》はありませぬ。神様《かみさま》はたゞ正直《じやうぢき》な者《もの》をお好《この》みになる丈《だけ》で、異人《いじん》だから無闇《むやみ》にいぢめるとか、肉類《にくるゐ》を喰《た》べるから矢鱈《やたら》に罰《ばち》を與《あた》へるとかいふことはありません。』

『若《も》しも天子様《てんしさま》からお頼《たの》みになれば、異國船《いこくせん》を打拂《うちはら》っていたゞけるでせうか？』

當時《たうじ》の人心《じんしん》にはよく〱異國船《いこくせん》の恐《おそ》ろしさがしみ込《こ》んで居《ゐ》たと見《み》えます。しかし才《さい》一郎《らう》はそれにも落付《おちつ》いて答《こた》へました。

『それは無論《むろん》能《で》きますが、しかし何等《なんら》害《がい》を致《いた》さぬものを打拂《うちはら》ふ必要《ひつえう》はない。害《がい》を與《あた》へる時《とき》に初《はじ》めて打拂《うちはら》ひます……。』

『神様《かみさま》は人《ひと》を投《な》げ又《また》はお裂《さ》きになることは實際《じつさい》あるものですか？』

『あります……。が、わざと投《な》げたり裂《さ》いたりするものではありませぬ。惡人《あくにん》不淨《ふじやう》のものでお山《やま》に參《まゐ》るやうなことは滅多《めつた》にありませぬが、もしそんなことがあれば神様《かみさま》は投《な》げつくる眞似《まね》をなされます。さうすると其人《そのひと》は直《たゞ》ちに投《な》げつけられます。そして直《たゞ》ちに懺悔《ざんげ》して登山《とざん》したり、又《また》は恐《おそ》れて歸《かへ》つたり、それは人《ひと》によりていろ〱です。裂殺《さきころ》すなどゝいふことは先《ま》づはめツたに御座《ござ》りませんナ。』

『昔蒙古《むかしもうこ》の亂《らん》に神風《かみかぜ》が吹《ふ》いたと承《うけたま》りますが、これは實際能《じつさいでき》るのですか？』

『そりア能《でき》ます。私《わたし》が當春歸《たうしゆんかへ》つた時分《じぶん》には、丁度《ちやうど》その法《はふ》を學《まな》んで居《ゐ》る最中《さいちう》でした……。風《かぜ》の神《かみ》、水《みづ》の神《かみ》などのお位《くらゐ》はいろ〳〵御座《ござ》ります。私《わたし》より卑《ひく》いのがあるので自由《じいう》に使《つか》ふことができます……。』

『御嶽《おんたけ》の位《くらゐ》はどうです？』

『卑《ひく》う厶《ござ》ります。時々《ときどき》參《まゐ》りますが、御嶽《おんたけ》ゆるした！　これへ！　と申《まを》さねば側《そば》へ參《まゐ》ることはありませぬ。總《そう》じて空中《くうちう》には路《みち》があつて、いろ〳〵の神々《かみがみ》にお目《め》にかゝります……。』

『地球《ちきゆう》は廻《まは》るものだと申《まを》しますが事實《じじつ》ですか？』

『左樣《さやう》、十五里程空《りほどそら》へ登《のぼ》りて留《とゞま》つて居《を》りますと、種々《しゆじゆ》の國《くに》の廻《まわ》つて來《く》るのが見《み》えます。三尺坊樣《じやくばうさま》は月宮《げつきう》へも折々《をりをり》お出《いで》になります。又日輪《またにちりん》へも一年《ねん》に一度《ど》づゝお出《いで》になります。これは凡體《ぼんたい》があつては行《ゆ》かれません……。』

二十二　見《み》せものではない

こんな問答《もんだふ》の中《なか》に四日《か》の日《ひ》も暮《く》れました。ところがその晩《ばん》主人《しゆじん》の泰治《いち》が念《ねん》の爲《た》めに才《さい》一郞《らう》の寢所《しんじよ》をのぞいて見《み》ると當人《たうにん》の姿《すがた》が皆目《かいもく》見《み》えません。

『ハテな、例《れい》によつてお山《やま》へでも行《ゆ》かれたかナ……。』

近頃《ちかごろ》は慣《な》れて來《き》たのでさまでは騷《さわ》ばず、そのまゝ棄《す》て置《お》き、翌朝《よくてう》になつてから行《い》つて見《み》ると才《さい》一郞《らう》は夜具《やぐ》を引《ひ》きかぶつて熟睡《じゆくすゐ》して居《ゐ》ました。

『これ〳〵才《さい》一郞《らう》どのモー夜《よ》ば明《あ》けました。何《な》んとよう寢入《ねい》つて居《を》られるではムら《ござ》ぬか……。』

才《さい》一郞《らう》は呼《よ》ばれて漸《やうや》く眼《め》をさまし、

『あー、もう夜《よ》は明《あ》けましたか。――夜前私《やぜんわたし》は自分《じぶん》の名《な》を呼《よ》ばれましたので、早速神前《さうそくしんぜん》へ行《い》つて見《み》ると、三尺坊樣《じやくばうさま》がお出《い》でになり、その仰《あふ》せで、西國《さいこく》の八十五里程《りほど》の土地《とち》にまゐり、それからお山《やま》へ廻《まは》つて戻《もど》つてまゐりました。お山《やま》に居《を》る時《とき》は格別《かくべつ》疲《つか》れたとも思《おも》ひませんでしたが、今朝《けさ》は大變《たいへん》くたびれて居《を》りますからモーしばらくこのまゝ休《やす》ませていたゞきます……。』

さう言《い》つて彼《かれ》はゴロリと彼方《むかふ》を向《む》いて、晝《ひる》の九ツ時《こゝのどき》まで一と息《いき》に寢入《ねい》つたのでした。

覺《さ》めると又例《またれい》の問答《もんだふ》が始《はじ》まります。泰治《たいち》は例《れい》の人間心《にんげんしん》で、早《はや》く幽界《いうかい》へ行《い》つて來《き》た自分《じぶん》の弟子《でし》を藩公《はんこう》のお目見《めみ》えに入《い》れ、一つは神《かみ》の道《みち》を天下《てんか》に弘《ひろ》め、一つは世間《せけん》の疑《うたが》ひ深《ふか》きものどもに鼻《はな》を明《あ》かせようとあせり氣味《ぎみ》なのですが、三尺坊《じやくばう》の方《はう》では斷《だん》じてその事《こと》だけは許《ゆる》さんのでした。

『三尺坊《じやくばう》さまの仰《あふ》せには』と才《さい》一郎《らう》は泰治《たいち》にその命令《めいれい》を傳《つた》へたのでした。『大納言樣《だいなごんさま》へお目見《めみ》えの事《こと》を泰治《たいち》は深《ふか》く案《あん》じて居《ゐ》るが、尤《もつと》もではあれど、そればかりは許《ゆる》し難《がた》い。當春京都《たうしゆんきやうと》に於《おい》てお助《たす》け申上《まをしあ》げたことを申上《まをしあ》げるだけにとゞめるがよい。見《み》せものではなき故才一《ゆゑさい》郎《らう》をお目《め》にかけいでもよい。――斯《か》ういふお言葉《ことば》でありります。三尺坊《じやくばう》さまは私《わたし》どもが爰《こゝ》で申《まを》して居《を》る事《こと》を何《なに》も彼《か》も御存《ごぞん》じでありますます。そのやうな離《はな》れ業《わざ》は人間《にんげん》の凡體《ぼんたい》ではとてもできません。神《かみ》の道《みち》に立《た》づさはつた以上《いじやう》、私《わたし》も早《はや》くこの凡身《ぼんしん》を捨《す》て度《た》う厶《ござ》ります……。』

しんみりと斯《こ》んなことを述《の》べる才《さい》一郎《らう》の容貌態度《ようばうたいど》には何所《どこ》となく浮世《うきよ》ばなれのした神々《かう〴〵》しい趣《おもむき》が具《そな》はつて居《ゐ》るやうに見《み》えるのでした。

『人間《にんげん》も神界《しんかい》に行《い》つて來《く》ると斯《か》うも違《ちが》つて來《く》るものかナ……。』泰治《たいち》はつく〴〵感心《かんしん》しました。『少《すこ》しも神様《かみさま》を知《し》らないものは小理窟《こりくつ》を並《なら》べる。朧《おぼろ》げに神様《かみさま》の存在《ざい》を知《し》るものは迷信《めいしん》くさいことを並《なら》べる。すツかり神様《かみさま》のことが判《わか》つたものは人間《にんげん》ばなれがして來《く》る……。われ〳〵のやうにすぐに泣《な》いたり笑《わら》つたりするやうではまだ駄目《だめ》ぢや……。』

二十三　神《しん》罰《ばつ》

隙《ひま》さへあれば、機會《をり》さへあれば才《さい》一郎《らう》は人々《ひと〴〵》の質問《しつもん》の標的《まと》になり、この日《ひ》も前日《ぜんじつ》と同様《どうやう》いろ〳〵の面白《おもしろ》い話《はなし》やら、有益《いうえき》な注意《ちうい》やらがその口《くち》から漏《も》れました。

『先日《せんじつ》頂戴《ちやうだい》の御《お》札《ふだ》や御《お》供物《くもつ》は仰《あふ》せられた通《とほ》りに取扱《とりあつか》ひませうか。』

先《ま》づ泰治《たいち》の質問《しつもん》から始《はじ》まりました。

『イヤそれに就《つ》きて』と才《さい》一郎《らう》は答《こた》へました。『三尺坊様《じやくばうさま》の仰《あふ》せには、その方《はう》の親類宮新田《しんるゐみやしんでん》の方《はう》は信心薄《しんじんうす》きものであるからお札《ふだ》をつかはすのを止《や》め、對馬守《つしまのかみ》は信心厚《しんじんあつ》き故《ゆゑ》にそれへ遣《つか》はすがよいとの儀《ぎ》に厶《ござ》ります。又《また》お供物《くもつ》は丹羽嘉《にわか》七へ半《はん》包《つゝみ》、千賀與《ちがよ》八郎《らう》へ半包《はんつゝみ》つかはし、町内《ちやうない》にも信心不信心《しんじんぶしんじん》の者《もの》ある故《ゆゑ》、それにはお札《ふだ》ばかりつかはし、お供物《くもつ》は才亮《さいりやう》、泰治《たいち》へ最《も》う半包《はんつゝみ》づゝつかはせ。かの嘉《か》七は奇特《きどく》に參詣《さんけい》するものぢや……。斯《か》ういふ三尺坊樣《じやくばうさま》の仰《あふ》せで厶《ござ》ります。』

『イヤ神樣《かみさま》が何《なに》も彼《か》も斯《か》う御存知《ごぞんぢ》では油斷《ゆだん》も隙《すき》もあつたものではない……。』

一同《どう》は之《これ》をきいて難有《ありがた》いやら恐《おそ》ろしいやら、ます〳〵信心《しんじん》する氣《き》になりました。

『時《とき》にあなた樣《さま》は夜前《やぜん》何所《どこ》からお入《はい》りになりましたか。』

『連子《れんじ》の戸《と》の隙間《すきま》から入《はい》りました。』

『ナニ！　連子《れんじ》の戸《と》の隙間《すきま》から……。こりア何《ど》うも恐《おそ》れ入《い》つた！　神《かみ》さまの力《ちから》といふものはとても人間《にんげん》には判《わか》りませんナ。これから生意氣《なまいき》な口《くち》はきかんことにしませう……。時《とき》に伺《うかゞ》ひますが、世《よ》の中《なか》は不信心《ふしんじん》で隨分心掛《ずゐぶんこゝろがけ》の惡《わる》い者《もの》もありますが、何故《なぜ》そんなものに神罰《しんばつ》が當《あた》らないのでせう？』

『イヤ神樣《かみさま》は成《な》るべく罰《ばち》を當《あ》てぬやう遊《あそ》ばされます。たゞ御眷族《ごけんぞく》の中《なか》には罰《ばち》を當《あ》てるのがお役目《やくめ》の方《かた》があつて、その方々《かた〳〵》が晝夜《ちうや》空中《くうちう》を御巡回《ごじゆんくわい》になります。若《も》し運惡《うんわ》るく斯《こ》んな方《かた》にお出合《であひ》になると大變《たいへん》で厶《ござ》ります。罰當《ばちあて》の神《かみ》は萬事御免《ばんじごめん》になつて居《を》り、思召次第《おぼしめししだい》で何《ど》んなことでもやりますから恐《おそ》ろしいです。お山《やま》には火《ひ》の用心《ようじん》といふことがありますが、それは方丈《はうぢやう》の申付《まをしつ》けることださうで、神《かみ》の方《はう》にはないことで御座《ござ》ります。但《たゞ》し餘《あま》りに神《かみ》のお氣障《きざは》りになる不行狀《ふぎやうじやう》のものは燒《や》くことも無《な》いではないので……。惣《そう》じて神樣《かみさま》のなさることには規則《きそく》が有《あ》つて無《な》く、無《な》くてあります。何事《なにごと》も信心《しんじん》すれば神《かみ》はお叶《かな》へになりますが、邪《よこしま》なる願《ねがひ》は叶《かな》はぬのみならず、追《お》つて罰《ばち》が當《あた》ります。』

『矢張《やは》り信心《しんじん》といふものは、心掛《こゝろがけ》一つのやうだ』と聽《き》いて居《ゐ》る人達《ひとたち》は感心《かんしん》して

『それはさうと方々《はう〴〵》お歩《ある》きの中《うち》には國々《くに〴〵》によりて隨分珍《ずゐぶんめづ》らしいことが有《あ》りませうナ。』

『左樣《さやう》、中々《なか〳〵》あります。日本《にほん》の内《うち》にも米《こめ》が一年《ねん》に二度取《どと》れる所《ところ》があり、綿《わた》も二度取《どと》れる所《ところ》があります。』

『成《な》るほど……。シテ神様《かみさま》は何國《なにこく》の言葉《ことば》をお用《もち》ゐになります？』

『日本《にほん》の内《うち》の一番《ばん》よい言葉《ことば》を用《もち》ひて居《を》られます。イヤ言葉《ことば》は國々《くにぐ》でいろ〳〵に違《ちが》ひます。京都《きやうと》ではうなじの命毛《いのちげ》をボンノクソといひ、大阪《おほさか》では十能《のう》をオツカキといひます。それから京都《きやうと》では五徳《とく》を三徳《とく》といひ、大阪《おほさか》ではシチリンをカンテキと呼《よ》びます。食器《しよくき》なども珍《めづ》らしいものがあります。越後《ゑちご》と信州《しんしう》の境《さかひ》にはジヤガタラ芋《いも》と申《まを》す芋《いも》が御座《ござ》ります。芋《いも》を蒸《む》し、串《くし》に刺《さ》して圍爐裏《ゐろり》のへりに立《た》て燒《や》けた時《とき》に味噌《みそ》をつけて喰《た》べます。この芋《いも》は横濱《よこはま》には澤山《たくさん》あります。』

二十四　神界《しんかい》は神界《しんかい》の掟《おきて》

六日《か》の朝《あさ》から又《また》いろ〳〵の物語《ものがたり》が始《はじ》まりました。
『醫術《いじゆつ》はお山《やま》でお學《まな》びになられましたか。』
『左様《さやう》學《まな》びましたが、これは言《い》へません。醫事《いじ》に關《くわん》する事《こと》は泰治《たいぢ》方《かた》で稽古《けいこ》致《いた》せとの仰《あふ》せで御座《ござ》ります。萬事《ばんじ》御《ご》教授《けうじゅ》を願《ねが》ひます。』

『今般政府《こんぱんおかみ》では神社内《じんじゃない》の佛堂《ぶつだう》をお撤廢《はらひ》になり、熱田《あつた》神社内《じんじゃない》の大藥師《だいやくし》堂《だう》なども取《とり》壞《こわ》されましたが、これは宜《よろ》しいので御座《ござ》りませうか？』

『左様《さやう》、先《ま》づは惡《あ》しき事《こと》で御座《ござ》ります。が、何事《なにごと》も皆天子《みなてんし》より仰出《あふせいだ》されたことでありますから、神《かみ》の方《はう》ではお構《かまへ》にはなりません。』

『佛法《ぶつぽふ》は滅《ほろぼ》しますか。』

『イヤ佛法《ぶつぽふ》だとて決《けつ》して惡《あ》しきことはありません。神様方《かみさまがた》も矢張《やは》り佛法《ぶつぽふ》をお用《もち》ゐで御座《ござ》ります。まだ〳〵佛法《ぶつぽふ》を滅《ほろぼ》して仕舞《しま》ふことはありません。』

『大神宮様《だいじんぐうさま》へは神々様《かみ〴〵さま》が御出《おい》でになりますか。』

『左様《さやう》、何《ど》の神様《かみさま》も皆大神宮様《みなだいじんぐうさま》へは御出《おい》でになります。』

『大神宮様《だいじんぐうさま》には坊主《ばうず》はお嫌《きら》ひで御座《ござ》りますか？』

『イヤ〳〵決《けつ》してお嫌《きら》ひでは御座《ござ》りませぬ。規則《きそく》は凡俗《ぼんぞく》が立《た》てたもので、勝手《かつて》に大權現《だいごんげん》だの、大明神《だいみやうじん》だの、大菩薩《だいぼさつ》だのと名付《なづ》けますが、凡俗《ぼんぞく》の爲《な》すことには少《すこ》しもお構《かまへ》なく、すべて神々《かみ〴〵》のお位《くらゐ》は大神宮樣《だいじんぐうさま》から出《だ》されるのであります。私《わたし》もお位《くらゐ》を頂戴《ちやうだい》して居《を》りますから神樣方《かみさまがた》にお目《め》にかゝられますが、大神宮樣《だいじんぐうさま》ばかりは凡體《ぼんたい》を離《はな》れぬうちはお目見《めみ》えが欲《で》きませんで口惜《くや》しいことでム《ござ》ります。』

『秋葉樣《あきはさま》の御眷族樣《ごけんぞくさま》は追々《おひ〴〵》殖《ふ》えてまゐりますか？』

『左樣《さやう》殖《ふ》えます。今度《こんど》私《わたくし》より先《さ》きに仕《つか》へたお方《かた》が凡體《ぼんたい》をお離《はな》れになりました故《ゆゑ》私《わたくし》が神《かみ》になれました。』

『御眷族《ごけんぞく》の數《すう》は多《おほ》いことで御座《ござ》りますか？』

『大概《たいがい》六十年又《ねんまた》は百年《ねん》を隔《へだ》てゝ用《もち》ふべきものはお引連《ひきつ》れになり、それを御眷族《ごけんぞく》に遊《あそ》ばされますゆゑなか〳〵夥《おびたゞ》しい數《すう》に御座《ござ》ります。』

尚《な》ほ才《さい》一郎《らう》はその日《ひ》問《と》はず語《かた》りに神界《しんかい》の祕事《ひじ》をちよい〳〵もらしました。―

『駿河《するが》の淸見寺《せいけんじ》、あれは善《よ》いお寺《てら》で御座《ござ》りますナ。庭先《にはさき》から瀧《たき》が落《お》ちて居《ゐ》ます。

芙山様《ふさんさま》はあすこにお出《い》でなされたで厶《ござ》りませう。安藝《あき》の宮島《みやじま》、これもよい所《ところ》で鹿《しか》や猿《さる》が澤山居《たくさんを》ります。名古屋《なごや》のお城《しろ》のお噺《はな》しも實《じつ》は申《まを》し度《た》う厶《ござ》りますが、皆《みな》様御存《さまごぞん》じのない事故駄目《ことゆゑだめ》で厶《ござ》ります。私《わたくし》は大納言様《だいなごんさま》のお枕元《まくらもと》などをツイ往來《わうらい》いたしましたが、少《すこ》しも御存知《ごぞんち》はありますまい。御存知《ごぞんち》なき事《こと》をお噺《はなし》したとて無《む》用《よう》で厶《ござ》ります。大納言様京都《だいなごんさまきやうと》ではおあぶないことがありました。左様《さやう》、二條《でう》のお城《しろ》などが一番《ばん》におあぶない時《とき》でした。その外《ほか》にもいろ〳〵御座《ござ》りますが、お目見《めみ》えの節直接《せつちか》に申上《まをしあ》げることに致《いた》します。さもないと人《ひと》がかれこれとツマラヌ風評《うはさ》を立《た》てますから、先々廢《まづ〳〵よ》して置《お》きませう。千賀與八郎殿《ちがよらうどの》、あのお方《かた》は私《わたくし》の歸《かへ》ります前《まへ》に江戸《えど》へ行《ゆ》かれるのを見受《みう》けました。何故《なぜ》お歸《かへ》りが遲《おそ》う厶《ござ》りまするかしらん。あの方《かた》が歸《かへ》られると陣中《ちんちう》の噺《はなし》をして面白《おもしろ》いことで厶《ござ》りませうに…………………。」

二十五　雨傘《あまがさ》は不用《ふよう》

七日《か》も引續《ひきつゞ》いて人々《ひと〴〵》打寄《うちよ》りて才《さい》一郎《らう》の噺《はなし》をきいたのでした。

『あなた様《さま》が若《も》し人體《じんたい》を棄《す》てゝ神靈《しんれい》となられましても君父師《くんぷし》の危難《きなん》の場合《ばあひ》には御救《おすく》ひ下《くだ》さいますか？』

『無論《むろん》神《かみ》となりても守《まも》りて居《を》ります。』

『始終《しじよう》附《つ》いて居《ゐ》てお守《まも》りくださいますか。』

『イヤ始終《しじよう》附《つ》いては居《ゐ》なくとも、八所《やところ》の神《かみ》と一所《しよ》に助《たす》けてあげますゆゑ御案《ごあん》じなさるには及《およ》びません。』

『人體《じんたい》を離《はな》るれば、あなた様《さま》はすぐに神《かみ》になられますか？』

『左様《さこう》、最早位《もはやくらゐ》もいたゞき、行《ぎやう》も成就《じやうじゆ》して居《を》りますから直《たゞち》に高位《かうゐ》の神《かみ》となります。』

重もなる問答《もんだふ》はこんな所《ところ》で終《をは》りました。そして同日《どうじつ》は午《うま》の刻《こく》から父《ちゝ》の才亮宅《さいりやうたく》をおとづれ夜《よ》に入《い》りて柳田家《やなぎだけ》へ戻《もど》りました。

翌《あ》くる八日《か》には才亮《さいりやう》から町奉行所《まちぶぎやうしよ》へ宛《あ》てゝ才《さい》一郎《らう》歸宅《きたく》の達《たつ》しを差出《さしだ》しました其《そ》の文言《ぶんげん》は左《さ》の通《とほ》りです。——

『私悴《わたくしせがれ》同姓《どうせい》才《さい》一郎《らう》儀《ぎ》寄合《よりあひ》御《ご》醫師《いし》柳田《やなぎだ》泰治《たいぢ》様《さま》寄宿《きしゆく》にて醫術修業《いじゆつしうげふ》仕《つかまつ》らせ置《お》き申 候《まをしさふらふ》處《ところ》、秋葉《あきば》山神託《さんしんたく》によつて去年《きよねん》十二月《ぐわつ》泰治様宅《たいぢさまたく》屋根《やね》へ上《あが》り候《さふらふ》まゝ行方《ゆくへ》相知《あひし》れ申《まを》さざる段《だん》御達《おたつし》申上《まをしあげ》置《おき》候處《さふらふところ》、去《さ》る朔日夜《ついたちよ》九つ時《どき》御同人方《ごどうにんかた》へ歸宅《きたく》仕《つかまつ》り、家出《いへで》中神《ちうしん》慮《りよ》と申儀《まをしぎ》に付《つ》き染々《しみ〳〵》物語《ものがた》りも仕《つかまつ》らず候《さふらふ》へども、一と通《とほ》り始末《しまつ》相尋《あひたづ》ね候處《さふらふところ》、全《まつた》く神慮《しんりよ》と相見《あひみ》え申 候《まをしさふらふ》。怪《あや》しき儀御座《ぎござ》なく候《さふらふ》。依而御達申上候《よつておたつしまをしあげさふらふ》。十一月《ぐわつ》　澤井《さはゐ》才《さい》亮《りやう》。』

〝右《みぎ》の屆書《とゞけしよ》を差出《さしだ》した歸《かへ》りに才亮《さいりやう》は柳田家《やなぎだけ》に立寄《たちよ》りました。そしていろ〳〵の物語《ものがた》りの内《うち》に斯《こ》んなことを述《の》べました——

『實《じつ》は昨夜《さくや》才《さい》一郎《らう》がこちらへ戻《もど》る時《とき》に雨《あめ》が降《ふ》り出《だ》しましたので、傘《かさ》を持《も》つて行《ゆ》かぬかと申《まを》しましたところ、傘《かさ》をさして行《ゆ》くのは不自由《ふじいう》で困《こま》る。お山《やま》に居《ゐ》る内《うち》雨《あめ》にはかゝらないが、今晩《こんばん》はかゝるか知《し》らん。兎《と》に角《かく》傘《かさ》は不用《ふよう》だと言《い》つて持《も》たずに出《で》ましたやうな譯《わけ》で……。』

丁度《ちやうど》その日《ひ》は冬至《とうじ》で、家内中《かないぢう》集《あつま》つて居《ゐ》たので、それをきツかけに又々《また〳〵》噺《はなし》がはずみました。早速《さつそく》才《さい》一郎《らう》に向《むか》つて訊《たづ》ねました。

『昨晩《さくばん》は傘《かさ》はなしでお歸《かへ》りとのことであつたが、雨《あめ》には濡《ぬ》れませなんだかナ？』

『左様《さやう》、位《くらゐ》をお山《やま》にお預《あづ》けしてあるので、どうかと存《ぞん》じましたが、雨《あめ》はやはりかゝりませなんだ。』

『雨《あめ》といへば、當地《たうち》方當年《はうたうねん》の雨量《うりやう》は夥《おびたゞ》しいことでありましたが……。』

『左様《さやう》で厶《ござ》りましたか。お山《やま》では雨《あめ》と申《まを》すものは更《さら》に存《ぞん》じませぬ。』

『あの入鹿《いるか》の池《いけ》の切《き》れた時《とき》にはお出《いで》になりましたか？』

註。入鹿の池は尾張國丹羽郡にあり

『左様《さやう》、秋葉様《あきばさま》も熱田様《あつたさま》も皆《みな》お出《いで》になりて本宮山《ほんぐうやま》の上《うへ》に居《ゐ》ました。』

『あの時《とき》、雨《あめ》は降《ふ》りませなんだか？』

『左様《さやう》、あの山《やま》だけは降《ふ》りませんでした。』

『池《いけ》の切《き》れぬ内《うち》にお出《いで》になりましたか？』

『左様《さやう》、切《き》れぬ内《うち》に來《き》て居《ゐ》ました。』

『堤《つゝみ》の切《き》れぬやうにすることは神《かみ》の力《ちから》でできぬもので厶《ござ》るか？』

『それは能《で》きます。』

『お一人《ひとり》で止《とま》りますか？』

『左様《さやう》、一人《ひとり》で止《と》まらぬ時《とき》はお仲間《なかま》と共《とも》に止《と》めます。』

『それなら何故《なぜ》神様《かみさま》がお助《たす》けなさらなかつたのですか？ 田畑《たはた》も澤山《たくさん》に潰《つ》ぶれ人命《じんめい》も夥多《あまた》損《そん》じ、人間《にんげん》でさへ氣《き》の毒《どく》に思《おも》ひます。それに神様《かみさま》ともあらうものが默《だま》つて堤《つゝみ》の切《き》れるのを高見《たかみ》の見物《けんぶつ》をされるとは何故《なぜ》でせう？』

『何故《なぜ》か存《ぞん》じませんが、あの時《とき》は何《なん》とも仰付《おほせつけ》が御座《ござ》りませなんだ。』

『死亡《しばう》したものは皆《みな》不信心《ぶしんじん》のもので御座《ござ》りましたか？』

『左様《さやう》、殘《のこ》らず不信心《ぶしんじん》のものばかりでした。あの時《とき》は實況《じつきやう》は神樣方本宮山《かみさまがたほんぐうさん》より御覽《ごらん》じてお出《いで》になりました。』

二十六　狹《せま》い神前《しんぜん》に百餘人《よにん》

八日《か》は早朝《さうてう》から起《お》きたので一同早寢《どうはやね》をし、翌《あ》くる九日《か》に又々《またまた》例《れい》によりて物語《ものがたり》が始《はじま》りました。

『神樣《かみさま》が御殺生《ごせつしやう》をなさる場合《ばあひ》には、大海《だいかい》の眞中《まんなか》がまつかに見《み》へると承《うけたまは》りますが、左樣《さやう》でありますか？』

『左樣《さやう》、海底《かいてい》があかくなつて見《み》へ透《す》きますから、私《わたし》どもは自由《じいう》に水底《すゐてい》に這入《はい》り手《て》で魚類《さかな》をつかまへます。』

『白牛様《しろうしさま》は今度《こんど》は爰《こゝ》へお出《いで》になりませんか？』
『左様《さやう》、三度《ど》ほど參《まゐ》りました。二日《か》と五日《か》と。前夜《ぜんや》とで御座《ござ》ります。』
『二日《か》と五日《か》とは晝間《ひるま》ですか夜分《やぶん》ですか？』
『晝間《ひるま》でムいます。』
『夜前《やぜん》は何所《どこ》へお出《いで》になりました？』
『私《わたし》の座《すは》つて居《を》ります所《ところ》へ見《み》えました。二日《か》と五日《か》とは御神前《ごしんぜん》へ見《み》えたのです。』
『白牛様《しろうしさま》は呼《よ》ばれてお出《いで》になられるのですか？』
『さうです。』
『何《なん》ぞ白牛様《しろうしさま》へお遣《や》りなされましたか。』
『最初來《さいしよき》た時《とき》にはお下《さが》りをやりました。』
『白牛様《しろうしさま》はお席《せき》に臥《ふ》して居《を》られますか？』

『左様《さやう》……。』

『今度《こんど》お出《い》での際《さい》は何《なん》ぞ差上《さしあ》げたいと思《おも》ひますが……。』

『それは難有《ありがた》いことですが、何《なに》も上《あ》げんで宜《よろ》しうムいます。』

『朔日《ついたち》にお出《い》での時《とき》は、御幾方《おいくがた》でムりましたナ？』

『左様《さやう》百二十五人《にん》さまでムりました。』

『ナニ！　百——二十——五人《にん》……何所《どこ》にお出《いで》でムりました。あの神前《しんぜん》は狹《せま》くはありませなんだか？』

『ナニ別《べつ》に狹《せま》いといふことはありません。……』

才一郎《さいらう》はたゞさう言《い》つたゞけで何故狹《なぜせま》くないのか深《ふか》く説明《せつめい》もしませんでした。かゝる場合《ばあひ》には聽者《きゝて》の方《はう》でよほど氣《き》をきかさぬと肝腎《かんじん》の點《てん》をきゝ漏《も》らすおそれがあり勝《が》ちです。

その日《ひ》の暮方《くれかた》から才一郎《さいらう》は三浦信次郎方《うらしんじらうかた》へ出掛《でか》けて一泊《はく》の上翌《うへあ》くる十日早朝《かさうてう》

に柳田家《やなぎだけ》へ戻《もど》り、例《れい》によりて集《つど》ひ來《く》る人々《ひと〲》にいろ〱の物語《ものがたり》をしました。物語《ものがたり》の中《うち》には左《さ》のやうな一節《せつ》がありました――。

『當家《こなた》にて神樣《かみさま》にお供《そな》への御酒《おみき》はすぐお山《やま》に屆《とゞ》きます。その他《ほか》こちらでなさることは何《ど》んなことでも皆知《みなし》れます。先達《せんだつ》て私《わたし》がこちらへまゐり少々長《せう〱なが》くなりますと、三尺坊樣《じやくばうさま》は御《ご》心配《しんぱい》になり、餘《あま》り永《なが》く俗人《ぞくじん》にまじはり、若《も》しも粗匆《そさう》な事《こと》でも出來《でき》た時《とき》は申譯《まをしわけ》ないことになるとお噺合《はなしあ》ひになられたさうです……。』

丁度《ちやうど》さう噺《はな》して居《ゐ》るところへ丹羽嘉《にわか》七といふ人《ひと》がやつてまゐり、『いろ〱有難《ありがた》い事《こと》どもの拜謝《はいしや》のしるしに不肖《ふせう》ながら才《さい》一郎《らう》さまに論語《ろんご》の講釋《かうしやく》をしておきかせ申《まを》す。』

と言《い》つて早速《さつそく》それを試《こゝろ》みましたので、並《な》み居《ゐ》る一統《とう》も謹《つゝし》んで承《うけたまは》り、才《さい》一郎《らう》も大變悦《たいへんよろこ》んで耳《みゝ》を傾《かたむ》けましたが、論語《ろんご》の講釋《かうしやく》が濟《す》んでからは、何《なに》やら胸《むね》の心地《こゝち》がよくないと云《い》つて、才《さい》一郎《らう》は一と間《ま》の內《うち》へ引籠《ひきこも》り、それからは人《ひと》にも面會《めんくわい》せず、たゞ獨《ひと》り寂々《せき〲》として默座《もくざ》したのでした。

二十七　靈《れい》肉《にく》分《ぶん》離《り》

十二月《ぐわつ》十一日《にち》は百日《にち》の行滿願《ぎやうまんぐわん》の日《ひ》であります。泰治《たいぢ》は昨日《さくじつ》から才《さい》一郎《らう》の引籠《ひきこも》り勝《が》ちなのを見《み》て心配《しんぱい》で耐《たま》りません。

『行《ぎやう》が滿《み》つれば身《み》の毒《どく》がすつかり脫《ぬ》け、病氣《びやうき》は起《おこ》らなくなると言《い》はれたのに、今度《こんど》の病氣《びやうき》は甚《はなは》だ以《もつ》て合點《がてん》が行《ゆ》かぬ。もしやこれを境《さかひ》に御靈《みたま》になつて、お山《やま》へ連《つ》れて行《ゆ》かれるのではないかしら……。』

思案《しあん》に餘《あま》りてその旨《むね》を才《さい》一郎《らう》に訊《たづ》ねますと、才《さい》一郎《らう》はそれには何《なん》とも答《こた》へず、涙《なみだ》を流《なが》しながら、

『どうか父上《ちゝうへ》をお呼《よ》びください……。』

たゞさう言《い》つたのみでした。

間《ま》もなく父《ちゝ》の才亮《さいりやう》がやつてまゐりますと、才《さい》一郎《らう》はしんみりとした口調《くてう》で、

『今般私《こんぱんわたくし》は御靈《みたま》になされお山《やま》へお連《つ》れなさる旨昨夜仰《むねさくやあふ》せつけられました……。』

初《はじ》めて明《あ》かされた意外《いぐわい》の悲報《ひはう》に一同《どう》もたゞ〳〵驚《おどろ》きさわぐばかりです。

『まだ大納言樣《だいなごんさま》へお目見《めみ》えも濟《す》まないのに、このまゝ靈界《れいかい》へお引取《ひきと》りとは殘念《ざんねん》とも何《なん》とも申樣《まをしやう》がありません。どうか〳〵暫《しば》しの内《うち》なりともお止《とま》りください。今《いま》すぐにとは餘《あ》ンまりです！』

『實《じつ》は私《わたし》も』と才《さい》一郎《らう》は答《こた》へました。『昨夜《さくや》そのことは神樣《かみさま》へお願《ねが》ひして置《お》いてあります。何《いづ》れ御返事《ごへんじ》がまゐるで厶《ござ》りませう……。』

何《なに》は兎《と》もあれ心細《こゝろぼそ》いこと一と通《とほ》りでない事柄《ことがら》ですから、一同皆丹精《どうみなたんせい》をこらして水《みづ》を浴《あ》び、

『國家《こくか》の御爲《おた》め、大納言樣《だいなごんさま》へお目見《めみ》えの相濟《あひす》み候《さふらふ》まで才《さい》一郎《らう》を此《この》まゝ御差置《おさしお》き相成《あひな》り度《たく》祈《いの》り奉《たてまつ》る……。』

と一心不亂《しんふらん》に祈願《きがん》を籠《こ》めたのでした。

するとその夜《よ》も明方《あけがた》になつてから、才《さい》一郎《らう》の口《くち》から吉報《きつはう》が漏《も》らされました。

『只今《たゞいま》八所《やところ》の御方々《おかたがた》を始《はじ》め奉《たてまつ》り、白牛様《しろうしさま》までこの席《せき》へお出《い》でになり、私《わたくし》の御靈《みたま》になることは、今《いま》しばらくお差止《さしと》めになされるとの御沙汰《ごさた》でムりました……。』

『ヤレ〳〵嬉《う》れしい！』

『萬歳《ばんざい》！』

一同《どう》は手《て》の舞《ま》ひ、足《あし》の踏《ふ》むところも打忘《うちわす》れ、十二日《にち》の早朝《さうてう》から水《みづ》を浴《あ》びて、一心不亂《しんふらん》になつてお禮《れい》を奏上《さうじやう》したのでしたが、善《よ》い鹽梅《あんばい》に才《さい》一郎《らう》は氣分《きぶん》がだんだん宜《よろ》しく、夕方《ゆうがた》にはモー大方元《おほかたもと》の如《ごと》くになり、翌《あ》くる十三日《にち》には全《まつた》く常態《じやうたい》に復《ふく》したのでした。

が、十三日《にち》の七ツ時《どき》に至《いた》りてガラリ模様《もやう》が變《かは》つて了《しま》ひました。用事《ようじ》があるとの事《こと》に早速泰治《さつそくたいぢ》が才《さい》一郎《らう》の室《へや》に行《い》つて見《み》ますと、才《さい》一郎《らう》の口《くち》からは左《さ》の通《とほ》りの悲報《ひはう》が漏《も》らされたのでした。——

『只今《たゞいま》又々《またまた》神様《かみさま》がお出《い》でになり、お山《やま》にて御模様《おもやう》がへの儀《ぎ》差起《さしおこ》り、今晩《こんばん》は是非《ぜひ》靈《みたま》としてお山《やま》へお連《つ》れなさるとの仰《おふ》せでム《ござ》りまする……。』

これをきいてがつかりと力《ちから》が脱《ぬ》けないものは一人《ひとり》もありません。勿論《もちろん》父《ちゝ》の才《さい》亮《りやう》も早速《さつそく》の知《し》らせで大急《おほいそ》ぎで參《まゐ》りましたが、先立《さきだ》つものはたゞ涙《なみだ》でした。才《さい》一郎《らう》は父《ちゝ》に向《むか》つて何《なに》やら遺言《ゆひごん》をしたのでした。

『才《さい》一郎《らう》どの』と泰治《たいぢ》もボロ〳〵涙《なみだ》をこぼし乍《なが》ら『お前《まへ》が御靈《みたま》になつても、私《わたし》と才亮《さいりやう》とには時々《ときどき》姿《すがた》を見《み》せてくれるであらうね……。』

『又々《またまた》お沙汰《さた》をいたし、お目《め》にかゝりに出《で》てまゐりまする……。』

『それは難有《ありがた》い……。』

泰治《たいぢ》は一しほ感涙《かんるゐ》にむせびながら、

『シテ御靈《みたま》になつた曉《あかつき》には、遺骸《なきがら》はどう致《いた》せば宜《よろ》しいものでム《ござ》らうナ？』

『天下《てんか》の掟《おきて》に隨《したが》つて處理《しより》していたゞけば宜《よろ》しうムりまする……。』

きつぱり述《の》べて、それからは別段變《べつだんかは》つたところも見《み》えず、その中夜《うちよ》も次第《しだい》に更《ふ》け行《ゆ》きて曉《あかつき》の七つ時《どき》になりました。

『お藥《くすり》を召《め》しあがられては……。』

誰《たれ》やらが側《わき》からさうすゝめて見《み》ましたが才《さい》一郎《らう》は輕《かる》く首《くび》を振《ふ》りました。

『では葛湯《くづゆ》はいかゞでムり《ござ》ます。』

『葛湯《くづゆ》なら少《すこ》し……。』

との答《こた》へに、早速《さつそく》それをこしらへて薦《すゝ》めますと、才《さい》一郎《らう》は快《こゝろよ》くそれを飲《の》み終《をは》り、しばらく打伏《うつぷ》して居《ゐ》ましたが、忽《たちま》ちむくむくと床《とこ》の上《うへ》に起上《おきあが》りました。そして威儀《ゐぎ》を正《たゞ》して、低聲《こごゑ》で秋葉大權現《あきばだいごんげん》を祈念《きねん》し、拍手《かしわで》を二つ打《う》ち、つゞいて又《また》二つ打《う》ち、

『皆樣御《みなさまご》苦勞樣《くらうさま》、これから參《まゐ》ります……。』

言《い》ひも了《をは》らずそのまゝ眠《ねむ》るが如《ごと》く息《いき》が絶《た》へました。

二十八　遺骸《ゐがい》の埋葬《まいさう》

淺井《あさゐ》才一郎《さいらう》が靈界《れいかい》との交渉《かうせう》をはじめ、終《つひ》に全《まつた》く靈界《れいかい》の人物《じんぶつ》となるまので顚末《てんまつ》は右《みぎ》の通《とほ》りで、他《た》は餘談《よだん》に屬《ぞく》します。

肉體《にくたい》は亡《ほろ》びても靈魂《れいこん》は死《し》なぬ……昔《むかし》からその話《はなし》はきいては居《ゐ》ても、體驗《たいけん》のない人々《ひと〴〵》には何《なに》やら腑《ふ》に落《お》ちぬ節々《ふし〴〵》が存在《ぞんざい》しますが、去年《きよねん》から今夜《こんや》まで才一郎《さいらう》を中心《ちうしん》として間斷《かんだん》なく續出《ぞくしゆつ》した活《い》きた現象《げんしやう》を眼前《がんぜん》に目撃《もくげき》した人達《ひとたち》に取《と》りては、その事《こと》は最早《もはや》問題《もんだい》ではないのでした。柳田泰治《やなぎだたいぢ》がその日《ひ》の感想《かんさう》をのべて居《ゐ》る中《うち》に

『皆々《みな〳〵》涙《なみだ》と共《とも》に打伏《うちふ》し、御禮《おれい》御祝儀《ごしゆうぎ》申上《まをしあ》げ云々《うん〳〵》。』

とあります。いかに關係者《くわんけいしや》一同《どう》の胸《むね》に永遠《えいゑん》の生命《いのち》の尊《とほと》さが深《ふか》くきざまれ、いかに一時《じ》の悲《かな》しみの中《うち》にあつても來世《らいせ》の光明《くわうみやう》が赫灼《くわくしやく》として光明《くわうみやう》を放《はな》ちつゝあつたか

は明白《めいはく》であると存《ぞん》じます。

翌《よく》十四日《か》には、夜《よ》の白《しら》むのを待《ま》ちて泰治《たいぢ》は國家老《くにがらう》渡邊對馬守《わたなべつしまのかみ》の邸《やしき》へ出頭《しゆつとう》しました。これは三尺坊《じやくばう》から仰《あふ》せつけられた通《とほ》りお札《ふだ》を早《はや》くお城《しろ》へ納《おさ》むべき手續《てつゞき》をする爲《た》めでした。

對馬守《つしまのかみ》は泰治《たいぢ》を見《み》るより、

『さて〱早朝《さうてう》の出頭《しゆつとう》――秋葉様《あきばさま》のことか？』

と聲《こゑ》をかけたのでした。

『左様《さやう》で厶《ござ》ります。實《じつ》はこれ〱の次第《しだい》で……。』

泰治《たいぢ》は涙止《なみだと》めあへず、夜前《やぜん》の始終《しじう》を物語《ものがた》りますと主人《しゆじん》の對馬守《つしまのかみ》をはじめ、きき居《ゐ》るもの一人《にん》として落涙《らくるゐ》せぬものはなかつたといふことです。

やがてお札《ふだ》のことを申上《まをしあ》げると。

『今日早速大納言様《こんにちさつそくだいなごんさま》に申上《まをしあ》げ、その上《うへ》の事《こと》にて……。』

といふ返答《へんたふ》でした。

十四日《か》の夕方《ゆふがた》に才《さい》一郎《らう》の遺骸《ゐがい》は父才亮《ちゝさいりやう》の宅《たく》に移《うつ》されました。十五日《にち》には泰治《たいぢ》は又《また》も對馬守《つしまのかみ》の邸《やしき》に出頭《しゆつとう》してお札《ふだ》の件《けん》を尋《たづ》ねますと、對馬守《つしまのかみ》は、

『お札《ふだ》は今日《こんにち》にもすぐ納《おさ》めて貰《もら》ひたい。――大納言様《だいなごんさま》には昨日一伍一什《さくじついちぶしじふ》の事《こと》をおきゝになり、そのやうな次第《しだい》なら、才《さい》一郎《らう》の生前《せいぜん》に是非《ぜひ》一應逢《わうあ》つて置《お》きたかつたと仰《おほ》せられ、大《たい》さう殘念《ざんねん》がられて御座《ござ》つた。』

との話《はなし》。泰治《たいぢ》は感涙《かんるゐ》にむせび、

『それをきいて才《さい》一郎《らう》もさぞ靈界《れいかい》で歡《よろこ》んで居《ゐ》ることでム《ござ》りませう。但《たゞ》しお札納《ふだおさ》めの儀《ぎ》は、十六日迄《にちまで》は地穢《ちけがれ》にて神慮《しんりよ》の程《ほど》も恐《おそ》ろしくム《ござ》れば、十七日《にち》にお納《おさ》めを願《ねが》ひ度《た》う存《ぞん》じまする……。』

『それは尤《もつと》もの儀《ぎ》ぢや。では明日又《みやうにちまた》追《お》つて殿様《とのさま》に申上《まをしあ》げることに致《いた》さう。』

才《さい》一郎《らう》の遺族《ゐぞく》は十五日《にち》六ツ時《どき》を以《もつ》て型《かた》の如《ごと》く澤井家《さはゐけ》代々《だい〲》の墓地《ぼち》西春日井郡上《にしかすがゐごほりかみ》

小《を》田《だ》井《ゐ》法源寺《はふげんじ》に埋葬《まいさう》されました。お札《ふだ》、御供物《おくもつ》、御幣等《ごへいとう》が箱《はこ》に納《おさ》めて泰治《たいち》から對馬守《つしまのかみ》の手元《てもと》まで差出《さしだ》されたのは十七日《にち》のことで無論藩主《むろんはんしゆ》も難有《ありがた》く右《みぎ》の品々《しな〲》を頂戴《ちやうだい》になつたといふことです。

× × × × ×

これでこの記録《きろく》は終《をは》りであります。何《ど》ういふものか、その後《ご》澤井《さはゐ》一家《け》は大變《たいへん》逆境《ぎやくきやう》にあります。父《ちゝ》の澤井才亮《さはゐさいりやう》は名古屋市西區《なごやしにしく》澤井町《さはゐちやう》に住《す》める町醫者《まちいしや》で、澤《さは》井《ゐ》の祖先《そせん》が同町《どうちやう》の開拓者《かいたくしや》なるが爲《た》めに澤井町《さはゐまち》と呼《よ》ばれた程《ほど》の舊家《きうか》であり乍《なが》ら、維新後才亮歿《いしんごさいりやうぼつ》して家《いへ》に嗣《し》なく、才《さい》一郎《らう》の妹一人殘《いもうとひとりのこ》り居《を》れど澤井家《さはゐけ》を立《た》てる丈《だけ》の資産《しさん》なき爲《た》め、西春日井《にしかすがゐ》の農家《のうか》に嫁《とつ》ぎ、之《これ》が爲《た》めに澤井家《さはゐけ》は一時斷絶《じだんぜつ》するに至《いた》りました。才《さい》一郎《らう》の母《はゝ》は同人仙去《どうにんせんきよ》の當時《たうじ》既《すで》に死歿《しぼつ》して居《ゐ》たのでした。

が、嫁入《よめい》り先《さ》きで妹《いもうと》の産《う》んだ男子《だんし》が、その彼澤井家《ごさはゐけ》を再興《さいこう》することになり、今《いま》では中區《なかく》白川町《しらかはまち》に借家《しやくや》して帽子屋《ばうしや》を營《いとな》み、家《いへ》には秋葉山《あきはさん》から頂《いた》いたお札《ふだ》（八所一の)を奉祀《ほうし》し、琢堂様《たくどうさま》に家運再興《かうんさいこう》を祈願《きぐわん》して居《ゐ》るといふことです。

澤井《さはゐ》家《け》ばかりか、柳田家《やなぎだけ》に於《おい》ても太郎馬《たらうま》(政寛《まさひろ》)歿《ぼつ》して後《のち》に嗣子《しし》なく、その未《み》亡人《ばうじん》が七十餘歳《よさい》の高齢《かうれい》を以《もつ》て獨《ひと》りさびしく家《いへ》を守《まも》つて居《ゐ》るさうであります。

それにしても神去後《かみさりご》の才《さい》一郎《らう》の神靈《しんれい》は今日《こんにち》何《ど》うして居《ゐ》るか――これは心靈研《しんれいけん》究者《きうしや》のひとしくきゝたいと思《おも》ふ點《てん》でありませう。二男《なん》の卓齋《たくさい》が兄政寛《あにまさひろ》に送《おく》れる大正《たいしやう》十二年《ねん》二月《ぐわつ》二日《か》日附《ひづけ》の書面《しよめん》を見《み》るとチラリと其《そ》の片鱗《へんりん》だけは窺《うかゞ》はれます。其書簡《そのしよかん》の要領丈《えうりやうだけ》を左《さ》に摘載《てきさい》しませう。

「明治元年《めいぢぐわんねん》舊　正　月《きうしやうぐわつ》八日《か》當時《たうじ》十三歳《さい》の卓齋《たくさい》は宮町《みやまち》二丁目《ちやうめ》古衣商《ふるぎしやう》三輪《わ》平《へい》三郎《らう》と共《とも》に秋葉山《あきばさん》に詣《まう》で、元奥院東面《もとおくのゐんとうめん》の行場《ぎやうば》の間《ま》(現秋葉寺《げんあきばじ》より凡《およ》そ五里《り》)に行《い》つた。爰《こゝ》にお籠堂《こもりだう》あり壽信《ひさのぶ》といふ行者《ぎやうじや》が居《ゐ》たが、この人《ひと》は一回《くわい》生米《なまごめ》五粒《つぶ》を食《しよく》とし三尺坊《じやくばう》とも談話《だんわ》を交《まじ》へる人《ひと》であつた。卓齋《たくさい》は一週間火《しうかんひ》の物斷《ものだち》をなし、朝夕《あさゆう》五寸許《すんばかり》の厚《あつ》氷《こほり》を破《やぶ》り、茶碗《ちやわん》にて水行《すゐぎやう》し、琢堂權現《たくどうごんげん》に拜謁《はいえつ》を祈《いの》つたが滿願《まんぐわん》の夜《よ》樂《がく》の音《ね》空中《くうちう》に聞《きこ》へ、バラ〳〵石《いし》を撒《ま》くやうな音《おと》がして、夢《ゆめ》に琢堂出現《たくどうしゆつげん》し、遠路《ゑんろ》わざ〳〵大儀《たいぎ》なりと言《い》つた……。平《へい》三郎《らう》はその時《とき》一萬圓《まんゑん》の財産《ざいさん》ができるように祈願《きぐわん》し、この望《のぞみ》が叶《かな》へば樹木《じゆもく》を伐《き》つたり、小商賣《こしやうばい》をしたりすることは止《や》めると誓《ちか》つたが、後《のち》十數年《すうねん》にして願望成就《ぐわんもうじやうじう》し一萬圓《まんゑん》の財産《ざいさん》が出來《でき》たけれど、誓約《せいやく》に背《そむ》き木曾《きそ》で材木《ざいもく》を買《か》ひ巨利《きより》を博《はく》した罰《ばつ》と見《み》えて幾何《いくばく》もなく不幸《ふかう》つゞきで、最後《さいご》に熱病《ねつびやう》で死《し》んだ。子孫《しそん》もすつかり零落《れいらく》して今《いま》では名古屋市《なごやし》某株式店《ぼうかぶしきてん》の雇人《やとひにん》をして居《ゐ》る。

明治元年《めいぢぐわんねん》十二月卓齋《ぐわつたくさい》は横町《よこまち》の鳥屋《とりや》の主人《しゆじん》と江戸《えど》へ行《ゆ》き、三島《しま》の宿《しゆく》で泊《とま》つたがその時《とき》も夢《ゆめ》に琢堂《たくだう》の姿《すがた》が出現《しゆつげん》し、せつかく勤學《きんがく》せよとのお話《はなし》があつた……。』

―（終）―

大正十四年九月七日印刷
大正十四年九月十日發行

岩間山人と三尺坊奥附
定價金八拾五錢

神奈川縣鶴見町字東寺谷一六〇一番地
編輯人　淺野和三郎

東京市本郷區西須賀町十六番地
印刷兼發行人　小林慶

東京市神田區新石町八番地
印刷所　大東印刷所

東京市本郷區西須賀町十六番地
發行所　嵩山房
振替東京六〇六九番

不許複製

神秘物語 岩間山人と三尺坊

大正十四年九月　十　日　初版発行
平成二十三年四月二十八日　復刻版　初　刷発行
令和　六　年四月二十四日　復刻版第二刷発行

編　者　浅野和三郎

発行所　八幡書店
東京都品川区平塚二―一―十六
KKビル五階
電話　〇三（三七八五）〇八八一
振替　〇〇一八〇―一―四七二七六三

※本書のコピー、スキャン、デジタル化等の無断複製は、たとえ個人や家庭内の利用でも著作権法上認められておりません。

ISBN978-4-89350-689-4 C0014 ¥2800E

八幡書店 DM や出版目録のお申込み（無料）は、上 QR コードから。
DM ご請求フォーム https://inquiry.hachiman.com/inquiry-dm/
にご記入いただく他、直接電話（03-3785-0881）でも OK。

八幡書店 DM（48 ページの A4 判カラー冊子） 毎月発送

①当社刊行書籍（古神道・霊術・占術・古史古伝・東洋医学・武術・仏教）
②当社取り扱い物販商品（ブレインマシン KASINA・霊符・霊玉・御幣・神扇・火鑽金・天津金木・和紙・各種掛軸 etc.）
③パワーストーン各種（ブレスレット・勾玉・PT etc.）
④特価書籍（他出版社様新刊書籍を特価にて販売）
⑤古書（神道・オカルト・古代史・東洋医学・武術・仏教関連）

八幡書店 出版目録（124 ページの A5 判冊子）

古神道・霊術・占術・オカルト・古史古伝・東洋医学・武術・仏教関連の珍しい書籍・グッズを紹介！

天狗小僧寅吉の驚異の異界探訪記！

現代語訳 仙境異聞

付・神霊憑談略記／七生舞の記

定価 1,980 円（本体 1,800 円+税 10%）
A5 判　並製　ソフトカバー

平田篤胤＝著　武田崇元＝解説　山本博 現代語訳

異界探訪記として定評のある「仙境異聞」については、函入豪華本の体裁で、原文と現代語訳を併収したものを1997年4月に『完訳 仙境異聞』として刊行していたが、永らく品切れとなっていた。今般、各方面からのリクエストが殺到したため、現代語訳分のみをピックアップし再録。当社社主・武田崇元の詳細解説を付し万全を期すこととした。

●話題の異世界実話『仙境異聞』をわかりやすい現代語訳で！
●文政年間の江戸を騒がせた天狗少年寅吉。９歳の時に常陸国岩間山の杉山僧正に誘われ、以降９年間、異界と江戸の町を往還し、さまざまな修行を積んだ。
●寅吉を自邸に引き取った平田篤胤は、多くの門弟たちとともに寅吉に対しさまざまな角度から微に入り細にわたる質問を浴びせる。それに対して寅吉は少しもひるむことなく冷静に淡々と答えていく。
●その一連の内容を委細漏らさず記録したのが『仙境異聞』である。本書はそれをすべてわかりやすく現代語に訳し、さらに『神童憑談略記』『七生舞の記』の現代語訳までつけた完全版である。
●そこに記された寅吉の応答はとても十五歳の少年とは思えぬほどの密度で、いささかのぶれもなく、強度のリアリティをもって迫り、今なお私たちを魅了してやまない。
●さらに巻末に武田崇元による詳細な解説「仙童寅吉から宮地水位へ」を付し完璧を期した。

霊象・妖精的怪異譚の一大集成！

幽冥界研究資料 第二巻 霊怪談淵

定価 4,180 円
（本体 3,800 円+税 10%）
A5 判　並製
ソフトカバー

岡田建文＝著　横山茂雄＝解説

本書の原本は大正 15 年に『幽冥界研究資料』第二巻として神道天行居より刊行された。岡田建文は大本教と深く関わった心霊研究家で、弊社からは『奇蹟の書』『霊怪真話』が復刻され、今日の話題社より『動物界霊異誌』が新組翻刻で『妖獣霊異誌』として刊行されている。本書は「神及び一般の霊魂（人、動植物のスピリット）は吾々の世界を支配する同じ時間の下において同じ空間に居所を占めて居る」「幽霊、天狗、妖魔の類が、空間の一部をその世界として提供せられたままに活躍し、時としては人界にその精力を持参する」さまを約 90 にも及ぶ事例を挙げて詳細な解説を加えたものである。長南年恵、長尾郁子など、少しは名の知れた人物も登場するが、大半は無名の庶民がはからずも体験した、あるいは忘れられた霊能者や行者が見せた怪異現象である。どの事例ひとつとっても未知の話ばかりであり、怪異のフィールドワークともいうべきその衝迫的な内容に圧倒される。